Unterwegs in **BAYERN**

Weltbild

Bayerische Bilderbuchlandschaft: Trettachspitze, Mädelegabel, Hochfrottspitze und Bockkarkopf spiegeln sich in einem Bergsee in den Allgäuer Alpen.

Von der Aussichtsplattform des Alten Peter entfaltet sich Münchens herrliches Panorama mit Neuem Rathaus und Frauenkirche.

DIE SCHÖNSTEN REISEZIELE IN BAYERN

Unterfranken	6
Mittelfranken	24
Oberfranken	44
Oberpfalz	72
Niederbayern	92
Schwaben	118
Oberbayern	160
München	234

REGISTER 254
BILDNACHWEIS, IMPRESSUM 256

Idyllisches Maintal: Einst war Randersacker ein Zentrum des Muschelkalkabbaus.

Unterfranken

Die nordwestlichste Region Bayerns ist die Heimat der weltberühmten Frankenweine, die an den sonnigen Hängen des Maintals und des angrenzenden Steigerwalds wachsen. Den Gegensatz dazu bilden die fränkischen Gebiete des dicht bewaldeten Spessarts und der herben Rhön mit ihren baumlosen Kuppen. Urbaner Mittelpunkt Unterfrankens ist von jeher die alte Bischofsstadt Würzburg.

Unterfranken

Unterwegs auf dem Urwald-Lehrpfad

In den Schwarzen Bergen zwischen Bad Brückenau und Bad Neustadt liegt der »Lösershag«. Nicht nur seine Basaltfelsen machen den 765 Meter hohen Berg sehenswert. Vor allem sein Wald, den man schon seit Generationen sich selbst überlassen hat, ist ein Anziehungspunkt. In dem Urwald kann man über 200 Jahre

 Unterfranken

Fläche: 8531 km²
Bevölkerung: 1,3 Millionen
Verwaltungssitz: Würzburg
Größte Städte:
Würzburg (127 000 Einwohner)
Aschaffenburg (71 000 Einwohner)
Schweinfurt (53 000 Einwohner)

* Fladungen

In der ursprünglichen Landschaft des UNESCO-Biosphärenreservats Rhön liegt das einstige Ackerbürgerstädtchen Fladungen mit seinen Fachwerkhäusern und der gut erhaltenen Stadtmauer. Im ehemaligen Amtshaus (1628) residiert das Rhön-Museum.

* Ostheim vor der Rhön

Befestigte Kirchen sieht man häufig in der Rhön, so etwa Deutschlands größte und am besten erhaltene Kirchenburg in Ostheim. Mit doppelter Ringmauer, Wehrtürmen und Bastionen, die wohl im 15. Jahrhundert entstanden sind, beherrscht sie das altertümliche, von Fachwerkhäusern und verwinkelten Gassen geprägte Städtchen. Eine Besichtigung lohnt auch der ungewöhnlich gestaltete Innenraum der Kirche (17. Jahrhundert) mit der herrlich bemalten Holztonne über dem Mittelschiff.

*** Naturpark Bayerische Rhön

Der Naturpark ist 1250 Quadratkilometer groß und liegt an der Grenze zu Hessen und Thüringen. 700 Quadratkilometer sind seit 1991 der bayerische Teil des Biosphärenreservats Rhön. Basaltformationen zeugen im Park noch heute von der Entstehung der Landschaft, die auf Vulkanausbrüche zurückgeht. Natürlich hat die Gegend

Häuserzeile in der Oberen Pforte in Fladungen.

nicht nur Stein zu bieten. Vielerorts grünt und blüht es. So gibt es in ganz Deutschland beispielsweise kein anderes Gebiet, in dem mehr Borstgrasrasen zu finden ist. Diese Weiden gehören zu den Magerrasen und zeichnen sich durch die Kombination von Borstgras mit wenigen anderen Arten aus – etwa Arnika, Glockenblume oder Blaubeere. Auch Moore, darunter das bedeutendste Hochmoor Mitteleuropas, sowie Streuobstwiesen gehören zum Park. Nicht zu vergessen das Plateau Hohe Rhön. Gut ausgebaute Wander- und Radwege machen es dem Besucher leicht, die Natur auf eigene Faust zu erobern.

** Rotes und Schwarzes Moor

Das Schwarze Moor ist mit mehr als einem halben Qua-

alte Bäume sehen. Info-Tafeln verraten unterwegs Spannendes über die Geologie sowie Flora und Fauna. Vom Parkplatz am Ende der Straße »Am Lösershag« in Oberbach geht es los. Die Runde dauert etwa

zwei Stunden. Die typischen sechskantigen Basaltsäulen lassen sich hingegen gut am Gangolfsberg betrachten. Man erreicht ihn und die Naturhöhle »Teufelskeller« von Oberelsbach aus.

König Ludwig I. ließ den Kursaal von Bad Brückenau erbauen.

dratkilometer Fläche das größte Hochmoor der Rhön. Es liegt 770 bis 782 Meter hoch. Auf der Straße zwischen Fladungen und Bischofsheim erreicht man das Informationszentrum hierzu. Gegenüber führt ein 2,7 Kilometer langer Bohlenweg durch das Moor. Ebenfalls sehenswert ist das Rote Moor, mit über drei Quadratkilometern das größte Moor der Rhön. Es steht nach intensivem Torfabbau seit 1979 unter Naturschutz.

*** **Fränkische Saale** An der südlichen Grenze des Naturparks fließt die Fränkische Saale. Sie ist 136 Kilometer lang und ein ruhiges Fließgewässer, das zum Baden einlädt. Ihr gemäßigtes Temperament macht sie zum idealen Revier für Wasserwanderer, sowohl für Anfänger als auch für Familien mit kleinen Kindern. Unterwegs gibt es immer etwas zu sehen, seien es Vögel oder Kleintiere und das faszinierende Wurzelwerk der Weiden. Auch die Mühlen am Ufer sind reizvoll.

* **Bad Neustadt an der Saale**
Weiter nördlich im Saaletal liegt Bad Neustadt mit modernen Kuranlagen – und einer mittelalterlichen Stadtbefestigung, die weitgehend erhalten ist. Einen Besuch wert sind die klassizistische Pfarrkirche und die barocke Karmeliterkirche.

*** **Bad Brückenau**
Der kleine charmante Kurort liegt im freundlichen Sinntal direkt an der bayerischen Rhön. Er unterteilt sich in das heimelige Stadtzentrum und das etwa drei Kilometer entfernte mondänere Staatsbad mit seinem Kurpark. Der Besucher trifft hier auf eine angenehme Mischung historischen Charmes und moderner Kureinrichtungen. Die sieben Heilquellen des Bades werden seit mehr als 250 Jahren genutzt. 1747 ließ der Fuldaer Fürstabt Amandus von Buseck dort die erste Heilquelle einfassen. Schon bald entwickelte sich ein lebhafter Kurbetrieb und sorgte für eine Blütezeit der Stadt. Aus dieser Zeit stammen auch die barocken Gebäude am Kurpark, etwa der Fürstenhof oder das Haus Hirsch, ein Pavillonbau des Fuldaer Architekten Andreas Gallasini. Bad Brückenau liegt im Biosphärenreservat Rhön und bietet so auch schöne Gelegenheiten für Naturerlebnisse.

Linke Seite: Pilsterfelsen bei Kothen, ein mächtiger Basaltfelsen. **Oben:** Die Rhön ist für ihre Hutebuchen bekannt.

Unterfranken

Frankenwein

Die Weinlagen der Frankenweine sind vom Muschelkalk geprägt, aus dessen Kalksteinen und Mergeln vielerorts kräftige Lehmböden hervorgegangen sind. Charakteristisch für sie sind eine gewisse Steinigkeit und ein hoher Kalkgehalt. Über Jahrhunderte hinweg bestand der Verdienst der fränkischen Weinbergkultur darin, für die einzelnen Weinlagen eine spezifische Tiefgründigkeit der Böden zu gewährleisten, die zur idealen Wasserversorgung der Reben und damit zu der in Fachkreisen geschätzten außerordentlichen Qualität der Frankenweine beitrug. Auch wenn in Franken die Weißweinsorten generell das Angebot dominieren, bilden zweifelsohne die sandigen und lehmigen Buntsandsteinböden im unteren Taubertal eine ideale Grundlage für ausgezeichnete fränkische Rotweine.

Der Arkadenbau in Bad Kissingen bietet eine herrliche Kulisse für Konzerte und Kongresse.

*** Bad Kissingen

Aus der Bäderlandschaft Rhön ragt Bad Kissingen allein schon durch seinen Weltruf heraus, auch wenn Bad Neustadt an der Saale oder Bad Brückenau durchaus ihre eigenen Reize haben. Zwar wurden bereits im Jahr 823 erstmals zwei Salinen in »Chizziche« erwähnt, aus denen Salz gefördert wurde. Doch der Heilbetrieb setzte erst im 18. Jahrhundert ein, als der Würzburger Baumeister Balthasar Neumann ein Kurhaus für die Fürstbischöfe von Würzburg erbauen ließ. Die Wandelhalle des Regentenbaus zählt zu den größten ihrer Art in Europa. Kaiser und Könige fanden sich hier zur Erholung ein, bereicherten das gesellschaftliche Leben und sorgten so für den Erfolg der Kureinrichtungen. Der Regentenbau aus dem Jahr 1913 geht wie der Großteil der heute noch existierenden Kuranlagen auf ein Vorhaben von Prinzregent Luitpold von Bayern zurück.

** Hammelburg

Die älteste fränkische Weinstadt liegt im Tal der fränkischen Saale an einer Furt, die einst von strategischer Bedeutung war. So wurde im 12. Jahrhundert zum Schutz des Ortes die Burg Saaleck gebaut, die man mehrfach verstärkte und die sich vor allem durch ihre vielen Wehrtürme auszeichnet. Noch heute thronen der Hüters-, Mönchs- und Baderturm über der Stadt. Im 16. Jahrhundert wurde im Zentrum das Rathaus nach Plänen des Ratsbaumeisters Johannes Schoner im Renaissancestil erbaut, musste allerdings nach einem Stadtbrand 1854 im neugotischen Stil wiedererrichtet werden. Erhalten geblieben sind lediglich der Treppenturm, das Kellergewölbe und der schöne Marktbrunnen mit Barockbaldachin vor dem Haus. Bis 1803 gehörte Hammelburg zum Kloster Fulda, deren Äbte den Weinbau förderten; davon zeugt auch noch das Kellereischloss.

* Schweinfurt

Sehenswerte Zeugnisse der Vergangenheit sind das prächtige Renaissancerathaus (1570/72) am Marktplatz, die ebenfalls im Stil der Renaissance errichtete Lateinschule (1581/82, heute Stadtmuseum) und das Zeughaus (1590) mit dem Treppenturm. Einen gelungenen Stilmix der Jahrhunderte – von der Romanik bis zum Klassizismus – stellt die St.-Johannis-Kirche dar. Im modernen Bau des Museums Georg Schäfer ist eine der bedeutendsten Privatsammlungen deutscher Malerei des 19. Jahrhunderts ausgestellt.

* Haßfurt

An einer Mainfurt von den Würzburger Bischöfen gegründet und planmäßig angelegt (um 1230), stellte Haßfurt einst ein Bollwerk gegen das Bistum Bamberg dar. Teile der Stadtmauer und zwei mächtige Tortürme (16. Jahrhundert) sind noch erhalten. Wertvollster Schatz der Pfarrkirche St. Kilian sind fünf spätgotische Holzstatuen, die Tilman Riemenschneider zugeschrieben werden, darunter Johannes der Täufer. Spätgotische Architektur in hoher Qualität bietet die Ritterkapelle. Auf der gegenüberliegenden Seite des Mains steht die einstige Klosterkirche der Zisterzienserinnen von Mariaburghausen. Dabei handelt es sich um einen für den Orden typischen schmalen, lang gestreckten Bau (13./14. Jahrhundert) mit bemerkenswerter Barockausstattung.

Links: Als Zentrum des Weinbaus benötigte Hammelburg ausreichende Kellerkapazitäten. So wurde 1726–1731 das Kellereischloss gebaut.

Unterfranken

** Naturpark Bayerischer Spessart

Der Naturpark Bayerischer Spessart trägt seit 2007 die Auszeichnung »Qualitäts-Naturpark«. Mit 1710 Quadratkilometern macht der bayerische Teil des Naturparks Spessart den deutlich größten Bereich aus. Weitere 730 Quadratkilometer liegen im Bundesland Hessen. Faszinierend sind die endlos scheinenden Waldgebiete, vor allem Laubmischwälder kommen vor. Man kann im Naturpark sehr hohe, bis zu 400 Jahre alte Eichen finden. Hinzu kommen grüne Wiesen und natürlich die Täler des Mains und der Sinn (einem Nebenfluss der Fränkischen Saale). Große Städte oder Ballungszentren gruppieren sich um den Park herum. Deshalb steht eine hervorragende Infrastruktur an Straßen und Wegen zur Verfügung, um die Region komfortabel kennenzulernen. Auch das Klima ist ideal, um sich viel in der Natur aufzuhalten. Weder sind die Sommer besonders heiß noch die Winter extrem kalt.

*** Aschaffenburg

Bestimmt wird das Bild der Stadt durch das mächtige Schloss Johannisburg, das der Mainzer Kurfürst Johann Schweikhard von Kronberg im frühen 16. Jahrhundert aus dem für die Region typischen tiefrotem Sandstein als seine Nebenresidenz errichten ließ. Älter und bedeutender jedoch ist das nahe Stift St. Peter und Alexander, das bereits im 10. Jahrhundert durch einen Enkel Ottos des Großen gegründet und später an die Erzbischöfe von Mainz verschenkt wurde. Zwischen Stift und Schloss erstrecken sich noch heute die kleinen Gassen der Altstadt mit sehenswerten Kirchen. Zwar wurde Aschaffenburg durch die Bombardements im Zweiten Weltkrieg schwer geschädigt, die wichtigsten Gebäude jedoch baute man wieder auf, etwa Schloss, Pompejanum und das klassizistische Stadttheater, das als eines der schönsten Süddeutschlands gilt.

Aus dem ehemaligen »Spechtswald« wurde im Laufe der Zeit der Name »Spessart« geschliffen.

*** Schloss Johannisburg

Das von Georg Riedinger erbaute vierflügelige Schloss gilt mit seiner symmetrischen Anlage und der schön gegliederten Fassade als einer der stilreinsten Renaissancebauten in Deutschland. Integriert wurde der Bergfried der früheren Burg. In der zweigeschossigen Schlosskapelle gibt es einen sehenswerten Altar und eine Kanzel des Bildhauers Hans Juncker. Im Schloss sind heute das Schlossmuseum, ein Ableger der Bayerischen Staatsgalerie in München, die Stifts- und Hofbibliothek und die Schlossweinstuben untergebracht.

** Pompejanum

1848 ließ König Ludwig durch seinen Hofarchitekten Gärtner an den

Unteres Maintal

Der rund 500 Kilometer lange Main fließt die größte Strecke durch Franken, eine historische Kernlandschaft Deutschlands, denn auf »fränkischer Erde« musste der deutsche König gewählt werden: Frankfurt am Main war deshalb Wahlort. Heute kommt nach Franken, wer die Großstadtebene am Untermain verlässt. Flussaufwärts hinter Aschaffenburg umfließt der Main den Spessart in einem großen, nach Norden offenen Bogen bis Gemünden: dem Mainviereck. In einem tiefen Tal bis hinauf nach Miltenberg trennt der Fluss die Mittelgebirge Spessart und Odenwald. An seinen Ufern und bewaldeten Hängen reihen sich historische Städtchen. Bis zur Flurbereinigung unter Napoleon gehörten sie einer Vielzahl von Herren, die sich mit Schlössern und Burgen in der Landschaft verewigten.

Luchse und ...

... Mufflons gehören zur Fauna des Spessarts.

Uferhängen des Mains einen idealtypischen Nachbau einer pompejanischen Villa errichten. Er sollte Kunstliebhabern als Anschauungsobjekt für die antike Architektur dienen. Heute sind hier Kunstwerke aus der Staatlichen Bayerischen Antikensammlung sowie eine Ausstellung über das häusliche Leben im alten Rom zu sehen. Das Highlight aber sind die farbenfroh gestalteten Räume selbst mit ihren Wandmalereien und Mosaikfußböden.

** Stiftskirche St. Peter und Alexander Eine monumentale Treppenanlage aus rotem Sandstein führt hinauf zu Aschaffenburgs ältester Kirche, deren romanischer Kern im 13. Jahrhundert gotisch umgestaltet wurde. Im Inneren sind die »Beweinung Christi« von Matthias Grünewald und eine Kopie seiner Stuppacher Madonna zu bewundern, außerdem ein Triumphkreuz aus dem 10. Jahrhundert und eine von Hans Juncker gestaltete Kanzel.

* Altstadtfriedhof Der 1809 eröffnete Friedhof wurde bewusst als romantische Parkanlage angelegt und zeichnet sich durch eine Vielzahl schöner alter Grabdenkmäler aus. Unter anderem sind hier Clemens Brentano, sein Bruder Christian, seine Schwester Lulu und die Neffen Franz und Lujo begraben.

* Staatsgalerie Aschaffenburg im Schloss Die Galerie verfügt u. a. über eine bedeutende Cranach-Sammlung, die Kurfürst Albrecht von Brandenburg in die Stadt brachte, als er vor der Reformation aus Halle fliehen musste. Dazu kommen Kostbarkeiten aus den Mainzer Beständen, vor allem Landschaftsmalerei aus dem 17. und 18. Jahrhundert, die einst vor französischen Revolutionstruppen in Sicherheit gebracht wurden, und klerikale Prachtgewänder. Weltweit einzigartig ist die Sammlung von Korkmodellen berühmter Bauwerke aus dem antiken Rom des Konditormeisters Carl May, darunter das Kolosseum mit drei Metern Durchmesser.

* Schlossmuseum Die Ausstellung im Schloss ist im Wesentlichen der Aschaffenburger Stadtgeschichte gewidmet. Daneben sind die mit klassizistischem Mobiliar ausgestatteten einstigen kurfürstlichen Wohnräume und eine Galerie mit Gemälden der klassischen Moderne zu besichtigen, u. a. von dem in Aschaffenburg geborenen bekannten Expressionisten Ernst Ludwig Kirchner.

Großes Bild: Schloss Johannisburg, bis 1803 die zweite Residenz der Mainzer Erzbischöfe, erhebt sich mächtig am Mainufer.

Unterfranken

*** Schloss Mespelbrunn

Die »Perle des Spessarts«, wie Schloss Mespelbrunn auch genannt wird, geht auf den kurfürstlich-mainzischen Forstmeister Hamann Echter zurück, der den »Platz am Espelborn« als Geschenk von seiner Herrschaft erhalten hatte und hier 1412 ein Wohnhaus errichten ließ. Von 1551 bis 1569 ließen Peter Echter und seine Frau Gertraud von Adelsheim den Bau zum repräsentativen Stammschloss der Familie Echter umbauen, im Jahr 1665 gelangte es schließlich in den Besitz der Grafen von Ingelheim. Bis heute bewohnen die Angehörigen dieser Familie das Schloss, wobei sie sich von Mitte März bis Mitte November sicher nicht über Einsamkeit beklagen dürften. Denn in dieser Zeit herrscht hier Hochsaison, und der Besucherandrang lässt selbst den riesigen Parkplatz fast aus allen Nähten platzen.

** Klingenberg

Auch Klingenberg kann auf eine breite historische Vergangenheit zurückblicken. Ein römischer Weihestein, ein frühmittelalterlicher Ringwall und der alemannische Grubinger Kirchhof sind die ältesten Zeugnisse. Gemeinhin bekannt ist Klingenberg indes durch seinen Rotwein und die traditionellen Winzerfeste. Wer nach Verkostung der hervorragenden Rotweine der Weingüter der Stadt noch lustwandeln möchte respektive kann, erreicht vom nahe gelegenen Ort Großheubach über 612 Stufen, die sogenannten »Engelsstaffeln«, die Klosteranlage Engelberg, deren Gruftkapelle die sterblichen Überreste der Fürsten zu Löwenstein birgt.

*** Miltenberg

Die Lage am Mainknie bestimmte seit jeher die Stadtgeschichte. Bereits in römischer Zeit traf hier der Grenzwall Limes auf den Main. Im 13. Jahrhundert errichteten dann die Mainzer Erzbischöfe die Festung Mildenburg als Grenzsicherung gegen Würzburg, in deren Schutz sich die kleine Stadt entwickelte, die durch Handelsprivilegien zu Wohlstand kam. Ein bedeutendes Exportprodukt ist bis in die Gegenwart der rote Buntsandstein, der in der Umgebung der

Marktplatz von Miltenberg mit dem »Schnatterlochtor«.

Geo-Naturpark Bergstraße-Odenwald

Der Geo-Naturpark Bergstraße-Odenwald liegt zwischen Rhein, Main und Neckar und umfasst ein Gebiet von mehr als 3500 Quadratkilometern. 1960 wurde er gegründet und 2004 zum Geopark erklärt. Ausschlaggebend für die Ernennung war der geologische Reichtum des Gebietes, der geschützt, aber dennoch für die Öffentlichkeit zugänglich und erlebbar gemacht werden sollte. Das vielfältige Landschaftsbild mit Bergkuppen, Felsenmeeren und Hängen, dem dicht bewaldeten Odenwald mit seinen zahlreichen Quellbächen bis hin zu den Rheinebenen mit Streuobstwiesen und Magerrasenflächen machen den Reiz dieses Naturparks aus. Für viele seltene Tier- und Pflanzenarten wie die Äskulapnatter ist er ein einzigartiger Lebensraum.

Stadt gewonnen wird und seit dem Mittelalter in der ganzen Region die Bausubstanz prägt. Heute ist Miltenberg mit seiner schönen Altstadt aber auch ein beliebtes Ausflugsziel für Tagestouristen, vor allem aus dem Ballungsraum Frankfurt. Außerdem führen mit dem Main-Radweg, dem Deutschen Limes-Radweg, dem 3-Länder-Radweg und der Saar-Mosel-Main-Route gleich vier Radfernwege durch die Stadt.

*** Altstadt Mittelpunkt der Altstadt ist der steile Marktplatz mit seinem achteckigen Renaissancebrunnen. Gesäumt ist er von prachtvollen bunten Fachwerkhäusern, die sich auch entlang von Hauptstraße und Fischergasse sowie ihren Quergässchen finden.

** Mildenburg Die Burg hoch über der Stadt wurde um 1200 von den Mainzer Erzbischöfen errichtet und nach der Zerstörung im Markgräflerkrieg im 16. Jahrhundert wiederaufgebaut. Seit 2011 sind die Innenräume saniert und wieder zugänglich. Hier befindet sich nun ein Kunstmuseum, das alte Ikonen modernen Kunstwerken gegenüberstellt.

** Mittelalterliche Tortürme Von der alten Stadtmauer sind nur wenige Reste erhalten geblieben, dafür kann Miltenberg mit malerischen Tortürmen aufwarten, die die einstige Innenstadt noch nach allen Seiten markieren.

*** Schnatterlochtor Der Schnatterlochturm mit seinem engen Auslass war Teil der Stadtbefestigung. Auch heute noch führt der Weg hier hindurch in nur wenigen Schritten vom Marktplatz in den Wald. Das eigentliche Schnatterloch ist ein Regensammler am Tor, von dem früher eine Entwässerungsrinne bis zum Main führte.

* Hotel zum Riesen Das im 16. Jahrhundert erbaute Haus ist mit seiner Fachwerkfassade eines der schönsten Häuser von Miltenberg und zugleich eines der ältesten deutschen Gasthäuser. Hier logierten schon Kaiser Friedrich Barbarossa, Karl IV., Maria Theresia, der Schwedenkönig Gustav Adolf, Theodor Heuss, Heinz Rühmann und Elvis Presley.

* Museum der Stadt Miltenberg Das Stadtmuseum ist in der ehemaligen Amtskellerei, einem schönen Fachwerkhaus zwischen Markt und Schnatterlochturm, untergebracht. Zur Sammlung gehören auch Informationen über die einstige jüdische Gemeinde in Miltenberg.

** Amorbach
Von den beiden Hunsrücker Brüdern Johann Heinrich und Johann Philipp Stumm stammt eine der wertvollsten Orgeln Frankens. Acht Jahre haben sie in ihrer Sulzbacher Werkstatt unermüdlich gearbeitet, bevor man im Jahr 1782 in der ehemaligen Benediktinerabteikirche in Amorbach erstmals die volle Klangfülle eines Meisterwerks der Orgelbaukunst erleben konnte. Das prachtvolle Gehäuse der Orgel nimmt mit seinem 16 Felder umfassenden Prospekt die ganze Breite des Kirchenschiffs ein. Geschaffen haben es die Brüder Franz Ignaz und Jörg Schäfer aus Karlstadt am Main. Die vier Manuale, 65 Register und 5116 Pfeifen der berühmten Barockorgel sorgten damals wie heute für ein vollendetes Klangerlebnis. Wer es genießen möchte, folgt einer der zahlreichen Einladungen zu Orgelkonzert oder Orgelvorführungen nach Amorbach.

Linke Seite oben: Schloss Mespelbrunn liegt in einem verschwiegenen Spessarttal. Rechts: Orgel in Amorbach.

Unterfranken

Der Innenhof von Schloss Werneck. Im Gebäude selbst ist heute eine Klinik untergebracht.

** Karlstadt
Das Musterbeispiel einer fränkischen Stadtanlage des 13. Jahrhunderts zeichnet sich durch eine fast quadratische Ringmauer, rasterförmig angelegte Straßen, einen quadratischen Marktplatz und einen abgeschlossenen Kirchenbezirk aus. Im Rathaus (14.–17. Jahrhundert) am Marktplatz beeindrucken vor allem Saal und Ratsstube.

*** Schloss Werneck
Als Vorbild für diese imposante Anlage diente Schloss Schönborn in Niederösterreich. In Werneck indes ließ es sich der Fürstbischof nicht nehmen, an

Mittleres Maintal

Richtungswechsel sind typisch für den Main. Zwischen Gemünden an der Mündung von Sinn und Fränkischer Saale und der Industriestadt Schweinfurt bildet sein Verlauf die Form eines nach Norden offenen Dreiecks. Weithin prägt Weinbau die Landschaft. Am westlichen Schenkel des Maindreiecks ist Würzburg die größte Stadt. Seit dem Mittelalter entwickelte sie sich unter dem Krummstab der Bischöfe zu einem baulichen Gesamtkunstwerk. Bei Ochsenfurt mit seiner weitgehend erhaltenen mittelalterlichen Stadtbefestigung beginnt (oder endet) der östliche Schenkel des Dreiecks. Flussaufwärts hinter Kitzingen bildet der Main zwei Schleifen, die südliche passiert das von 36 Türmen »bewachte« Dettelbach und die nördliche den bekannten Weinort Volkach im Scheitelpunkt.

** Naturpark Steigerwald

Im nördlichen Bayern, mitten im Herzen Frankens, liegt der 1280 Quadratkilometer große Naturpark Steigerwald. Es ist ein liebliches Mittelgebirge, eingebettet zwischen den Flüssen Main und Aisch und den Städten Bamberg, Nürnberg, Rothenburg ob der Tauber und Würzburg. 675 Quadratkilometer davon sind Landschaftsschutzgebiet. Besonders eindrucksvoll sind die Buchenwälder mit hochgewachsenen, um die 200 Jahre alten Exemplaren. Neben Rehen sind hier Wildschweine heimisch. In der Luft sieht man den Schwarzspecht, das Waldkäuzchen und die vielerorts bereits ausgestorbene Hohltaube. Auch eine Reihe von schützenswerten Greifvögeln hat hier ihre Horste, beispielsweise Mäusebussard und Roter Milan. Ergänzt wird die Natur von mittelalterlichen Städtchen. Und natürlich vom guten Frankenwein sowie der vielfältigen Bierproduktion: In der Umgebung gibt es über 300 Brauereien.

* Prichsenstadt

Ein malerisches Ensemble mittelalterlicher Wehrhaftigkeit bildet die Stadtbefestigung des Örtchens Prichsenstadt. Nicht nur der Mauerring aus dem 15. Jahrhundert ist nahezu vollständig erhalten geblieben. Auch zwei Tore stehen noch, darunter das äußere Tor, das von zwei stattlichen Rundtürmen aus dem 16. Jahrhundert flankiert wird.

der Planung und Gestaltung des Sommersitzes selbst mitzuwirken. Vor dem Ehrenhof erstreckt sich als halbrunde Exedra mit Arkaden und Pavillonbauten die Einfahrt zum Schloss mit angeschlossener Kapelle. In Letzterer besticht ein oval wirkender Raum, der in Wirklichkeit nahezu quadratisch ist; doch die besondere Anordnung der mit dekorativen Pilastern besetzten Pfeiler täuscht das Auge des Betrachters – ein im Barock sehr beliebter Effekt. Die Stuckaturen wirken, so die Kunstkritik heute, »spritzig«, der Hochaltar dagegen »besonders würdevoll«. 1751 schuf der Würzburger Hofstuckateur Antonio Bossi dieses Kunstwerk. Sein Sohn Materno vollendete 1780 die Seitenaltäre und zehn Jahre später die Kanzel der Schlosskapelle.

** Volkach

Zwischen dem westlichen Spessart und dem östlichen Steigerwald windet sich der Main an steilen, oft weinbewachsenen Hängen entlang. Von dieser Lage und Lebensader profitierte von jeher der Ort Volkach. Bereits in der zweiten Hälfte des 13. Jahrhunderts entwickelte sich Volkach zur Stadt mit allen damit verbundenen Rechten städtischer Autonomie. Bekräftigt wurde dieser Status durch eine wehrhafte Ummauerung, für deren Bau es urkundliche Belege aus dem Jahr 1375 gibt. Die Stadt stand unter dem besonderen Schutz ehrwürdiger Adelshäuser, darunter der Grafen von Castell und der Grafen von Hohenlohe. Im »Museum Barockscheune« dokumentieren die Volkacher ihre Stadtgeschichte auf eindrucksvolle Weise – mit originellem Rätselspiel für Kinder. Wer sich für den Weinbau in heutiger Zeit interessiert, macht hier eine der Führungen entlang der Rebsortenlehrpfade inklusive Weinprobe mit.

Oben: Der Volkacher Ortsteil Köhler schmiegt sich ans rechte Ufer des Mains. Hier werden Rebsorten wie Müller-Thurgau, Silvaner, Scheurebe, Riesling, Schwarzriesling und Spätburgunder erzeugt und vertrieben.

Unterfranken
Würzburg

Weinstuben

In den Kellergewölben der Staatlichen Hofkellerei, unter der Residenz, lagern unschätzbare Werte an kostbaren Weinen. Bereits Goethe wusste die

Ab 1200 entstand die große Burg Marienberg, die im Spätmittelalter und in der Renaissance weiter ausgebaut wurde.

*** Residenz Das von Balthasar Neumann im 18. Jahrhundert erbaute Schloss ist vor allem für sein Treppenhaus berühmt. Das Deckengewölbe gilt als technische Meisterleistung und ist mit dem größten Fresko der Welt geschmückt. Auf 670 Quadratmetern malte Giovanni Battista Tiepolo, wie die vier damals bekannten Kontinente den Würzburger Bischof verherrlichen. Dabei ist der Übergang von Malerei zu Stuck so raffiniert, dass oft nicht zu erkennen ist, was plastisch ist oder nur so scheint. Weitere Highlights sind der bombastische Kaisersaal, der elegante Weiße Saal, der anmutige Gartensaal, das kostbare Spiegelkabinett – das als vollkommenes Raumkunstwerk des Rokoko gerühmt wird –, sowie die Hofkirche mit ihrem schier überwältigenden Schmuck aus der Barockzeit.

*** Schloss und Festung Marienberg Die imposante Festung oberhalb der Stadt geht auf eine keltische Fliehburg zurück. Im 8. Jahrhundert wurde eine erste Marienkirche errichtet, um 1200 die Grundlagen der heutigen Burg, die im 16. Jahrhundert zum Renaissanceschloss umgebaut und in der Folgezeit zur barocken Festungsanlage umgestaltet wurde. Bis zum Umzug in die neue Residenz war sie Wohn- und Regierungssitz der Würzburger Fürstbischöfe. Heute sind dort das Mainfränkische Museum und das Fürstenbaumuseum zur Stadtgeschichte untergebracht.

** Dom St. Kilian Der im 11. Jahrhundert erbaute Dom ist die viertgrößte romanische Kirche Deutschlands. Als Innenraumschmuck dient vor allem eine große Sammlung von Grabplatten, darunter die berühmte, lebensgroße Darstellung des Bischofs Rudolf von Scherenberg durch Tilman Riemenschneider.

* Marienkapelle Die gotische Bürgerkirche am Unteren Markt ist zwar kirchenrechtlich eine Kapelle, aber trotzdem von imposanter Größe. Am Marktportal sind Kopien der berühmten Riemenschneider-Figuren von Adam und Eva zu sehen. Die Originale befinden sich heute im Mainfränkischen Museum.

besondere Qualität des Würzburger Weins zu schätzen: »Sende mir noch einige Würzburger; denn kein anderer Wein will mir schmecken, und ich bin verdrüßlich, wenn mir mein gewohnter Lieblingstrank abgeht.« So schrieb er am 17. Juni 1806 an seine Frau Christiane. An die Hofkellerei in Würzburg hat sich ein Bestellzettel Goethes erhalten: »Vier Flaschen Steinwein erbittet sich W(eimar) d. 25. Dez. 1808«. Neben dem Bürgerspital zum Heiligen Geist, das bereits im 14. Jahrhundert gegründet wurde, zählt das 1576 von Fürstbischof Julius Echter gegründete Juliusspital heute zu den ersten Adressen für die Liebhaber des Frankenweins. Die Juliusspital-Weinstuben in der Juliuspromenade verlocken mit einmalig stimmungsvoller Atmosphäre. Kredenzt werden hier erlesene Weine aus den eigenen Weinbergen der Region.

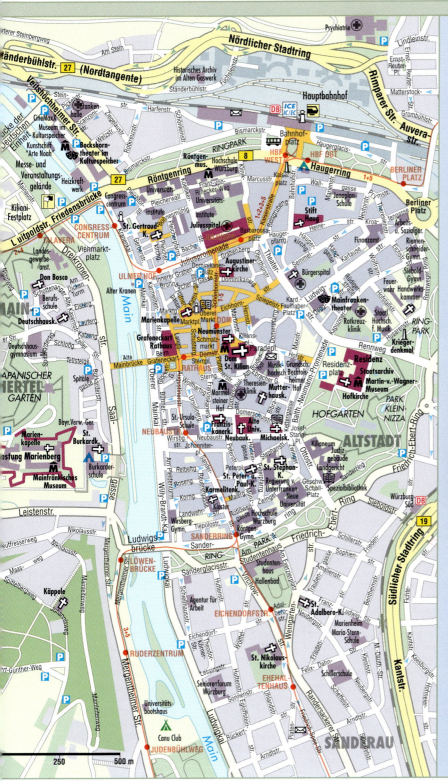

*** WÜRZBURG

Eingebettet in eine liebliche Hügellandschaft und steile Weinberge, an denen beste Reben heranwachsen, ist die alte fränkische Bischofsstadt am Main noch heute ein Zeugnis dafür, mit welcher Pracht die geistlichen Würdenträger von einst residierten.

Allerorten begegnet man den Heiligen Kilian, Kolonat und Totnan, drei iroschottischen Mönchen, die im 7. Jahrhundert angeblich bei dem Versuch, die Franken zu bekehren, ermordet wurden. Einige Jahrzehnte später weihte dann der heilige Bonifatius 742 den ersten Würzburger Bischof. Wie mächtig seine Nachfolger wurden, zeigen die beiden größten Gebäude der Stadt, die imposante Burg auf dem Marienberg hoch über der Stadt und

Der Dom St. Kilian, das Neumünster und die Marienkapelle bestimmen das Stadtbild von Würzburg.

das prachtvolle Barockschloss im Zentrum. Beide dienten als Bischofsresidenz. Daneben bestimmen Dutzende von Kirchtürmen und die alte Mainbrücke mit ihren mächtigen Heiligenfiguren das Stadtbild. Doch Würzburg hat auch eine lange Tradition als Universitätsstadt, und ein Studentenanteil von mehr als 20 Prozent der Einwohner sorgt dafür, dass die Frankenmetropole nicht in sakraler Ehrwürdigkeit erstarrt.

Unterfranken
Würzburg

Käppele auf dem Nikolausberg

Architektonisch bildet der Sakralbau des Käppeles ein filigranes Gegenstück zum wuchtigen Bau der Festung Marienberg. Um 1640 hatte die erste Wallfahrt auf den Berg stattgefunden. Peter Wagner ließ 1765 bis 1768 einen figurenreichen Stationenweg anlegen, der zur Terrasse vor der Wallfahrtskirche hinaufführt. Auch für das Käppechenenden im Rahmen von Führungen besichtigt werden.

*** Museum im Kulturspeicher In dem einstigen Getreidespeicher am Alten Hafen wurden die Städtische Galerie und die Sammlung Peter C. Ruppert geschickt zusammengeführt. Während Erstere vor allem einen regionalen Bezug hat, handelt es sich bei der Letzteren um eine herausragende Kollektion Konkreter Kunst, die sich vor allem im Arrangement geometrischer Formen äußert. Außerdem gibt es immer wieder Sonderausstellungen zur Klassischen Moderne.

** Mainfränkisches Museum Das Museum auf der Festung Marienberg widmet sich in 45 Räumen der Geschichte des mainfränkischen Raumes. Es gilt auch als bedeutendes Kunstmuseum. Das liegt vor allem an der mit rund 80 Objekten weltweit größten Sammlung von Werken Tilman Riemenschneiders, der wegen der Lebendigkeit seiner Figuren als herausragender Holzschnitzer und Bildhauer der Spätgotik angesehen wird.

** Röntgen-Gedächtnisstätte Im ehemaligen physikalischen Institut der Universität Würzburg, wo Wilhelm Conrad Röntgen am 8. November 1895 die nach ihm benannten revolutionären Strahlen entdeckte, ist heute eine Gedächtnisstätte eingerichtet. Dort wird Röntgens damalige Versuchsapparatur gezeigt, aber auch ein Einblick in die experimentelle Physik des 19. Jahrhunderts gegeben. Führungen durch die Ausstellung sind nach Voranmeldung möglich.

Rechts: Balthasar Neumann schuf das Treppenhaus in der Residenz, Tiepolo das größte Deckenfresko, das jemals gemalt wurde.

Wasserspiele warten im Sommer im Hofgarten der Würzburger Residenz auf Zuschauer.

** Neumünster Das Neumünster wurde über dem Grab der Märtyrer Kilian, Kolonat und Totnan errichtet. Um 1700 bekam es eine neue Fassade im Stil des bewegten italienischen Barock und wurde auch im Inneren barockisiert, hier allerdings in überwiegend zurückhaltendem, elegantem Weiß. Unter anderem waren die Wessobrunner Brüder Johann Baptist und Dominicus Zimmermann an der Ausgestaltung beteiligt. Sehenswert ist auch das Lusamgärtlein im ehemaligen Kreuzgang der Kirche. Hier befindet sich das Grabmal von Walther von der Vogelweide.

*** Alte Mainbrücke Die Alte Mainbrücke mit der Festung im Hintergrund ist das Wahrzeichen Würzburgs. Die Steinbogenbrücke selbst wurde bereits im 15. Jahrhundert errichtet. 1725 gab Bischof Christoph Franz von Hutten den Auftrag, sechs jeweils 4,50 Meter hohe Heiligenfiguren auf der Südseite der Brücke aufzustellen: Kilian, Kolonat und Totnan, die heilige Maria in ihrer Gestalt als Patrona Franconiae und die heilig gesprochenen Bischöfe Burkhard und Bruno. Sein Nachfolger Friedrich Karl von Schönborn fügte sechs weitere Figuren hinzu.

** Falkenhaus Weiße Stuckgirlanden im Zuckerbäckerstil garnieren die hellgelbe Fassade des Falkenhauses am Marktplatz. Heute sind in dem schönen Rokokogebäude die Touristeninformation und die Stadtbücherei untergebracht. In der Vergangenheit war das Haus ein nobles Gasthaus, in dem sich lange Zeit der einzige Konzert- und Tanzsaal der Stadt befand.

* Alter Kranen Der Hafenkran aus dem Jahr 1773 diente dem Entladen der Schiffe auf dem Main. Er wurde durch zwei große Laufräder bewegt, die jeweils von sechs Männern angetrieben wurden. Das malerische Industriedenkmal wurde von Anfang an unter ästhetischen Gesichtspunkten geplant. Baumeister war Balthasar Neumanns Sohn Franz Ignaz. Heute ist der Platz um den Alten Kranen eine beliebte Ausgehadresse mit Biergarten und mehreren Restaurants.

*** Juliusspital Hinter der langen Fassade an der Juliuspromenade befindet sich ein Krankenhaus, das Julius Echter von Mespelbrunn 1576 errichten ließ. Der Bischof sorgte mit der Schenkung von Äckern, Wäldern und dem Weingut Juliusspital, heute dem zweitgrößten in Deutschland, für die Finanzierung. Heute noch befinden sich die »Weinstuben Juliusspital« im und die dazu gehörenden Kellereien unter dem Gebäude. Auch wird das Gelände, das im Laufe der Zeit immer weiter ausgebaut wurde, immer noch als Krankenhaus und Seniorenheim genutzt. Die repräsentativen Teile jedoch wie der Fürstenbau, die Rokokoapotheke und der Innenhof mit seinem Vierströmebrunnen können an den Wo-

le fertigte Mainfrankens Barockbaumeister Balthasar Neumann die Pläne. Kreative Ergänzung bildeten der Stuckateur Johann Michael Feichtmayr und der Freskenmaler Matthäus Günther, die sich ideal auf das barocke Raumgefüge Neumanns einstimmten. Das Resultat: ein großes Deckengemälde, das die Geschichte der Wallfahrt zum Käppele erzählt, und das Kuppelfresko mit Wirken Marias als »Patrona Franconiae«.

Unterfranken

Das Rödelseer Tor ist das älteste der Stadttore Iphofens.

** Kitzingen
Die lebhafte Kreisstadt am Main mit dem alten Stadtkern, der noch den dreieckigen mittelalterlichen Grundriss erkennen lässt, war von jeher ein Zentrum des Weinhandels. Ob die Haube auf dem spätmittelalterlichen Falterturm deshalb schief geraten ist? Jedenfalls passt das Deutsche Fastnachtsmuseum dazu. Zu den architektonischen Höhepunkten der Stadt gehören insbesondere das Rathaus mit dem prächtigen Renaissancegiebel und die spätgotische Johanneskirche mit der ungewöhnlichen Freitreppe zur Empore.

* Dettelbach
Dettelbach wird bereits in einer Urkunde aus dem Jahr 741 als »Dhetilabah« erwähnt. Aus dem ehemaligen Königsgut am Ufer des Mains entwickelte sich ein ansehnlicher Weinort, dessen Stadterhebung durch den Würzburger Bischof Rudolf von Scherenberg für das Jahr 1484 bezeugt ist. Durch das Brückenrathaus (1512 über dem Altbach errichtet) verlief im Erdgeschoss die Straße Bamberg–Würzburg.

* Iphofen
Das Rödelseer Tor in Iphofen verkörpert das, was man gemeinhin mit einem Wahrzeichen verbindet. Es könnte auch als Synonym für das Altdeutsche, das Altfränkische schlechthin stehen, sodass Goethe, wenn er das Tor auf seinen Reisen passiert hätte, dieses sicher als ein Wahrzeichen Frankens bezeichnet hätte. Bemerkenswert an dieser Anlage ist ihre baugeschichtliche Vielfalt. Da gesellt sich zum inneren Torturm des 15. Jahrhunderts eine »Barbakane«, ein dem Tor vorgelagertes Verteidigungswerk.

* Ochsenfurt
An der Südspitze des Maindreiecks gelegen, erlangte der Ort dank Furt und verkehrsgünstiger Lage bereits im Frühmittelalter Bedeutung. Hinweis auf regen Handelsverkehr ist der erste Brückenbau im 13. Jahrhundert; die heutige Brücke stammt aus dem 17./18. Jahrhundert. In der gut erhaltenen Altstadt, die noch heute von einer großen Befestigungsanlage umgeben ist, sollte man der gotischen Pfarrkirche St. Andreas mit den unterschiedlich gestalteten Maßwerkfenstern und einer Nikolausfigur von Tilman Riemenschneider Aufmerksamkeit schenken. Das gotische Rathaus gilt als eines der schönsten in Franken.

Rechts: Blick über den Main nach Kitzingen: Links ist die Alte Mainbrücke zu erkennen, rechts der Turm der Evangelischen Stadtkirche.

Geschichte des Frankenweins

Die Geschichte des Weinbaus in Franken geht bis in das 8. Jahrhundert zurück. Dies belegt eine Schenkungsurkunde von Karl dem Großen aus dem Jahr 777 an das Kloster Fulda, welches das Königsgut Hammelburg mit acht Weinbergen zugeeignet bekam. Würzburg folgt nur wenig später. Der Weinbau in Franken stand rechtmäßig nicht selten den Würzburger Bischöfen zu und wurde von diesen dem Domkapitel übertragen. So erklären sich auch die zahlreichen Steinkreuze rund um die Weinberge. Um die berühmte Flasche, in die der Frankenwein gehört, den Bocksbeutel, ranken sich einige Legenden und die Herkunft des Wortes ist nicht sicher geklärt. Vermutlich benutzten schon die Kelten diese Form der Flasche um 1400 v. Chr.

Mittelfranken

Den Nordwesten nehmen der Steigerwald mit seinen lichten Laubwäldern und die Frankenhöhe ein. Der Süden und der Osten sind vom Fränkischen Jura mit meist bewaldeten Hochflächen bestimmt. Im Süden prägt die Landschaft das künstlich geschaffene Fränkische Seenland und das beschauliche Altmühltal, durch dessen letzten Abschnitt der Main-Donau-Kanal verläuft. Größte Metropole ist Nürnberg, einst eine der wichtigsten Städte des Heiligen Römischen Reichs.

Mittelfranken

Hilpoltstein

Bereits im 13. Jahrhundert wurde in Hilpoltstein 30 Kilometer südlich von Nürnberg eine Burg errichtet, deren Halbruine, etwas oberhalb der Stadt gelegen, immer noch sehenswert ist. Sie wurde mit immensem Aufwand restauriert. Im Bereich der Vorburg steht der alles überragende Bau des ehemaligen Kornspeichers aus dem 15. Jahrhun-

Mittelfranken

Fläche:
7245 km²
Bevölkerung:
1,77 Millionen
Verwaltungssitz:
Ansbach
Größte Städte:
Nürnberg (518 000 Einwohner)
Fürth (128 000 Einwohner)
Erlangen (112 000 Einwohner)

** Erlangen

Das ursprünglich mittelalterliche Erlangen wurde im Dreißigjährigen Krieg weitgehend zerstört. Danach wurde es als barocke Planstadt wiederaufgebaut und unterscheidet sich deshalb von anderen typisch fränkischen Fachwerkstädtchen mit ihrer heimeligen Atmosphäre. Durch die Entwicklung zur Residenzstadt und den Bau des markgräflichen Schloss bekam Erlangen neue Impulse. Eine Reihe bedeutender Gebäude wurde errichtet, 1825 kam schließlich die Friedrich-Alexander-Universität dazu. Marktplatz und Schlossplatz bilden zusammen das weiträumige Fußgängerzentrum der Stadt. Daran schließen sich das markgräfliche Schloss (1700 bis 1704) und der große Schlossgarten mit Orangerie und Botanischem Garten an, an den wiederum das Markgrafentheater (1715 bis 1719) grenzt, eines der ältesten noch bespielten Barocktheater in Deutschland.

** Hersbrucker Schweiz

Der Ähnlichkeit mit der Fränkischen Schweiz verdankt dieser reizvolle Teil der Fränkischen Alb seinen Namen. Und tatsächlich finden sich hier Kalkfelsen, die von Kletterern erobert werden, und weitverzweigte Höhlen, so bei Krot-

dert, der sogenannte Traid-kasten (»Getreidekasten«), in dem heute die Touristinformation untergebracht ist. Auch die Altstadt ist einen Besuch wert. Die herrlichen Fachwerkhäuser im Stadtkern werden

nur noch vom alten Rathaus und dem Jahrsdorfer Haus, datiert von 1523, übertroffen. Hilpoltstein liegt am Main-Donau-Kanal und besitzt eine wichtige Schleusenanlage mit einer großen Hubhöhe.

tensee, wo die Maximiliansgrotte als eine Schauhöhle erschlossen ist. Die Niederungen der Hersbrucker Alb sind fruchtbar, die Hochäcker steinig, viel Wald gibt es und viel Wasser – sprudelnde Bäche und Badeseen mit guter Wasserqualität.

* Fürth

Die im Zweiten Weltkrieg weitgehend unzerstört gebliebene Altstadt von Fürth ist geprägt von der Barockzeit und vom Bauboom des 19. Jahrhunderts, als Fürth zur Industriestadt wurde. Ein Prachtstück ist das Stadttheater (1901/02). Das Rundfunkmuseum in der Alten Grundig-Direktion führt durch die Geschichte des Rundfunks und des Fernsehens in Deutschland. Das Jüdische Museum Franken befasst sich mit der Geschichte der fränkischen Juden.

* Schwabach

Die Markgrafen des Ansbacher Fürstentums hatten ihre einflussreichen Hände auch bei der Entwicklung Schwabachs im Spiel. So breitet sich hier einer der schönsten Marktplätze Süddeutschlands mit dessen Schmuckstück aus: Den »Schönen Brunnen« ließen die Schwabacher zu Ehren des Markgrafen Friedrich Wilhelm errichten. Schwabach gilt gemeinhin als »Goldschlägerstadt«, Blattgold aus den hiesigen Werkstätten schmückt zahlreiche bekannte europäische Bauwerke.

Linke Seite: Das markgräfliche Schloss von Erlangen gelangte 1818 in den Besitz der Universität, die den ausladenden Barockbau noch heute nutzt. Vier Jahre zuvor war das Schloss ausgebrannt, sodass von der Inneneinrichtung nichts erhalten ist. Davor erhebt sich das Denkmal des Markgrafen Friedrich.

An der Erlanger Orangerie erinnert das Allianzwappen an den markgräflichen Bauherrn Friedrich.

Die Fassade des Stadttheaters von Fürth ist im Neubarockstil gestaltet.

Mittelfranken
Nürnberg

Albrecht Dürer

Er ist das größte deutsche Genie der Renaissance und wird in einem Atemzug genannt mit Michelangelo, Tizian oder Raffael: Albrecht Dürer (1471–1528).

Seine Heimatstadt Nürnberg nennt sich nach ihrem größten Sohn sogar Albrecht-Dürer-Stadt. Ein Glücksfall ist, dass das prächtige Haus, in dem er aufwuchs, die Kriege überdauert hat und besichtigt werden kann. Dürers Vater war ein aus Ungarn eingewanderter Goldschmied, der es in Nürnberg zu Wohlstand gebracht hatte. Bei ihm lernte der junge Albrecht das Goldschmiedehandwerk, worauf er sich bei dem renommierten Nürnberger Maler Michael Wolgemut ausbilden ließ. Ab etwa 1503 betrieb Dürer eine eigene Werkstatt für Druck und Kupferstich mit mehreren Mitarbeitern. Er selbst malte in dieser Zeit neben Naturbildern wie dem berühmten »Hasen« auch viele Porträts und Selbstbildnisse. Seine Bilder machten ihn zunehmend – auch im Ausland – berühmt. 1528 starb Dürer in Nürnberg an den Spätfolgen einer Malariainfektion.

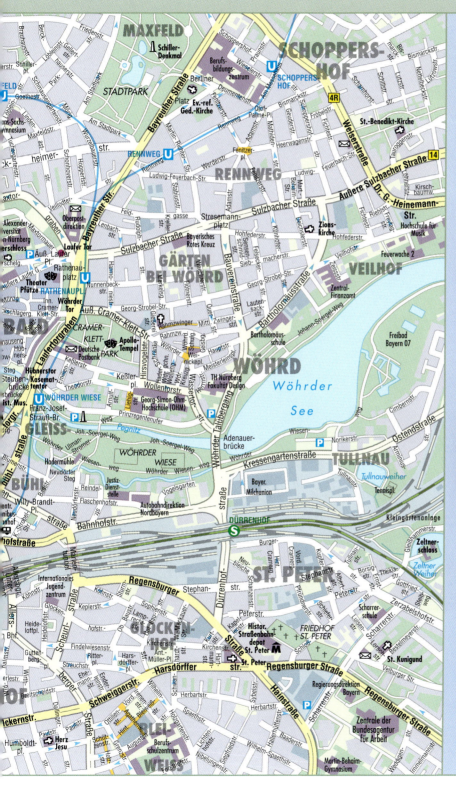

*** NÜRNBERG

Christkindlesmarkt, Lebkuchen, Bratwürste, mittelalterliche Kaiserherrlichkeit, Hans Sachs und Albrecht Dürer: Die größte fränkische Stadt hat mit vielen Klischees aufzuwarten, die alle irgendwie stimmen, aber natürlich längst nicht alles sind.

Es ist kein Zufall, dass die Frankenmetropole für Mittelalterflair steht. In der frühen deutschen Geschichte war Nürnberg als kaiserlicher Eigenbesitz eine der bedeutendsten Städte des Reiches und vor allem unter Karl IV. Ort wichtiger Reichstage. Doch zu Nürnbergs Geschichte gehört auch ein erfolgreiches Unternehmertum. Das beginnt bei den reichen Patriziern des Mittelalters, die der Stadt viele ihrer prächtigen Bauwerke bescherten,

Blick auf die Pegnitz, über die der Henkersteg zum Henkersturm führt.

geht über die industrielle Revolution, als hier die erste deutsche Eisenbahn fuhr und auch Modelleisenbahnen und andere Spielzeugwaren ein Exportschlager waren, und führt bis in die Wirtschaftswunderzeit. Der unrühmlichen Rolle als Stadt der NS-Parteitage versucht man heute durch besonderen Einsatz für die Menschenrechte, etwa durch Verleihung eines Nürnberger Menschenrechtspreises, Rechnung zu tragen.

Mittelfranken
Nürnberg

*** **Kaiserburg** Die Burg von Nürnberg war im Mittelalter eine der wichtigsten Kaiserpfalzen, die jeder regierende Herrscher regelmäßig aufsuchte. Sie gilt als eine der bedeutendsten Wehranlagen Europas. Die historischen Räume im Palast können entweder einzeln oder in Kombination mit dem Burgmuseum in der Kemenate besichtigt werden. Hof und Burggarten sind frei zugänglich.

** **St. Sebald** Die einstige Ratskirche über dem Grab des Stadtpatrons Sebaldus ist ein Meisterwerk der Gotik, das mit vielen mittelalterlichen Kunstwerken ausgestattet ist wie dem Sebaldus-Grabmal von Peter Vischer, Apostelfiguren von Veit Stoß und den teils von Dürer entworfenen farbenprächtigen Glasfenstern.

*** **Albrecht-Dürer-Haus** Im einstigen Wohn- und Atelierhaus des berühmten Künstlers vermitteln noch nahezu originale bzw. wieder in den Originalzustand versetzte Räume ein lebhaftes Bild seines Wirkens. In der alten Werkstatt werden die historischen Drucktechniken wie Kupferstich und Holzschnitt erläutert. Außerdem sind in Wechselausstellungen Grafiken oder Kopien seiner Gemälde zu sehen.

** **St. Lorenz** Etwas später als St. Sebaldus im Süden der Altstadt gebaut, stand die Lo-

Altstadt

Die »Historische Meile« führt mit einem Schildersystem zu den bedeutendsten historischen Bauwerken in der Altstadt und verschafft einen Überblick über die Vergangenheit Nürnbergs. Die reiche Geschichte der Stadt war stets verbunden mit ihrer verkehrsgünstigen Lage am Wegekreuz der großen Fernstraßen, die vom fränkischen Weinland am Main gen Süden einerseits und von den schwäbischen Märkten hinüber nach Böhmen andererseits führten. Ein anregender Bummel führt unter anderem vom Fembohaus (heute Stadtmuseum) zum Rathausplatz mit dem Rathaus von 1622, zur Sebalduskirche (13. Jahrhundert) mit Sebaldusgrab von Peter Vischer sowie zum Hauptmarkt, auf dem im Advent der Christkindlesmarkt stattfindet, mit dem figurenreichen »Schönen Brunnen« (1385).

Der »Schöne Brunnen« ist eine Kopie aus dem 19. Jahrhundert.

renzkirche von Anfang an etwas im Schatten der großen Schwester, was die reichen Bewohner der Südstadt jedoch dazu antrieb, sie besonders kostbar auszustatten. Erhalten sind etwa ein imposantes Sakramentshaus von Adam Kraft, eine als riesiges, schwebendes Medaillon gefasste Verkündigungsszene von Veit Stoß, viele wertvolle Altäre und alte Glasfenster.

* **Frauenkirche** Die Kathedrale aus dem 14. Jahrhundert weist einen ungewöhnlichen quadratischen Grundriss auf. Sie wurde von Kaiser Karl IV. für die Aufbewahrung der Reichskleinodien konzipiert. Ein Highlight ist das Uhrenspielwerk über dem Hauptportal. Immer um 12 Uhr verneigen sich die sieben Kurfürsten vor dem Kaiser. Im Inneren erinnert ein Davidstern an die durch ein Pogrom zerstörte Synagoge, die einst an dieser Stelle stand.

** **Schöner Brunnen** Der 19 Meter hohe Brunnen auf dem Hauptmarkt hat die Gestalt einer gotischen Kirchturmspitze. Auf vier Etagen ist er mit farbig bemalten Figuren geschmückt, die die neun guten Helden, die sieben Freien Künste, die sieben Kurfürsten, sieben Propheten, die vier Evangelisten und die vier Kirchenväter darstellen.

** **Altes Rathaus mit Lochgefängnissen** Das Nürnberger Rathaus wurde im frühen 17. Jahrhundert im Stil der Spätrenaissance erbaut. Der kulturhistorisch wertvollste Teil ist jedoch der integrierte gotische Saalbau des vorherigen Rathauses auf der Südseite. Eine Touristenattraktion sind die mittelalterlichen Kerker im Keller, die im Rahmen von Führungen besichtigt werden können.

** **Henkersteg und Weinstadel** Vom malerischen alten Weinstadel, der heute ein Studentenwohnheim ist, führt der Henkersteg zum Henkersturm auf der Trödelmarktinsel in der Pegnitz. Dort musste einst der Henker abseits der gewöhnlichen Leute wohnen. Heute ist die Insel mit ihren kleinen Läden und Restaurants ein idyllisches Ausgehquartier. Turm, Steg und Stadel sind eines der beliebtesten Fotomotive der Stadt.

Großes Bild: Wie in einem gigantischen Säulenwald fühlt sich der Betrachter angesichts der mächtigen Pfeiler von St. Sebald.

Nürnberg: Kaiserburg

Vor dem südlich gelegenen Eingang erhebt sich der Sinnwellturm (von Mittelhochdeutsch sinwell = rundum), Mitte des 16. Jahrhunderts wurde er mit einem Spitzhelmaufsatz versehen.

Die Nürnberger Kaiserburg entstand ursprünglich als salische Königsburg um die Mitte des 11. Jahrhunderts.

Mittelfranken
Nürnberg

In der Adventszeit putzt sich der Handwerkerhof heraus.

* »Ehekarussell« Der offizielle Name dieses Kunstwerkes von 1981 heißt Hans-Sachs-Brunnen. Sechs überlebensgroße Figurengruppen illustrieren das Beziehungsauf und -ab, wie es der für seine Deftigkeit bekannte Spruchdichter in »Das bittersüße eh'lich' Leben« schilderte.

** Johannisfriedhof Der malerische Friedhof an der Stadtmauer wird wegen seiner vielen Rosenbüsche auch als Rosenfriedhof bezeichnet. Vor allem die vielen schönen, historisch interessanten Grabmäler machen ihn besuchenswert. U. a. sind hier Albrecht Dürer, Hans Sachs, Veit Stoß und Anselm Feuerbach begraben.

** Heilig-Geist-Spital Das Spital wurde im 14. Jahrhundert von einem reichen Nürnberger zur Versorgung der Alten und Kranken gestiftet und dient noch heute als Seniorenheim. Es wurde über einem Arm der Pegnitz errichtet und ist ein beliebtes Fotomotiv.

* St. Jakob Die einstige Kirche des Deutschen Ordens wurde im Gegensatz zu vielen anderen Kirchen Nürnbergs nicht originalgetreu restauriert, sondern präsentiert sich heute als interessante Mischung zwischen Alt und Neu.

* St. Elisabeth Ursprünglich die gotische Hospitalkirche des Deutschen Ordens wurde St. Elisabeth in einem langwierigen Prozess klassizistisch umgebaut und beeindruckt seitdem als hoher Kuppelbau mit viel Weiß und rosageädertem Marmor.

** St. Egidien Die ehemals romanische Klosterkirche wurde erst gotisch und dann barock überbaut. Das lässt im Inneren, auch wenn oft von Nürnbergs einziger Barockkirche die Rede ist, einen interessanten, individuellen Raumeindruck entstehen.

*** Handwerkerhof Das Ensemble pittoresker Fachwerkhäuschen und Buden ist nicht original, sondern wurde zum 500. Geburtstag Albrechts Dürers in einen umbauten Hof am Königstor hineingesetzt. Doch seitdem sind die Kunstgewerbestände, Spielzeugmacher, Lebküchner, Weinstuben und die historische Bratwurstküche ein Touristenmagnet ersten Ranges.

** Felsengänge Unter der Stadt diente früher ein Netz von Felsengängen den Brauereien zur Kühlung ihrer Biervorräte. Diese Gänge können heute im Rahmen von Führungen des Vereins »Nürnberger Felsengänge« ebenso besichtigt werden wie die Kasematten

Germanisches Nationalmuseum

»Als Ort, an dem Menschen unabhängig von Alter, Herkunft, Bildung und Religion kulturelle Zusammenhänge erfahren und erleben können, ist das Museum dem Respekt vor allen Kulturen verpflichtet.« So lautet die museale Einladung. Nach dem Krieg wurden umfangreiche Umbaumaßnahmen durchgeführt; inzwischen sind über eine Million Exponate von der Altsteinzeit bis heute ausgestellt. Es gilt als eines der größten kunst- und kulturgeschichtlichen Museen der deutschsprachigen Länder. Die Skulpturen von Adam Krafft und Veit Stoß oder der Globus von Martin Behaim zählen zu den wertvollsten Stücken. Die angeschlossene Bibliothek ist mit 3380 Handschriften, 1000 Inkunabeln und 3000 Drucken des 16. Jahrhunderts ein wertvolles Arbeitsinstrumentarium.

St. Jakob vereint gekonnt einen Stilmix der Epochen.

Frisch und modern: Ausstellungsraum im Neuen Museum.

der Burg und Bunkeranlagen aus dem Krieg.

* Stadtmuseum Fembohaus In Nürnbergs schönstem Patrizierhaus aus der Spätrenaissance ist das Stadtmuseum untergebracht.

** Neues Museum In dem modernen Bau in Bahnhofsnähe sind zeitgenössische Kunst und modernes Design ab den 1950er-Jahren in stets wechselnden Ausstellungen zu sehen.

** Deutsche-Bahn-Museum Mit Ursprüngen im Jahr 1899 ist das Bahn-Museum das älteste Eisenbahnmuseum der Welt. Zur Sammlung gehören u. a. die älteste erhaltene deutsche Dampflok und ein Nachbau der »Adler«, Deutschlands erster Lokomotive überhaupt.

** Spielzeugmuseum In einem alten Patrizierhaus in der Karlstraße wird mit einer außergewöhnlichen Sammlung historischen Spielzeugs Nürnbergs Tradition als Spielzeugmacherstadt Rechnung getragen.

*** Dokumentationszentrum Reichsparteitagsgelände Auf dem ehemaligen Reichsparteitagsgelände der Nazis informieren Tafeln über diesen dunklen Teil der Geschichte. Dazu gibt es im Dokumentationszentrum eine Dauerausstellung, die sich unter dem Titel »Faszination und Gewalt« vor allem den Massenveranstaltungen der NS-Propaganda widmet.

Oben: Das abendliche Panorama von Nürnberg erstreckt sich an der Pegnitz von der Museumsbrücke bis zum Heilig-Geist-Spital.

Mittelfranken

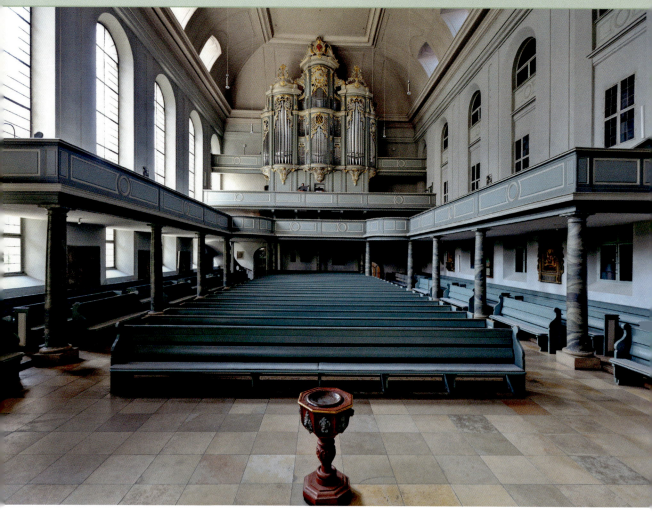

In Rokoko schwelgt man in der Residenz zu Ansbach.

** Heilsbronn

Zwischen Nürnberg und Ansbach liegt das Städtchen Heilsbronn, das heute vor allem wegen der Kirche des einstigen Zisterzienserklosters von Gästen aufgesucht wird. Von dem 1132 gegründeten und 1578 aufgehobenen Kloster ist die romanische Basilika erhalten geblieben, die im 12. Jahrhundert nach Hirsauer Vorbild entstand. Chor und südliches Seitenschiff wurden allerdings im gotischen Stil umgebaut. Vom 13. bis zum 18. Jahrhundert wurden dort im Mittelschiff über 20 Mitglieder der fränkischen Hohenzollern bestattet, sodass das Gotteshaus auch als »Schlafkammer des fränkischen Adels« bezeichnet wurde. Vom ehemals ausgedehnten Klosterbezirk existieren noch einige Steinbauten, etwa das Refektorium aus dem 13. Jahrhundert. Sehenswert sind auch die ehemalige Klostermühle (1336) und der vielgeschossige Katharinenturm, in dem sich heute ein Heimatmuseum befindet.

** Ansbach

Ansbach zählt zu den ältesten Siedlungen des Rangaus. Seine Bedeutung verdankt Ansbach den Hohenzollern, die den Ort um die Mitte des 15. Jahrhunderts zu ihrer Residenz ausbauten. Vom Markgrafenschloss mit Orangerie und Hofgarten bis hin zur Markgrafengruft in der St.-Gumbertus-

Biber

Östlich von Rothenburg liegt das Naturschutzgebiet Karrachsee im Naturpark Frankenhöhe. Hier darf sich die Natur in den Erlenauwäldern ausbreiten. Auch der Biber ist hier wieder aktiv. Er ist das größte Nagetier der Nordhalbkugel. Oft wird er mit der Bisamratte verwechselt, die ähnlich gefärbt, aber viel kleiner ist. Und ihr fehlt die Biberkelle, der breite, abgeplattete unbehaarte Schwanz, der dem Biber zum Steuern beim Tauchen und als Fettdepot dient. Die Kelle benutzt der Baumeister keineswegs zur Anlage seiner Dämme, diese Arbeit wird mit Zähnen und Pfoten ausgeführt. Biberburgen finden sich nur dort, wo die Tiere lange ungestört bleiben. Nur rund fünf Minuten Zeit braucht ein ausgewachsener Biber, um Baumstämme von der Dicke eines menschlichen Oberarms zu fällen.

Kirche spannt sich der Bogen der fürstlichen Hinterlassenschaften. Den Spuren eines anderen berühmten Bürgers der Stadt kann man im Museum und am Denkmal des Findlings Kaspar Hauser folgen, der hier im Jahre 1833 sein Leben lassen musste. Die Markgrafen des Ansbacher Fürstentums hatten ihre einflussreichen Hände auch bei der Entwicklung Schwabachs im Spiel. So breitet sich hier einer der schönsten Marktplätze Süddeutschlands mit dessen Schmuckstück aus: Der »Schöne Brunnen« entstand zu Ehren des Markgrafen Friedrich Wilhelm.

** Naturpark Frankenhöhe

Die Frankenhöhe ist die Mutter all der Flüsse, die sich auf direktem oder auf dem Umweg zum Main aufmachen, um den starken Rhein noch stärker zu machen: Tauber, Aisch, Bibert, Zenn, Aurach und Rezat. Dagegen versorgen Altmühl und Wörnitz die Donau mit ihren in Franken eingesammelten Wassern. Zum Wahrzeichen des Oberen Altmühltals hat sich Burg Colmberg entwickelt, ein ehemaliges Reichsgut der Grafen von Hohenlohe, heute Hotel und Restaurant. Die Anlage thront auf einem über 500 m hohen Bergsporn. Der dreigeschossige Bau des Palais bildet zusammen mit dem gewaltigen Bergfried die von Weitem sichtbare Silhouette von Colmberg. Fürst Alexander, der letzte Markgraf von Ansbach und Bayreuth, ließ auf Colmberg Fohlenhöfe für die Pferdezucht anlegen, wobei er auf die Veredelung der heimischen Rassen besonderen Wert legte. Die wehrhafte Anlage konnte nie eingenommen werden. Selbst Feldmarschall Tilly musste 1631 nach vergeblicher Belagerung Colmbergs unverrichteter Dinge den Rückzug antreten. Große Geschichte spielte sich auch im Schloss Schillingsfürst auf dem Gailnauer Berg ab, insbesondere als Fürst von Hohenlohe-Schillingsfürst von 1894 bis 1900 nach Bismarck zweiter Reichskanzler unter Kaiser Wilhelm II. war.

Linke Seite: St. Gumbertus ist neben St. Johannis die bedeutendste Kirche Ansbachs; im Bild der Orgelprospekt. Oben: Eine Besonderheit im romanischen Mittelschiff der Heilsbronner Basilika sind die kunstvoll ausgearbeiteten Grabmonumente, hier der Kurfürstin Anna.

Mittelfranken
Rothenburg ob der Tauber

*** Rothenburg ob der Tauber

Eine wunderschöne Lage oberhalb der Tauber und ein nahezu unversehrt erhalten gebliebener Stadtkern haben die kleine Stadt in Mittelfranken weltweit zu einem Synonym für deutsche Mittelalterromantik gemacht. Die mächtige Stadtmauer, enge Gässchen, überall Fachwerk vom prächtig geschmückten Patrizierdomizil bis hin zum windschiefen Häuschen, das sich in eine enge Lücke schmiegt, eine Silhouette voller Giebel, spitzer Kirchtürme, bulliger Wehrtürme und viele urige Restaurants und kleine Läden voller Andenken, Kunsthandwerk und Spielwaren: So lockt Rothenburg Touristenscharen aus aller Welt an. Der Legende nach ist all das dem einstigen Bürgermeister Georg Nusch zu verdanken. Denn angeblich rettete er die Stadt im Dreißigjährigen Krieg vor der Zerstörung durch die kaiserlichen Truppen, indem er einen Soldatenstiefel mit mehr als drei Litern Wein »auf ex« austrank. Danach versank die alte Reichsstadt lange in die Bedeutungslosigkeit, sodass niemand auf die Idee kam, die alte Pracht modernen Stadtkonzepten zu opfern.

*** Rathaus Im Gegensatz zu den vielen Fachwerkhäusern rundum präsentiert sich das Rathaus von Rothenburg als ein mächtiger Renaissancebau. Von seinem Turm aus hat man eine prächtige Aussicht über Stadt und Umgebung. Das Historiengewölbe im Keller lässt die Epoche des Dreißigjährigen Krieges wieder lebendig werden.

*** St. Jakob In der gotischen Hauptkirche der Stadt sind gleich mehrere kostbare mittelalterliche Altäre zu sehen, vor allem der Heiligblutaltar von Tilman Riemenschneider mit einer eindrucksvollen Abendmahlszene und der goldglänzende Zwölfbotenaltar.

*** Marktplatz Inmitten der oft engen Straßen und Gässchen liegt der überraschend großzügig angelegte Marktplatz. Um 10 Uhr morgens und abends spielen die Figuren der Kunstuhr an der Ratstrinkstube Bürgermeister Nuschs »Meistertrank« nach.

*** Baumeisterhaus Die Fassade des vielleicht schönsten Renaissancehauses in Rothenburg zeigt die sieben Tugenden und die sieben Laster. Heute sind in dem Domizil des Baumeisters Leonard Weidmann ein Restaurant und ein Café untergebracht.

** Rödertor Das Osttor der alten Stadtmauer wird von zwei schönen Zoll- und Wachhäuschen mit außergewöhnlichen spitzen Helmen flankiert.

** Burggarten Anstelle der 1356 durch ein Erdbeben zerstörten Stauferburg ist im Westen der Stadt heute ein schöner Garten angelegt worden. Von der auf einem Felssporn gelegenen Terrasse hat man einen herrlichen Blick über das Taubertal.

* Fleisch- und Tanzhaus Während im Erdgeschoss des prächtigen Fachwerkhauses einstmals die Metzger ihre Waren anboten, diente der Festsaal im ersten Stock dem Tanz.

* Reichsstadtmuseum Das Stadtmuseum im einstigen Dominikanerinnenkloster kann mit einer der ältesten Klosterküchen und einer Ausstellung zur Waffengeschichte von der Steinzeit bis ins 19. Jahrhundert aufwarten. Außerdem gibt es eine Abteilung zur jüdischen Stadtgeschichte mit all ihren Facetten.

Ältester Turm der Stadt: Burgtorturm aus dem 12. Jahrhundert.

** Mittelalterliches Kriminalmuseum Natürlich dürfen im Kriminalmuseum alte Folterinstrumente nicht fehlen. Daneben zeigt das Museum aber auch Deutschlands bedeutendste Ausstellung zur Rechtsgeschichte.

Rothenburger Stadttore

Unzählige Besucher standen schon vor der Entscheidung: Welchen Weg zuerst nehmen? Wendet man sich am Plönlein nach rechts, so gelangt man durch das Kobolzeller Tor über den Kobolzeller Steig und den Taubertalweg zur Kobolzeller Kirche am Ostufer der Tauber. Nimmt man dagegen die Schmiedgasse linker Hand, passiert man den Siebersturm und erreicht alsbald über die Spitalgasse das ehemalige Spital. Hier, im südlichsten Zipfel Rothenburgs, sorgte das mächtige Bollwek der Spitalbastei für Schutz und Sicherheit. An den Stadttoren allenthalben zu sehen ist neben dem Stadtwappen auch der Reichsadler. In der Zeit von 1274 bis 1802 war Rothenburg »unter den Flügeln des Adlers«. Letzterer symbolisiert: Unser alleiniger Stadtherr ist der Kaiser.

Marktplatz mit Jagstheimerhaus, Rathaus und Ratstrinkstube.

Rothenburg ist ein Kleinod spätgotischer Baukunst.

*** Deutsches Weihnachtsmuseum Neben dem bekannten Laden von Käthe Wohlfahrt zeigt das Weihnachtsmuseum hübschen historischen Christbaumschmuck, dazu Krippen, Nussknacker, Räuchermännchen und vieles mehr.

Großes Bild: In den engen Gassen Rothenburgs findet sich eine Fülle geschichtsträchtiger Bauten und dicht gedrängter Fachwerkfassaden; es lohnt ein Besuch der Stadtpfarrkirche St. Jakob mit dem Zwölfbotenaltar.

Mittelfranken

* Feuchtwangen
Wichtigste Sehenswürdigkeit ist die ehemalige Klosterkirche. Trotz späterer Umbauten ist der spätromanische Charakter im Ansatz erhalten. Eine Augenweide ist das reich geschnitzte spätgotische Chorgestühl (um 1500).

*** Dinkelsbühl
An der Romantischen Straße zwischen Würzburg und Augsburg schmiegt sich die einstige Freie Reichsstadt in eine Schleife der Wörnitz. Mit ihrem nahezu unzerstört erhaltenem, mittelalterlichen Stadtbild zieht sie zahlreiche Besucher an. Es waren einige Kunstschüler aus München, die Dinkelsbühl vor mehr als einem Jahrhundert aus seinem Dornröschenschlaf rissen. Im Frühjahr 1889 entdeckten sie das Städtchen auf einer Radtour durch Mittelfranken und berichteten voller Begeisterung an der Münchner Akademie darüber. Daraufhin quartierten sich in den folgenden Jahren jeweils im Sommer Malschüler für mehrere Wochen in Dinkelsbühl ein und bannten voller Begeisterung ein romantisches Motiv nach dem anderen auf die Leinwand. Obwohl keiner der damaligen »Dinkelsbühl-Pilger« eine große Berühmtheit geworden ist, sorgte die Flut der Bilder dafür, dass auch »normale« Urlauber den Reiz des kleinen Städtchens entdeckten. Freilich hat es nicht den Ruf von Rothenburg ob der Tauber erlangt, doch dafür lässt sich die Mittelalterromantik hier mit viel weniger Trubel erleben.

*** Münster St. Georg
Das Münster am Marktplatz gilt als eine der schönsten spätgotischen Hallenkirchen Deutschlands. Das von außen recht schlichte Gotteshaus besticht im Inneren durch seinen hohen Kirchenraum mit Netzgewölbe und langen, schlanken Glasfenstern. Es kann auch eine überaus reichhaltige Ausstattung mit mehreren gotischen Altären vorweisen. Außen lohnt sich ein genauer Blick auf die schönen Portale. Weitere Highlights: die große Weihnachtskrippe und der Blick vom Turm.

** Altes Rathaus »Steinhaus«
Das älteste Steinhaus von Dinkelsbühl wurde im 14. Jahrhundert als Wohnsitz der Patrizierfamilie Berlin errichtet, als im Allgemeinen nur Fürsten und die Kirche den kostbaren Stein verwendeten. Im 16. Jahrhundert verkaufte die Familie dann die Vierflügelanlage, die sich um einen schönen Innenhof gruppiert, an die

Tilman Riemenschneider

Neben Albrecht Dürer ist Tilman Riemenschneider (um 1455 bis 1531) einer der großen deutschen Künstler der Übergangszeit von der Spätgotik zur Renaissance. Er schuf um 1500 mit dem Heilig-Blut-Altar der St.-Jakob-Kirche in Rothenburg und dem Creglinger Marienaltar zwei unvergängliche Werke sakraler Holzschnitzkunst. Die aus Lindenholz herausgearbeiteten Figuren erzeugen eine vom Geist der Renaissance beseelte Plastizität, die für die Zeit der Gotik undenkbar wäre. Das Bedürfnis, die Heiligen in Beziehung zum Alltag zu setzen, sind kennzeichnend für seine Arbeiten. Dabei kam ihm seine kritische Haltung gegenüber der adligen Geistlichkeit zugute. Als er sich 1525 auf die Seite der aufständischen Bauern schlug, musste er dies mit Kerker bezahlen.

Stadt. Diese richtete bis 1850 hier ihr Rathaus ein. Heute befindet sich dort das »Haus der Geschichte Dinkelsbühl von Krieg und Frieden«.

*** Mittelalterliche Stadtbefestigung Zu den Highlights von Dinkelsbühl gehört seine 2,5 Kilometer lange, vollständig erhaltene Stadtmauer. Lediglich fünf Türme sind den Zeitläufen ganz oder teilweise zum Opfer gefallen, 21 aber, davon vier mächtige Tortürme, erhalten geblieben. Als Wahrzeichen der Stadt gilt der Bäuerlinsturm mit seinem steilen Satteldach. Auffallend ist auch der Segringer Torturm, der nach einem Einsturz barock wiederaufgebaut wurde.

** Wehrmühle Am Nördlinger Tor im Süden von Dinkelsbühl ist auf einzigartige Weise ein Mühlengebäude in die Stadtmauer integriert. Auch der Wehrgang der Stadtmauer wurde durch das Obergeschoss der im 14. Jahrhundert erbauten Mühle geführt und ist durch eine Reihe von Schießscharten zu erkennen. Heute befindet sich im Inneren das weltweit erste 3-D-Museum, das von den Versuchen, perspektivisch zu malen, über raffinierte Spiele mit optischen Täuschungen bis zum modernen 3-D-Film der Beschäftigung des Menschen mit der Darstellung der dritten Dimension gewidmet ist.

* Haus der Geschichte Dinkelsbühl von Krieg und Frieden Im Museum im Alten Rathaus lässt sich die wechselvolle Geschichte der Reichsstadt erleben. Angegliedert ist eine Galerie, die die Tradition der Malerstadt zeigt.

** Kinderzech'-Zeughaus Die Kinderzeche in der zweiten Julihälfte ist Dinkelbühls großes Stadtfest. Sie entwickelte sich aus einem von der Allgemeinheit bezahlten Sommerausflug der Lateinschüler, der einen Dank für deren Chordienste darstellte. Im 19. Jahrhundert wurde dieses Fest mit der Sage verbunden, dass Kinder die Stadt im Dreißigjährigen Krieg vor den Schweden gerettet hätten. Dieses Ereignis wird nun alljährlich von über 1000 Kindern nachgespielt. Ihre historischen Kostüme und eine Ausstellung über die Kinderzeche kann man das ganze Jahr über im alten Kornhaus sehen.

Unten: Zahlreiche Mauertürme und Stadttore prägen die Silhouette von Dinkelsbühl. Im Bild der Grüne Turm.

Mittelfranken

Zwar nicht mehr aus der Römerzeit, aber aus dem Mittelalter stammt die alte Stadtmauer mit Befestigungsgraben in Weißenburg.

* Weißenburg in Bayern

Das römische Weißenburg geht zurück auf das Militärlager Biriciana, das um 89 n. Chr. am Rätischen Limes begründet wurde. Vorbildlich restauriert sind die Römischen Thermen, die größten Süddeutschlands; auch das Römerkastell Biriciana mit dem im Jahr 1991 rekonstruierten Nordtor lädt zur Besichtigung ein. Für den 1979 entdeckten Römerschatz mit seinen herrlichen Figurinen hat man das Römermuseum eingerichtet, schließlich wurde auch das steinerne Nordtor des einstigen Kastells rekonstruiert. Die andere, reichsstädtische Seite Weißenburgs repräsentiert die gut erhaltene historische Altstadt, die noch von ihrem Mauerring – einer der schönsten Stadtbefestigungen Frankens – umgürtet ist. Eine Schöpfung der Gotik ist die Andreaskirche mit ihren Netz- und Sterngewölben.

*** Naturpark Altmühltal

Mit einer Fläche von 2906 Quadratkilometern gehört der Naturpark Altmühltal zu den drei größten in Deutschland. Er liegt im Herzen Bayerns und präsentiert eine wahre Fülle von Naturattraktionen. Da ist zunächst das Tal der Altmühl

Solnhofener Fossilien

Ganze 60 Millionen Jahre lang bedeckte das Jurameer den mitteleuropäischen Raum. Bei Solnhofen bildete sich eine Lagune, die heute als eine einzigartige Fundgrube für Fossilien aus der Zeit des Jura gilt. Der Meeresboden bestand aus übereinandergeschichteten Platten, Ablagerungen von Kalkschlammen mit organischem Material von Meeresbewohnern und -pflanzen, die sich in den Trockenperioden zu Stein verfestigt hatten und als Platten auf dem Grund zurückgeblieben sind. Das Jurameer, das dem Keupermeer vor etwa 190 Millionen Jahren folgte, war reich an Meerestieren. Der größte Anteil der Solnhofener Platten wird weltweit für Bodenbeläge und als Wandfliesen verwendet. Im 16. und 17. Jahrhundert war der Stein zudem ein bei Künstlern beliebtes Material für kleine Reliefs.

Karolingische Rundsäulen in der Sola-Basilika in Solnhofen.

selbst, das sich von Westen nach Osten durch Jurakalkfelsen schlängelt. Meist erscheint die Landschaft sanft und lieblich, doch ragen im nächsten Moment steile Wände auf. Auf den Hochebenen blickt man über Trockenrasenflächen, feuchte Auen in den Niederungen und über die Weite der typischen Wacholderheidelandschaft. Etwa die Hälfte des Parks gehört dem Wald. So abwechslungsreich die Natur ist, so lang und wechselvoll ist auch die Geschichte dieses Landstrichs, in dem es viel zu sehen und zu erleben gibt. Schon die Kelten und dann die Römer haben hier ihre Spuren hinterlassen. Ein Teil des berühmten Limes führt durch den Naturpark. Wer Lust hat, kann noch weiter in der Historie zurückreisen. Zahlreiche Fossilienfunde berichten von der geologischen Veränderung, die das Altmühltal hinter sich hat. In so manchem Steinbruch darf man selbst nach Fossilien graben. Natürlich gibt es ein gut ausgebautes Netz an Wander- und Radwegen, die den gesamten Park erschließen. Nachdem die Menschen im Mittelalter weite Waldflächen abgeholzt und danach ihr Vieh auf die neu entstandenen Weiden gebracht haben, entwickelte sich dort die ortstypische Heidelandschaft, die noch heute von Schafherden erhalten wird. Die schönste unter ihnen ist die Gungoldinger Wacholderheide.

** Solnhofen

Aus Südengland stammte der heilige Sola, der im 8. Jahrhundert als Missionar in Franken den christlichen Glauben zu verbreiten versuchte. In dem kleinen Weiler Husen fand er seine Wirkungsstätte, die alsbald nach ihm in Solnhofen umbenannt wurde. Heute erinnert vor allem die Ruine seiner Grabkirche an den Heiligen, die Sola-Basilika, einer der ältesten Kirchenbauten Deutschlands, die aus karolingischer Zeit stammt. Daneben bietet Solnhofen im Bürgermeister-Müller-Museum viel Wissenswertes zum berühmten Solnhofener Plattenkalk.

Abbildungen oben: Im ruhigen Tal der Altmühl befreit man sich von jedem Zeitdruck.

Vom Kletterrevier Röthelfels in der Fränkischen Schweiz geht der Blick auf Alten- und Wiesenttal.

Oberfranken

Das Tal des Obermains und drei Mittelgebirge – der waldreiche Frankenwald, das raue Fichtelgebirge und die malerische Fränkische Schweiz – prägen den Nordosten Bayerns. Burgen, Kirchen und Städte zeugen von bewegter Geschichte, und nach alter Tradition wird hier vielerorts die Kunst des Bierbrauens gepflegt.

Oberfranken

Balthasar Neumann

Kaum einer prägte den katholischen Barock Süddeutschlands so nachhaltig wie Johann Balthasar Neumann. Beeindruckende Vielfalt der Formen, grenzenlos wirkende Raumoptik und faszinierende Spiele mit Licht und Schatten kennzeichnen seine Werke. 1711 war Neumann nach Würzburg gekommen, als Geschütz- und Glockengießergeselle. Im Selbststudium er-

Oberfranken

Fläche:
7231 km²
Bevölkerung:
1,07 Millionen
Verwaltungssitz:
Bayreuth
Größte Städte:
Bamberg (77 000 Einwohner)
Bayreuth (75 000 Einwohner)
Hof (46 000 Einwohner)

*** Coburg

Überragt von einer der größten deutschen Burganlagen, liegt die einstige Herzogsstadt am Südabhang des Thüringer Waldes. Zu Füßen der Veste finden die Besucher eine schöne Renaissanceinnenstadt – und ein weiteres imponierendes Schloss. Im Laufe seiner Geschichte war die Stadt an der bayerisch-thüringischen Grenze immer wieder mal Residenz einer Nebenlinie des Hauses Wettin gewesen und dementsprechend repräsentativ ausgebaut worden. Prägend waren vor allem Herzog Franz Friedrich Anton und seine schöne Gattin Auguste. Er bescherte der Stadt ihre außergewöhnliche Kunstsammlung. Sie betrieb eine äußerst geschickte Heiratspolitik, die dazu führte, dass ihr Sohn Leopold König von Belgien wurde und ihre Enkel Victoria und Albert England regierten. Ein weiterer Enkel wurde Prinzgemahl von Portugal, ein Urenkel König von Bulgarien. Grund genug also für die Fürstenfamilie, in Sachen Repräsentation mit der erfolgreichen Verwandtschaft Schritt zu halten. Durch die deutsch-deutsche Teilung in eine Randlage gedrängt, hat die Stadt heute wieder an Bedeutung gewonnen.

*** Veste Coburg
Wegen ihrer Größe und ihrer Lage wird die wunderbar erhaltene Burg auch als »Krone Frankens« bezeichnet. Im 14. Jahrhundert fiel sie an die Meißener Markgrafen, die sie stetig den geänderten militärischen und repräsentativen Erfordernissen anpassten.

*** Schlossplatz und Schloss Ehrenburg
Nicht weniger beeindruckend als die Veste Coburg sind das Stadtschloss der Herzöge und sein schöner Schlossplatz. Beide wurden mehrfach umgestaltet, u. a. von Karl Friedrich Schinkel im frühen 19. Jahrhundert. Auch die Räume im Inneren sind vorwiegend klassizistisch gestaltet. Der »Riesensaal« allerdings und die Hofkirche präsentieren sich in überbordendem Barock.

Hoch über den Dächern der Stadt erhebt sich die Veste Coburg.

** Marktplatz mit Rathaus und Stadthaus
Der Marktplatz ist mit Gebäuden aus der

warb er sich Kenntnisse in Geometrie, Feldvermessung und Architektur. Im Türkenkrieg lernte er die großen Kunstzentren seiner Zeit in Wien und Mailand kennen und nahm von dort viele Anregungen mit. Auf dem Höhe-

punkt seines künstlerischen Schaffens hatte er in den beiden Bistümern Würzburg und Bamberg die oberste Leitung des Bauwesens inne. Neumann starb 1753 und wurde in der Marienkapelle in Würzburg beigesetzt.

Kollektion an Kupferstichen, zu denen auch alte Flugblätter aus der Reformationszeit gehören, sowie Münzen, Rüstungen und Waffen.

* Naturkundemuseum Während Herzog Franz der Vater der Kunstsammlung ist, gehen die Bestände des naturkundlichen Museums am Hofgarten auf seine Gattin Auguste zurück. Heute sind neben der historischen Sammlung auch Kuriosa, etwa einer Mühle zur Murmelherstellung, zu besichtigen.

** Kloster Banz
Das gegenüber von Vierzehnheiligen im Banzgau liegende Kloster geht auf eine Burg des 10. Jahrhunderts zurück, die bald nach ihrer Erbauung in den Besitz der Markgrafen von Schweinfurt gelangte. Alberada, eine Erbtochter aus deren Hause, gründete um das Jahr 1070 ein Kloster, das unter dem Schutz des Bischofs von Bamberg stand. Nach wirtschaftlichem Niedergang, nach Zerstörungen durch Brand und kriegsbedingte Plünderungen gelangte die Benediktinerabtei ab 1650 wieder zu wirtschaftlicher Prosperität, sodass um 1700 umfangreiche Neubauprojekte realisiert werden konnten. Johann Leonhard und sein – in Franken omnipräsenter – Bruder Johann Dientzenhofer übernahmen auch hier die Planung für den Bau der weithin sichtbaren Kirche. Im Inneren von St. Dionysius und St. Peter und Paul beeindrucken vor allem die kunstvoll ausgestalteten Deckenfresken und -gewölbe.

Kloster Banz fiel der Säkularisation 1803 zum Opfer.

Renaissance gesäumt. Dem alten Rathaus mit seiner eher zurückhaltenden blau-goldenen Fassade steht das Stadthaus gegenüber, das in fröhlichem Rot-Weiß gehalten ist. Beide weisen die typischen zweistöckigen Coburger Erker auf.

* Morizkirche Glanzstück der dem Stadtpatron Mauritius geweihten Kirche ist ein riesiges Renaissancegrabmal, das Herzog Johann Casimir seinen Eltern errichten ließ.

*** Kunstsammlung der Veste Coburg Die Sammlung gilt als eine der bedeutendsten Deutschlands. Sie umfasst Gemälde und Skulpturen u. a. von Riemenschneider, Dürer, Grünwald und Cranach. Hinzu kommen eine außergewöhnliche

Großes Bild: Auf dem Marktplatz von Coburg steht das Prinz-Albert-Denkmal, ein Geschenk der Königin Victoria an die Heimatstadt ihres verstorbenen Gatten im Jahre 1865.

Oberfranken

Lucas Cranach d. Ä.

Cranach kam vermutlich 1472 als Sohn eines Malers mit dem Namen Sonder im fränkischen Kronach, das damals noch Cranach hieß, zur Welt. Dort lernte er das Malerhandwerk von seinem Vater und ging auf Wanderschaft. Er blieb eine Zeitlang in Wien, wo er sich nach seinem Heimatort nannte. 1505 holte ihn der sächsische Kurfürst Friedrich der Weise als Hofmaler

Die trutzige Veste Rosenberg wacht auch heute noch über Kronach.

Auf der Wilden Rodach werden abenteuerliche Floßfahrten angeboten.

* Kronach

Ein Bollwerk des Hochstifts Bamberg war Kronach seit dem 12. Jahrhundert, bewacht von der Veste Rosenberg, die sich bis zum 16. Jahrhundert zu einer der größten Burgen Deutschlands entwickelte und niemals bezwungen wurde. Sie beherbergt heute eine Filiale des Bayerischen Nationalmuseums, die Fränkische Galerie, mit Kunstwerken aus Mittelalter und Renaissance, etwa von Lucas Cranach d. Ä., der 1472 in Kronach geboren wurde.

** Naturpark Frankenwald

Im nördlichen Oberfranken, an der Grenze zum Thüringer Wald und zum Fichtelgebirge, liegt der Naturpark Frankenwald. Er erstreckt sich über 1023 Quadratkilometer, über die Hälfte davon gehört den Bäumen. Wo sich früher Tannen und Rotbuchen abgewechselt haben, stehen heute vor allem Fichten. In den Flusstälern erwarten den Besucher Wiesen und Auen, an die sich reich bewachsene Hänge anschließen. Und dann sind da noch die Hochplateaus, von denen aus man weit blicken kann. Dass in der Gegend viel Schiefer vorhanden ist und auch genutzt wird, kann man gut an den Dächern in vielen Dörfern sehen. Holz spielt seit jeher für die Wirtschaft der Region eine wichtige Rolle. Das spiegelt sich in Sägemühlen und der Flößertradition wider. Tannen wurden zu Wasser über weite Strecken transportiert und verkauft. Der Gegensatz zwischen intaktem Wald und den Spuren intensiver Rodung, zwischen malerischen Felsen und Bergbau, ist vielerorts heute noch sichtbar.

** Wilde Rodach

Die Wilde Rodach ist ein über 20 Kilometer langer Nebenfluss der Rodach. Sie ist bekannt für ihre Sägemühlen und natürlich für ihre Flößerei-Geschichte. Heute bieten die Gemeinden im Oberen Rodachtal Floßfahrten als Urlauberspaß an. Rund 20 Personen teilen sich ein Floß. Mit nassen Füßen muss man immer rechnen. Parallel zur Wilden Rodach verläuft ein 26 Kilometer langer Wanderweg.

* Höllental und Steinbachtal

Die Selbitz hat sich bei Bad

nach Wittenberg – wo ihm nicht nur noch ein halbes Jahrhundert Lebenszeit beschieden sein sollte, sondern auch eine großartige Karriere. 1519 wurde er zum ersten Mal in den Rat der Stadt gewählt, war zeitweilig Bürger-meister. Er freundete sich mit den Reformatoren Luther (links) und Melanchthon an und war Luthers Trauzeuge. Nach dem Schmalkaldischen Krieg folgte er Johann Friedrich von Sachsen ins Exil und starb 1553 in Weimar.

Steben und dem Ort Hölle ein 170 Meter tiefes Bett in das Vulkangestein gefressen. So ist das Höllental an der Grenze zu Thüringen entstanden. Sein Wahrzeichen ist ein lebensgroßer hölzerner Hirsch. Einen großartigen Blick darauf hat man vom Aussichtspunkt »König David«. Östlich von Hirschfeld befindet sich das unter Naturschutz stehende Steinbachtal mit seinen Auen und den extensiv bewirtschafteten Wiesen.

Oben: Weite Waldgebiete im Höllental und seine abgeschiedene Lage zeichnen den nur wenig bekannten Naturpark Frankenwald aus.

Oberfranken

Bierseliges Oberfranken

In Kulmbach fühlt man sich dem Bier besonders verpflichtet. Das Kulmbacher »EKU 28« gilt unter Kennern als das stärkste Hopfengebräu in Deutschland. Es weist einen Alkoholgehalt von 11% vol. auf. Das Recht auf unangefochtene Bierherrschaft lässt sich daraus indes nicht ableiten. Wie Kulmbach betrachtet sich auch Bamberg als heimliche

Auf dem hübschen Marktplatz von Kulmbach beherrscht der Luitpoldbrunnen inmitten von Straßencafés die Szenerie.

** Kulmbach

Die Kreisstadt am Zusammenfluss von Rotem und Weißem Main ist nicht nur für ihr Bier bekannt, sondern auch für einen der bedeutendsten Renaissancebauten Deutschlands: die Plassenburg. Die mächtige Vierflügelanlage der Hochburg und die Reste der Außenbefestigung geben ihr einen ausgesprochen trutzigen Charakter. Zugleich strahlt der an drei Seiten von offenen Arkadengängen eingefasste Innenhof gediegene Pracht aus; nicht umsonst wird er auch »Schöner Hof« genannt. Bis 1603/42 war die 1553 zerstörte, danach wiederaufgebaute und erweiterte Plassenburg Residenz der hohenzollerschen Markgrafen von Brandenburg-Ansbach-Kulmbach; nachdem der Hof nach Bayreuth verlegt worden war, diente sie als Festung. Im Arsenalflügel ist das Deutsche Zinnfigurenmuseum untergebracht, eine im Hinblick auf Bestand und Präsentation weltweit einzigartige Sammlung.

*** Naturpark Fichtelgebirge

Im Grenzgebiet von Sachsen, Bayern und Tschechien liegt der 1020 Quadratkilometer umspannende Naturpark Fichtelgebirge. Der gesamte Gebirgsrücken gehört ebenso zum Gelände wie der höchste Berg Frankens, der 1052 Meter hohe Schneeberg. Da ist es nicht überraschend, dass Felsen eine der beherrschenden Themen der Region sind. Eindrucksvolle Steinblöcke thronen neben schlanken hohen Türmen, beide überwiegend aus Granit. Die Natur kommt nicht zu kurz. Das Fichtelgebirge ist eine waldreiche Region. Auch Moore sind hier zu finden. Eger und Röslau sowie kleine Nebenflüsschen plätschern fröhlich vor sich hin. Auf den Felsen gedeihen seltene Flechten und Moose. In waldigen Höhen sprießen Arnika und Bärwurz, ebenfalls in ihrem Vorkommen bereits eingeschränkt. Auch ein Blick auf die Tierwelt des Parks lohnt sich. Das Auerhuhn hat hier sein Revier, das so ziemlich einzige außerhalb der Alpen. Biber, Fischotter und Eisvogel sind im Park ebenfalls heimisch.

** Egertal

Die Quelle der Eger liegt auf über 750 Metern am Schneeberg. Von dort fließt sie 316 Kilometer bis zur Elbe, in die sie mündet. Die Naturpark-Info in Weißenstadt ist ein guter Start für eine Tour durch das Egertal. Der Fluss bewältigt enge Passagen wie den Thus mit seinem Wasserfall. Dann wieder kann sich sein Bett ausbreiten. Trotz Elektrizitätswerken, die von Naturschützern kritisiert wurden, kann man hier Kormorane und Graureiher beobachten.

*** Ochsenkopf

Mit 1024 Metern ist der Ochsenkopf die zweithöchste Erhebung im Fichtelgebirge – und ein kleines Freizeitparadies. Zwei Seilbahnen führen hinauf. Oben erwarten den Besucher im Winter Loipen und Alpin-Abfahrten. Auch eine Sommerrodelbahn gibt es, die mit zehn Kurven und 140 Metern Höhenunterschied für viel Spaß sorgt. Wer sich sportlich betätigen will, kann die beschilderten Mountainbikewege nutzen. Sogar die Mitnahme des Rades in der Süd-Seilbahn ist möglich.

*** Luisenburg

Goethe erkannte als Erster, dass die Granitblöcke des Fichtelgebirges nicht das Produkt einer Naturkatastrophe, sondern durch Verwitterung entstanden sind. Das eindrucksvollste der Granitmeere ist das Felsenlabyrinth Luisenburg. Ein Rundweg durch schmale Schluchten und zu Aussichtspunkten erschließt das geologische Gebiet mit seinen 300 Millionen Jahre alten Felsen. Im Sommer finden hier Theaterfestspiele statt.

Rechts oben: Der Wanderweg auf den Ochsenkopf führt durch einen dichten Wald. Rechts unten: Kletterspaß im Felsenlabyrinth Luisenburg.

50

Hauptstadt des Bieres. Eine echte Spezialität ist hier das sogenannte Rauchbier. Durstige zieht es in die Dominikanerstraße, wo das »Aecht Schlenkerla Rauchbier« angepriesen wird. Wer den Besucheransturm umgehen möchte, der zieht die Brauereigaststätte »Spezial« vor, wo man sich nicht wundern sollte, wenn der eine oder andere Bierkrug quer auf dem Tisch liegt. Denn das heißt hier nur: »Herr Wirt, noch ein Spezial bitte!«

Seinen Siegeszug hat das Bier in der Region Franken um 1800 angetreten, als der bis dahin weit verbreitete Weinbau seine Bedeutung infolge von Schädlingsbefall, Missernten und Klimaschwankungen verloren hatte.

Richard Wagner

Größer könnten die Gegensätze kaum sein: In die Landschaft Oberfrankens eingebettet das verspielte Bayreuther Rokoko einer preußischen Prinzessin, auf dem Olymp die Götterdramen Richard Wagners (1813 bis 1883). Das selbst ernannte Genie aus Sachsen, von der Vorstellung beseelt, Musik, Text und Bühnenbild zu einem ganz neuen Operntyp zu vereinen, hatte mit »Rienzi« und dem »Fliegenden Holländer« in Dresden erste Erfolge, seine künstlerischen Vorstellungen konnte er aber erst drei Jahrzehnte später mit finanzieller Unterstützung seines größten Bewunderers, des bayerischen »Märchenkönigs« Ludwig II., verwirklichen: in einem eigenen, von Wagner erdachten und mit Ludwigs Krediten gebauten »Festspielhaus«. In dem seit 1810 bayerischen Bayreuth entstand ab 1872 eine der größen Opernbühnen der Welt. Dort konnte

nun Wagners Hauptwerk, »Der Ring des Nibelungen«, die Wirkung entfalten, die sich sein Komponist erhofft hatte. 1876 erlebte der vierteilige Zyklus seine Uraufführung. Nach ersten finanziellen Schwierigkeiten strömen seit 1882, zunächst unregelmäßig, ab 1951 jedes Jahr im Juli/August, Musikliebhaber aus aller Welt auf den »Grünen Hügel«, neugierig auf jede Neuinterpretation der seinerzeit revolutionären Musikdramen.

Oberfranken
Bayreuth

Wilhelmine von Bayreuth

Aufgeklärte Markgräfin und behutsame Modernisiererin ihres Ländchens, Bauherrin und Philosophin, Komponistin und Schrift-

*** Bayreuth
Wagner und Wilhelmine verhalfen der Stadt am Main zu überregionalem Ruhm: Die Markgräfin baute ihre Residenzstadt zum Schmuckkästchen aus, der Musiker machte einen »grünen Hügel« vor den Toren zum Pilgerort für Opernfreunde aus aller Welt. Eigentlich reicht Bayreuths Geschichte bis in das frühe Mittelalter zurück. Doch die Hussitenkriege, der Dreißigjährige Krieg und ein großer Stadtbrand im Jahr 1605 ließen fast nichts von der alten Bausubstanz übrig. Die Fürsten von Brandenburg-Bayreuth konnten in der Folge ihre Residenz also nach eigenem Gutdünken neu gestalten. Das tat vor allem Markgräfin Wilhelmine, eine Schwester Friedrichs des Großen, im 18. Jahrhundert. Gemeinsam mit ihren Hofbaumeistern Joseph Saint-Pierre und Carl von Gontard schuf sie den »Bayreuther Rokoko«, der sich vor allem durch fantasievolle Innendekors auszeichnete. Wilhelmines Opernhaus war es auch, das 1870 Richard Wagner nach Bayreuth führte, was der Stadt in der Folge bei Musikfreunden Weltruf einbrachte. Doch nicht nur die Aufführungen seines Werkes sind einen Besuch wert.

*** Altstadt
Das Zentrum des alten Bayreuth ist die Maximilianstraße, ein lang gezogener Straßenmarkt, der heute Fußgängerzone ist. Das westliche Ende dominiert die schöne Mohrenapotheke von 1610. Ältestes Gebäude ist die spätgotische Stadtkirche.

** Richard-Wagner-Festspielhaus
Das Festspielhaus aus Ziegelstein mit Fachwerkmuster wurde von Richard Wagner selbst entworfen und ganz auf seine Bedürfnisse zugeschnitten, nachdem er das Bayreuther Opernhaus als zu klein verworfen hatte.

** Villa Wahnfried
Das Gebäude im Stil der Neo-Renaissance ließ sich Wagner 1874 als Wohnhaus errichten. Heute ist dort das Wagner-Museum untergebracht.

*** Neues Schloss und Eremitage
Bayreuths Geschichte wurde über Jahrhunderte durch die Fürsten von Brandenburg-Bayreuth geprägt. Doch erst Markgraf Christian Ernst (1661–1712) und nach ihm die preußische Prinzessin Friederike Sophie Wilhelmine (1709 bis 1758), Schwester Friedrichs des Großen, verliehen Bayreuth jenen verführerischen Glanz aus

stellerin: Wilhelmine von Bayreuth (1709–1758). Und: Lieblingsschwester Friedrichs des Großen. Es sind eigens komponierte Libretti für Opern überliefert, die in Bayreuth zur Aufführung kamen. Auch als malende Künstlerin hat sie sich einen Ruf geschaffen. Ihr Einfallsreichtum kannte kaum Grenzen. Beim Umbau des Hofgartens Eremitage ließ sie die Waldwege mit den Eremitenhäuschen weitgehend unangetastet und dafür westlich des Schlosses Heckenquartiere, sogenannte »Boskette«, und eine Grotte anlegen. Ein Theater ließ sie als künstliche Ruine erbauen. Wilhelmine gestaltete ihren Hof zu einem Zentrum künstlerischer Aktivitäten.

Barock und Rokoko, der schließlich auch Richard Wagner in seinen Bann ziehen sollte. Das Alte und das Neue Schloss, das Markgräfliche Opernhaus, die Eremitage und die beiden Schlösser »Sanspareil« und »Fantaisie« sind die illustren Hinterlassenschaften einer prachtvollen Ära. Leonhard Dientzenhofer lieferte die Pläne für den Markgrafenbrunnen vor dem Neuen Schloss. Für Besucher stehen die schönsten der über 100 Räume offen zur Besichtigung. Sehenswert ist hier insbesondere die Sammlung »Bayreuther Fayencen«.

* Rollwenzelei Im Hinterzimmer des einstigen Wirtshauses der Familie Rollwenzel war fast 20 Jahre lang der Dichter Jean Paul (1763–1825) zu Gast und verfasste seine Werke. Heute ist dort ein kleines Museum eingerichtet.

** Schlosskirche und Schlossturm Auch die Schlosskirche mit pastellfarbenem Innenraum wurde von Markgräfin Wilhelmine nach dem Brand des alten Schlosses in Auftrag gegeben. Im Turm, der als Wahrzeichen Bayreuths gilt, windet sich ein Karrenweg um die eigentliche Treppe.

** Gartenkunstmuseum im Schloss Fantaisie In der einstigen Sommerresidenz der Markgrafen wurde 2000 das erste deutsche Gartenkunstmuseum eingerichtet. Die Besucher erfahren, welche Pflanzen in den verschiedenen Epochen Mode waren, wie Plastiken, Gebäude und Wasserspiele eingesetzt wurden.

*** Richard-Wagner-Museum In der Villa Wahnfried sind die original eingerichteten Wohnräume der Familie sowie eine Ausstellung zu Wagners Werk und der Geschichte der Bayreuther Festspiele zu sehen.

* Deutsches Freimaurer-Museum Das Museum dokumentiert die vielfältige Geschichte der Freimaurerei von ihren Anfängen bis in die Gegenwart. Angeschlossen sind eine Bibliothek und ein Archiv.

Linke Seite: Hauptattraktion für die meisten Besucher des Neuen Schlosses ist der Sonnentempel im Hofgarten Eremitage. Die Fassade ist mit bunt bemalten Glasschlacken und Kristallen verziert. Auf der Kuppelhaube glänzt ein goldener Sonnenwagen mit Apollo. Oben: Villa Wahnfried.

Bayreuth: Markgräfliches Opernhaus

Das Prachtstück eines barocken Opernhauses ließ das Markgrafenpaar Friedrich und Wilhelmine von Brandenburg-Kulmbach in den Jahren 1746 bis 1750 erbauen. Das Gebäude mit der klassizistischen Fassade entwarf der Bayreuther Hofarchitekt Joseph Saint-Pierre, den Innenausbau übernahmen Giuseppe Galli Bibiena und sein Sohn Carlo, die zu ihrer Zeit als die führenden Theaterarchitekten Europas galten. Der reich dekorierte Innenraum mit drei Logenreihen wurde ganz aus Holz gefertigt. Markgräfin Wilhelmine, die Schwester Friedrichs des Großen, wirkte auch als Bühnenautorin und Komponistin und leitete das Theater als Intendantin. Als sie im Jahr 1758 starb, wurde der regelmäßige Spielbetrieb eingestellt. Diesem Umstand ist es wohl zu verdanken, dass der Bau nicht einem Feuer zum Opfer fiel wie

so viele andere Theater aus dieser Zeit, die oft durch die Kerzenbeleuchtung in Brand gerieten. So ist es das einzige Opernhaus aus der Zeit des Übergangs vom Hof- zum bürgerlichen Theater, das im Originalzustand erhalten ist und in dem sich noch heute erfahren lässt, wie sich Aufführungen damals anhörten. 2012 adelte die UNESCO das Markgräfliche Opernhaus mit einem Eintrag in die Welterbeliste.

Bayreuther Festspiele

Die dem musikalischen Werk Richard Wagners gewidmeten Festspiele sind ein gesellschaftliches Ereignis, zu dem sich jedes Jahr zwischen Ende Juli und Ende August die Prominenz aus Politik und Kultur trifft. Sie wurden von Wagner selbst begründet und fanden erstmals 1876 statt. Ursprünglich hatte der Komponist Bayreuth als Standort für seine Festspiele ins Auge gefasst, weil die Stadt über das Opernhaus mit der größten Bühne in ganz Deutschland verfügte. Obwohl es sich dennoch als ungeeignet erwies, entschieden sich Wagner und seine Frau Cosima für Bayreuth. Die »Lage und Eigentümlichkeit der freundlichen Stadt« gaben den Ausschlag. Mit der Unterstützung seines Mäzens König Ludwig II. von Bayern konnte Wagner seinen Traum vom eigenen Festspielhaus in Bayreuth erfüllen. Vom »Schloss Fantaisie« aus, wo sie ihr erstes Quartier

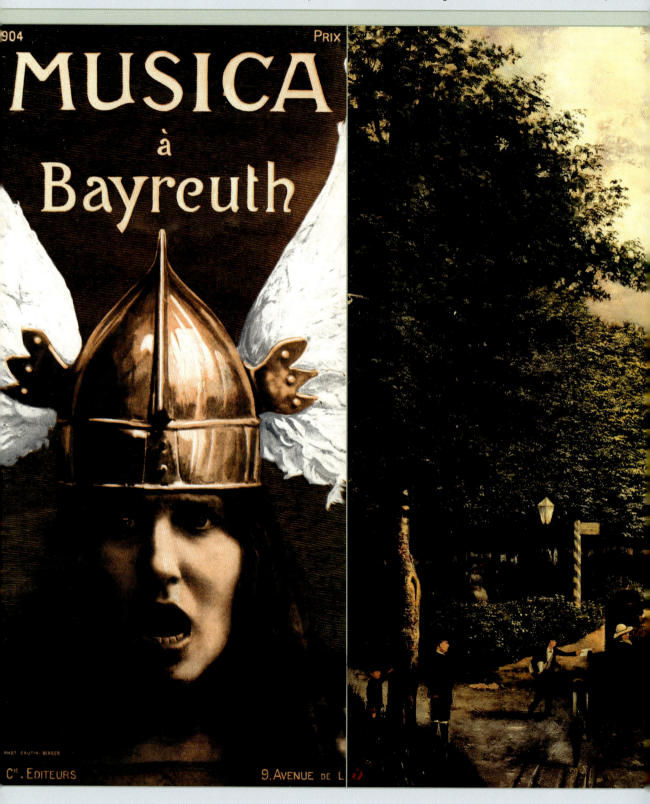

bezogen, knüpften Richard und Cosima die für den Bau des Festspielhauses nötigen Kontakte mit der Stadt. Am 22. Mai 1872 erfolgte die Grundsteinlegung. Drei Jahre später feierte man das Richtfest, und 1882 wurde das Haus anlässlich des Besuchs von Ludwig II. um den Königsbau erweitert. Die Akustik des Festspielhauses zählt zu den besten der Welt. Alljährlich finden 30 Vorstellungen von Werken Wagners statt.

Oberfranken
Fränkische Schweiz

*** Naturpark Fränkische Schweiz-Veldensteiner Forst

Mehr als stolze 2300 Quadratkilometer umfasst der Naturpark und ist damit nicht nur der zweitgrößte in Bayern, sondern auch einer der größten deutschen Naturparks überhaupt. Und es geht gleich mit Superlativen weiter, denn nirgends außerhalb der Alpen hat Bayern so viele Biotope und Geotope auf engstem Raum zu bieten. Auch seine beeindruckende Zahl von über 1000 Höhlen kann sich sehen lassen. Dichte Wälder prägen den Veldensteiner Forst, vor allem sind hier Fichten und Kiefern zu finden. Aber auch Flusstäler bestimmen die Region maßgeblich. Ein Teil des Maintals, das Bett der Wiesent sowie das Pegnitztal liegen auf dem Gebiet des Naturparks sowie die bizarren Felsformationen des Mittelgebirgsrückens. Im Frühjahr und Sommer blühen Orchideen, Lilien, Veilchen und Anemonen. Mehr als 5000 Kilometer bestens markierter Wanderwege führen zu Grotten, durch Auen und Wälder und sorgen für immer wieder atemberaubende Aussichten. Wem der Sinn zwischendurch nach Stadtleben und Kultur steht, der hat mit Nürnberg, Bayreuth, Bamberg, Erlangen und Coburg, den fünf Städten rund um das Parkgebiet, gute Auswahlmöglichkeiten. Hinzu kommt eine große Zahl hübscher kleiner Orte, darunter nicht wenige Luftkurorte und Heilbäder.

*** Staffelberg
Wahrzeichen, Krone Frankens, Hausberg von Bad Staffelstein: Der 539 Meter hohe Staffelberg trägt viele Namen. Sein Hochplateau, das sich gut verteidigen ließ, war schon in vorchristlicher Zeit besiedelt, wie Ausgrabungen beweisen. Der Staffelberg-Lehrpfad, markiert durch ein Schneckenhaus, beginnt am Ortsausgang Staffelstein gegenüber dem Friedhof. Auf dem Plateau sind die Nachbildung einer spätkeltischen Burgmauer sowie die Adelgundiskapelle zu entdecken.

Mit dem Kajak geht es in raschem Tempo durch das Wiesenttal.

** Aufseßtal
Wer das Tal der Aufseß kennenlernen möchte, sollte sich zu Fuß oder per Rad auf den Weg machen. Autoverkehr gibt es hier kaum, was den Reiz dieses Gebietes ausmacht. Der Aufseßtalweg zwi-

Burgenpracht

Die Fränkische Schweiz ist eigentlich ein »Burgenland«, und wäre dieser Name nicht bereits im Nachbarland Österreich vergeben, so hätten die Romantiker die Region vielleicht unter dieser Bezeichnung für die Nachwelt erschlossen. Insgesamt umfasst das Gebiet der Fränkischen Schweiz einen Bestand von 149 Burgen, darunter 47 noch sichtbare Wehranlagen, von denen 35 bewohnt bzw. bewohnbar sind. Bei dem Rest handelt es sich überwiegend um Burgställe, von denen die einen nur mehr geringes Mauerwerk aufweisen, während viele nur noch anhand der Wälle und Gräben als Burganlagen erkennbar sind. Zu den markantesten Standorten einer ehemaligen Burganlage gehört Tüchersfeld, wo 1758 jüdische Siedler anstelle einer alten Burg den »Judenhof« errichteten.

Dichter Buchenwald umsteht den Röthelfels, der bei Kletterern beliebt ist.

schen Doos und Draisendorf, gekennzeichnet durch ein orangefarbenes Kreuz auf weißem Grund, führt ohne Steigungen hindurch. Das Tal ist bekannt für seine Forellenzucht und der Ort Aufseß für seine Brauereien. Man sagt ihm die größte Brauereidichte weltweit nach. Hier startet und endet der 13,5 Kilometer lange Brauereiweg.

*** **Wiesenttal** Im Herzen der Fränkischen Schweiz liegen das Wiesenttal und der gleichnamige Markt, zur Marktgemeinde gehören unter anderem die beiden ältesten Luftkurorte der Umgebung, Streitberg und Muggendorf. Man könnte die kleine Region als Extrakt der Höhepunkte des Naturparks bezeichnen. Hier findet der Besucher auf übersichtlicher Fläche zahlreiche Sehenswürdigkeiten. Dazu gehört der sogenannte Druidenhain, ein Waldstück im Esbach. Die Formen und die Lage der dortigen Jurafelsen verleihen dem Ort etwas Mystisches. Neben den Ruinen Streitburg und Neideck ist die Binghöhle einer der größten Anziehungspunkte. Sie genießt den Ruf, zu den herrlichsten Tropfsteinhöhlen von ganz Deutschland zu gehören. Sehr interessant ist der Geologische Erlebnispfad. Der 3,6 Kilometer lange Rundweg führt zu typischen Gesteinsformationen, Höhlen, einem Wasserfall und Versteinerungen.

** **Walberla** Eigentlich heißt der Tafelberg östlich von Forchheim Ehrenbürg. Seine beiden Gipfel sind der 512 Meter hohe Walberla und der 532 Meter hohe Rodenstein. Die Einheimischen nennen das gesamte Massiv aber einfach das Walberla. Schon die Kelten haben sichtbare Spuren hinterlassen. Ein Aufstieg lohnt sich vor allem wegen des großartigen Weitblicks über die Flusstäler, besonders im Frühjahr, wenn die Kirschbäume blühen.

Großes Bild: Kaum mehr als 650 Meter ragt die Fränkische Alb auf, dennoch bietet der Staffelberg eine herrliche Aussicht. Der Naturpark ist außerdem bekannt für seine Höhlen. Gleich vier davon kann man während der fünf Kilometer langen Höhlenwanderung rund um Muggendorf erkunden.

61

Fränkische Schweiz

Wind und Wetter haben bei Neudorf ein natürliches Felsentor geschaffen.

Das Wasserrad im Wiesenttal und der Zauberwald Druidenhain bei Wohlmannsgesees sind einige der Schätze, die man bei einer Wanderung durch die Fränkische Schweiz entdecken kann.

Oberfranken
Bamberg

Schloss Seehof

Etwas außerhalb von Bamberg bei Memmelsdorf liegt in einem großen Garten die ehemalige Sommerresidenz der Bamberger Fürstbischöfe. Schloss See-

*** Bamberg

Nur wenige Städte haben eine so vielfältige Topografie aufzuweisen wie das »Fränkische Rom«, das in seinem als Welterbe anerkannten Zentrum von den Armen der Regnitz male-

»Bamberger Reiter« im Dom.

risch eingefasst wird und sich im Westen über sieben Hügel erstreckt. Während sich zwischen den Regnitzarmen die alte Bürgerstadt ausbreitete, war der hügelige Westen von alters her die Bischofsstadt. Malerisch verbunden sind sie durch das schöne Alte Rathaus, das mitten in die Regnitz gesetzt wurde. Von hier aus hat man den vielleicht fotogensten Blick der Stadt auf die direkt ans Wasser gebauten Häuser von »Klein-Venedig«. Jedes Jahr im August findet hier das Fischerstechen statt. Bekannt ist Bamberg aber nicht nur für seine Altstadt und seine Kirchen, sondern auch für seine vielen alten Brauereien. Das Brauhaus »Schlenkerla« in der Dominikanerstraße mit seinem Rauchbier gehört zu den größten Attraktionen, doch die Einheimischen zieht es in der Regel eher auf die »Keller«, wie sich die oberhalb der einstigen Kühlkeller angelegten Biergärten auf dem Stephans- und dem Kaulberg nennen.

*** Altstadt
Die Altstadt von Bamberg umfasst sowohl die Domstadt wie das Zentrum zwischen den beiden Regnitzarmen. Dort findet man um mehrere aneinandergereihte Plätze schöne barocke Gebäude, viele davon von der Familie Dientzenhofer erbaut wie die St.-Martins-Kirche, das Naturkundemuseum im ehemaligen Jesuitenkolleg oder das Neue Rathaus.

*** Bamberger Dom
Der alte Kaiserdom wartet mit einem schönen frühgotisch-schlichten, doppelchörigen Raum und viel sehenswertem Figurenschmuck auf. Am bekanntesten ist natürlich der Bamberger Reiter, aber auch die Gestaltung der Ostchorschranke und der Außenportale sowie das Riemenschneider-Grabmal des Kaiserpaares Heinrich und Kunigunde lohnen ein genaues Studium.

** Kloster Michelsberg
Das einstige Benediktinerkloster ist auch heute noch ein imposanter Anblick. Auf alle, die den Aufstieg wagen, warten Brauereimuseum, Café und Biergarten mit wunderbarer Aussicht und eine interessante Klosterkirche, deren Kreuzgewölbe mit fast 600 verschiedenen Pflanzen ausgemalt ist. Sehenswert sind auch das Grab des heiligen Otto mit Durchschlupf und die barocke Heilig-Grab-Kapelle.

* Alte Hofhaltung
Die im 16. Jahrhundert anstelle der Königspfalz errichteten Wirtschaftsgebäude der Fürstbischöfe bestechen durch ihren schönen Fachwerkinnenhof, der von einer doppelten (blumengeschmückten) Balkongalerie umgeben ist. Jeden Sommer finden hier Open-Air-Aufführungen des Stadttheaters statt.

Rechts: Die Stadtsilhouette Bambergs ist von den Türmen des gotischen Doms geprägt.

hof entstand ab 1686 nach Plänen des oberitalienischen Architekten Antonio Petrini, der diese vierflügelige Anlage mit den Eckpavillons im Auftrag des Bamberger Fürstbischofs Marquard Sebastian Schenk von Stauffenberg errichtete. Unter Fürstbischof Lothar Franz von Schönborn kam die einst grandiose Gartenanlage mit ihren Fontänen, Lustwäldchen und dem Heckentheater hinzu. Später wurde sie ergänzt durch ein nicht mehr vorhandenes Labyrinth und Wasserspiele mit reichem Figurenschmuck. Letztere sind nach Restaurierung wieder erlebbar. Im Schloss sind neun Schauräume für Besucher zugänglich.

Bamberg: Altes Rathaus

In gleicher Weise, wie das auf einer künstlichen Insel in der Regnitz errichtete Bamberger Rathaus mit der Unteren und der Oberen Brücke die beiden Stadtteile Bergstadt (Bischofsstadt) und Inselstadt (Bürgerstadt) miteinander verbindet, vereint es zwei Baustile, die unterschiedlicher nicht sein könnten: Zum barock gestalteten Hauptgebäude kontrastiert markant der südlich an den Torturm angebaute gotische

Fachwerkbau des Rottmeisterhäuschens. Ein Blickfang des auf das 15. Jahrhundert zurückgehenden Hauptbaus sind die Fresken an den Längsseiten, die der Fassade durch ihre Scheinarchitektur räumliche Wirkung verleihen. Um den Eindruck zu verstärken, ragt sogar ein Bein eines der Putten als vorgelagertes Relief aus der Fassade heraus. Innen beherbergt der im Kern gotische, später barock umgestaltete Bau einen herrlichen Rokokosaal sowie die größte und bedeutendste Fayence- und Porzellansammlung Deutschlands: die Ausstellung »Glanz des Barock« aus der Sammlung Ludwig.

Oberfranken
Bamberg

** Altenburg Gut zwei, allerdings steile Kilometer führen durch den Wald zur Altenburg. Doch sowohl die schöne Burg als auch die herrliche Aussicht belohnen für die Mühen, auch wenn die Bausubstanz größtenteils nicht aus dem Mittelalter stammt, sondern die Altenburg im 19. Jahrhundert wiederaufgebaut wurde. Außerdem gibt es eine Gaststätte, die zur Stärkung einlädt. Der Schriftsteller E.T.A. Hoffmann, der von 1808 bis 1813 in Bamberg lebte, fühlte ich von den Schlossruinen inspiriert und lebte zeitweilig in einem der Wehrtürme. Auch heute noch trägt eine Klause seinen Namen. In ihr beschmierte er einst die Wände mit humoristischen Karikaturen von Bamberger Persönlichkeiten.

*** Neue Residenz mit Rosengarten »Schönbornzeit« – damit wird in ganz Franken das Barockzeitalter bezeichnet, in dem die Bischöfe des Hauses Schönborn die Kunstlandschaft nachhaltig prägten. Im Mittelbau der Neuen Residenz, die Fürstbischof Lothar Franz von Schönborn in den Jahren von 1695 bis 1703 anstelle eines Vorgängerbaus aus der Zeit um 1600 errichten ließ, werden den Besuchern heute die Prunkräume der fürstbischöflichen Hofhaltung präsentiert. Allen voran der Kaisersaal im zweiten Obergeschoss, dessen Scheinarchitektur verwirrt und zugleich fasziniert. Eine Räumlichkeit wird vorgetäuscht, Illusionen über Plastizität und Perspektiven werden geschaffen. Beeindruckend ist auch das Programm der üppigen Ausmalung durch den Künstler Melchior Steidl, das in der Verherrlichung des »guten Regiments« im Deckengemälde gipfelt, einer Hommage an das Haus Habsburg. Unbedingt besuchen sollte man den frei zugänglichen Rosengarten hinter der Residenz. Hier kann man wunderbar verweilen und eine herrliche Aussicht über Stadt und Umland genießen.

** Staatsgalerie in der Neuen Residenz Die Bamberger Dependance der Bayeri-

E. T. A. Hoffmann

Goethe konnte mit ihm nicht viel anfangen, Heine und Wagner verehrten ihn, Jacques Offenbach schuf aus seinen Erzählungen sogar eine Oper, Wilhelm Grimm hingegen urteilte scharf: »Dieser Hoffmann ist mir widerwärtig mit all seinem Geist und Witz von Anfang bis zu Ende« – und nahm dann doch sein Märchen vom Nussknacker in seine Sammlung auf. Der 1776 in Königsberg geborene Ernst Theodor Amadeus Hoffmann spaltete die Gemüter seiner Zeit. Auch in seinen Jahren in Bamberg (1808–13) war seine Tätigkeit als Kapellmeister alles andere als ein Erfolg, dennoch benannte die Stadt im Jahr 1970 ihr Theater nach ihm. Als Kritiker und Dramaturg bestritt er aber seinen Lebensunterhalt in Bamberg, bis er nach Berlin zurückkehrte.

schen Staatsgalerie umfasst vor allem Meisterwerke aus der deutschen Spätgotik und Frührenaissance sowie barocke Oeuvres, die teils auch in barocker Hängung präsentiert werden. Ein Highlight ist Hans Baldung Griens »Sintflut«.

*** **Historisches Museum Bamberg** Im Historischen Museum in der Alten Hofhaltung lässt sich die bewegte Stadtgeschichte nacherleben. Dazu gehört auch eine Galerie, in der unter dem Motto »Von Lucas Cranach über Pieter Brueghel zu Otto Modersohn« 100 Meisterwerke aus sieben Jahrhunderten Malerei präsentiert werden.

* **Museum Kutz – Kommunikationstechnik und -geschichte** Das Museum ist der Geschichte der Kommunikation von den ersten Keilschrifttafeln bis zur Gegenwart gewidmet, konzentriert sich aber speziell auf die Entwicklung der Bürotechnik.

** **Fränkisches Brauereimuseum** Als Stadt mit großer Biertradition hat Bamberg auch ein Brauereimuseum, das in den Gewölben des ehemaligen Benediktinerklosters Michelsberg untergebracht ist und alle Stationen der Bierherstellung umfasst.

** **E.T.A-Hoffmann-Haus** In Hoffmanns einstigem Wohnhaus am Schillerplatz residiert heute die E.T.A.-Hoffmann-Gesellschaft, die sich dem Erbe des Künstlers widmet. Dazu gehören wechselnde Ausstellungen, die sich mit einzelnen von Hoffmanns Stücken und Erzählungen, seinem grafischen Werk oder der Rezeption seines Schaffens befassen.

Oben links: Grabmal Adalbert von Babenbergs auf der Altenburg. **Oben rechts:** Die Neue Residenz beherbergt wahre Schätze räumlicher Gestaltung, herausragend dabei der Kaisersaal mit Fresken. Der Saal ist reich mit Decken- und Wandgemälden von Melchior Steidl ausgeschmückt. Motive sind u. a. Medaillons römischer Kaiser und der antiken Weltreiche.

Oberfranken

** Kloster Ebrach

Der Zisterzienserorden hat mit Vorliebe bewaldete und damit unbewohnte Plätze für seine Klöster genutzt, um von diesen Rodungsinseln aus die Gegend zu missionieren. So geschah es auch im Jahr 1127, als der Edelfreie Berno und sein Bruder Riwin, beide Lehensträger der Grafen von Hochstädt und Gefolgsleute des Würzburger Bischofs Embricho, hier die Äxte schwingen ließen, um in einem abgelegenen Waldtal des Steigerwaldes ein Zisterzienserkloster errichten zu lassen. Die Geschichte des zisterziensischen Ritterordens ist an den Deckengemälden des Kaisersaals kunstvoll verewigt. Typisch für die Architektur der Zisterzienserkirchen sind die Dachreiter anstelle von separaten Turmbauten. Die Fensterrose hat man der Rosette von Notre-Dame in Paris nachempfunden. Das Ebracher Original befindet sich heute im Bayerischen Nationalmuseum in München.

* Schloss Weißenstein in Pommersfelden

Pracht und Größe von Schloss Weißenstein (erbaut 1711 bis 1718) überwältigen den Besucher. Nichts anderes war der Sinn und Zweck barocker Fürstensitze. Schon das Entrée des Schlosses ist sensationell: Ein Drittel des Bauvolumens des dreigeschossigen Mittelteils nimmt allein das grandiose Treppenhaus ein.

*** Gößweinstein

Gößweinstein gilt als wichtiger Wallfahrtsort und eine der schönsten Stätten in der Fränkischen Schweiz. Der Ort verdankt seine Entstehung der gleichnamigen, 1076 erstmals urkundlich erwähnten Felsenburg. Um 1250 soll Konrad I. von Schlüsselberg eine erste Kirche in Gößweinstein errichtet haben lassen. Die Wallfahrt zum Gnadenbild der »Heiligsten Dreifaltigkeit« setzte im frühen 17. Jahrhundert ein und erreichte im 18. Jahrhundert ihren Höhepunkt, sodass man um 1730 mit dem Bau einer

Der anerkannte Luftkurort Gößweinstein steht ganz im Zeichen seiner gotischen Burg.

Forchheim

Die alte Königsstadt am Main-Donau-Kanal bietet einige hübsche Sehenswürdigkeiten: Das Rathaus haben sich die Forchheimer 1490 im Stil der Spätgotik erbauen lassen und es mit den typischen Mannfiguren im Fachwerk ausgestattet. Der große Saal des Rathauses wird heute als Forum für Kunstausstellungen und Konzerte genutzt. Daneben erhebt sich der Magistratsbau aus dem Jahr 1535, dessen Fachwerk noch kunstvoller ausgeführt ist. Die von Hans Ruhalm geschnitzten Holzfiguren seiner Prachtfassade sind teilweise von derber Skurrilität, in jedem Fall aber amüsant anzusehen. Der Brunnen vor dem Rathaus wird zur Osterzeit mit Tausenden von bunt bemalten Eiern geschmückt, ein in der Fränkischen Schweiz typischer Osterbrauch.

neuen Kirche reagierte. Balthasar Neumann übergab den Bau 1739 schlüsselfertig. Imposant präsentiert sich bereits die Außenfassade mit ihren beiden eleganten Türmen. Im Jahr 1948 wurde der Wallfahrtskirche – unter Vermittlung des Gößweinsteiner Franziskanerpaters Dr. Luchesius Spätling – durch Papst Pius XII. der Ehrentitel »Basilica minor« verliehen.

* Burg Egloffstein

Als Wahrzeichen der Region anderer Art ziemt sich Burg Egloffstein, malerisch auf einer Felsnase über dem Trubachtal gelegen, seit dem 11. Jahrhundert Stammsitz der Freiherren von und zu Egloffstein.

Rokokopracht in Kloster Ebrach (oben) und barocke Formen im Treppenhaus von Schloss Weißenstein (rechts).

Blick von der 1062 Meter hohen Hindenburgkanzel über die Region Lamer Winkel.

Oberpfalz

An drei Seiten ist die Oberpfalz von Mittelgebirgen umschlossen: im Norden von Steinwald und Fichtelgebirge, im Westen vom Jura und im Osten, entlang der tschechischen Grenze, vom Oberpfälzer Wald, der in den Bayerischen Wald übergeht. Im zentralen Schollenland fließt die Naab von Norden her zur Donau, deren breite Senke den südlichen Abschluss der Oberpfalz bildet.

Oberpfalz

Nördliche Oberpfalz

An der Grenze zu Tschechien und Oberfranken liegt die nördliche Oberpfalz, die die Landkreise Tirschenreuth und Neustadt umfasst. Dazu gesellen sich die kreisfreie Stadt Weiden sowie Waldsassen mit seinem Zisterzienserinnenkloster, das das kulturelle Zentrum des sogenannten Stiftlandes ist. Die Region ist weitgehend menschenleer und fast zur Hälfte mit

Oberpfalz
Fläche:
9691 km²
Bevölkerung:
1,11 Millionen
Verwaltungssitz:
Regensburg
Größte Städte:
Regensburg (153 000 Einwohner)
Weiden (43 000 Einwohner)
Amberg (42 000 Einwohner)

** Kloster Waldsassen

Das 1133 gegründete Zisterzienserkloster Waldsassen erlangte im Mittelalter überragende Bedeutung für die gesamte Region. Kriege und die Reformation bereiteten dieser Phase zu Beginn des 16. Jahrhunderts ein Ende. Das Kloster wurde zerstört und aufgelöst. Die heutigen Baulichkeiten sind ein Ergebnis der mit viel Glaubenseifer, Repression und Geld durchgesetzten bayerischen Gegenreformation. Ein architektonisches und künstlerisches Meisterwerk des süddeutschen Barock ist die Stiftskirche (1685–1691) mit der eindrucksvollen Zweiturm-Fassade. Ihr Innenraum bezaubert durch seine ausgeklügelte Lichtführung (möglichst bei Sonnenschein besichtigen!). Üppiger Stuck, ein grandioser Hochaltar, die originelle Kanzel und das reich geschnitzte Chorgestühl vervollständigen den festlichen Raumeindruck. Schnitzkunst auf höchstem Niveau und von ungewöhnlicher Originalität gibt es auch im barocken Bibliothekssaal zu bewundern. Gigantische Atlanten aus Lindenholz (1724/25) tragen dort die mit Grotesken reich geschmückte Galerie.

*** Kappl

Auf einer grünen Anhöhe, dem 628 Meter hohen Glasberg, bei Münchenreuth erhebt sich einer der ungewöhnlichsten Sakralbauten Bayerns: die Wallfahrtskirche Dreifaltigkeitskirche (1685 bis 1689), die man nur die »Kappl« nennt. Mit ihren drei Türmchen, dazu den schlanken Zwiebelhauben und den runden, ineinandergeschobenen Bauformen auf dem Grundriss eines dreiblättrigen Kleeblatts soll sie die Trinität symbolisieren.

** Tirschenreuther Teichpfanne

Aus der Vogelperspektive besehen, wirkt sie wie ein Mosaik aus blauen und grünen Steinen: die Große Teichpfanne zwischen Tirschenreuth, Mitterteich, Wiesau und Falkenberg. Über 3500 Teiche drängen sich hier aneinander, meist nur durch schmale, mit Gras, Buschwerk und Feuchtpflanzen bewachsene Dämme getrennt. In dieser stillen, uralten Kulturlandschaft haben zahl-

Die Dreifaltigkeitskirche Kappl ist ein einzigartiges Gotteshaus.

Wald bedeckt. Ein idyllischer Ort also, um durch Wälder, Täler und alte Dörfer zu wandern. Neustadt ist das Eingangstor zum Oberpfälzer Wald, es liegt auf einem Höhenrücken an der Mündung der Floss in die Wald-

naab. Der Ort mit seinem historischen Stadtplatz ist Teil der Glasstraße, einer Route, die die 700-jährige Tradition der Glasherstellung der Region zum Thema hat. Entlang der Waldnaab erreicht man Burg Falkenberg.

Grabsteine auf dem jüdischen Friedhof von Flossenbürg.

reiche bedrohte Pflanzen, Insekten und Vögel ihr Refugium. In den Teichen werden Karpfen gezüchtet.

** Lamer Winkel

Im Tal des Weißen Regen liegt rund um den Ort Lam der sogenannte Lamer Winkel, ein besonders reizvolles Stück Bayerischer Wald mit etlichen »Tausendern«. Hausberg ist der Osser, den man gut an seinem felsigen Gipfelgrat erkennen kann. Der Blick über das Arbermassiv, in den Böhmerwald und an klaren Tagen bis zu den Alpen lohnt den Aufstieg. Im Quellgebiet des Weißen Regen liegt der Kleine Arbersee, ein Relikt der letzten Eiszeit.

* Gedenkstätte Flossenbürg

Im Konzentrationslager Flossenbürg und den 100 Außenlagern waren zwischen 1938 und 1945 etwa 100 000 Menschen inhaftiert, 30 000 überlebten den Terror nicht. An das Leid und den Tod dieser Menschen erinnert die KZ-Gedenkstätte.

Von außen dominiert die barocke Fassade der Stiftsbasilika von Waldsassen den Johannisplatz. Im Inneren tragen meisterhaft geschnitzte Holzfiguren die Empore der reich geschmückten Stiftsbibliothek (oben). Sie verkörpern verschiedene Aspekte des Hochmuts wie Ignoranz oder Heuchelei und wurden von Karl Stilp geschaffen.

Oberpfalz

Kreuzottern

Sie ist das bekannteste giftige Tier Deutschlands: die Kreuzotter. Auch wenn sich die Tiere in ihren Färbungen erheblich unterscheiden – sogar so weit, dass sich wohl kaum zwei Schlangen gleichen –, so sind sie doch alle an einem dunklen, im Zickzack über ihren Rücken verlaufenden Streifen zu erkennen. Ihr Kopf ist breiter als der Hals, die Weibchen sind in der Regel größer und muskulöser und können bis zu 90 Zentimeter lang werden. Die Kreuzotter ist vor allem in Höhlungen unter Baumwurzeln, in Maulwurfslöchern oder in verlassenen Fuchsbauten zu Hause. Optimal hat sie sich eingerichtet, wenn sie vor ihrer Haustür ein sonniges Plätzchen vorfindet, auf dem sie sich von den Sonnenstrahlen wärmen lassen kann. Für den Menschen ist ihr Gift nur bedingt gefährlich.

Die Ruine der Burg Flossenbürg erhebt sich auf einem Felsen hoch über dem Waldnaabtal.

Ebenfalls an der Waldnaab liegt Pleystein mit der Wallfahrtskirche Heiligkreuz.

** Naturpark Nördlicher Oberpfälzer Wald

Vorwiegend Fichten, Kiefern und Buchen bedecken beinahe die Hälfte des 1380 Quadratkilometer umfassenden Naturparks. Dieser schmiegt sich an die Grenze zu Tschechien und ist das südlichste Gebiet Bayerns, das aufgrund von vulkanischer Aktivität entstanden ist. Die für die Region typischen Basaltkegel sind sichtbare Zeugen davon. Neben Felsen und Forst prägt auch Wasser die Landschaft, etwa die Täler von Lerau und Waldnaab, und im Westen des Parks findet man eine ausgedehnte Teichlandschaft. Viele der Teiche wurden von Mönchen und Nonnen angelegt, die darin Fische für ihre Klöster züchteten. In den Feuchtzonen fühlen sich Orchideen wohl. Bei Wampenhof gibt es eine Wacholderheidenzone, sonst herrschen blumenreiche Wiesen vor, die gern von Schmetterlingen und Hummeln besucht werden. Burgruinen und gute Freizeitangebote runden das Naturparkerlebnis ab.

* **Lerautal** Die Quelle der Lerau entspringt am Fahrenberg. Von dort aus schlängelt sie sich über starkes Gefälle an wild verstreut liegenden Granitblöcken vorbei durch ihr Tal bei Leuchtenberg und durch die Wolfslohklamm. Eine Besonderheit ist die helle Farbe und Feinkörnigkeit des Leuchtenberger Granits. Besucher nehmen am besten von der Bundesstraße 22 den Abzweig vor dem Parkplatz Sargmühle. Die Wanderung ist ausgeschildert, die Pfade sind zum Teil nicht befestigt.

** **Waldnaabtal** Das Tal der Waldnaab ist zwischen Windischeschenbach und Falkenberg Naturschutzgebiet. Kilometerlang hat sich der Fluss tief in den Granit geschnitten. Felsen im Fluss, zum Beispiel an der Gletschermühle, laden zum Klettern ein und haben so manche Überraschung parat, wie etwa runde Löcher, die von Wasserstrudeln in den Stein gearbeitet wurden. Ausgeschilderte Wanderwege sind überall vorhanden, an der Gaststätte Blockhütte startet beispielsweise der Uferweg. Gutes Schuhwerk ist dabei erforderlich.

* **Doost** Bereits seit 1937 ist der Doost Naturschutzgebiet und damit das älteste seiner Art in der Oberpfalz. Es liegt sechs Kilometer nordöstlich der Stadt Weiden. Stellenweise plätschert zwischen den stark verwitterten Granitfelsen ein Bach, der jedoch meist vom Gestein verborgen bleibt. Sichtbar dagegen sind Farne, Moose und Flechten, die hier prächtig gedeihen. Man kann den Doost auf Wanderungen, teilweise über Holzbohlen, erkunden.

Linke Seite: Kleine Bäche und mit Moos bewachsene Steine prägen das Bild des Waldnaabtals (oberes Bild) ebenso wie das des Lerautals (unteres Bild).

Oberpfalz

* Weiden in der Oberpfalz

Zentrum des Oberpfälzer Waldes ist das an den Ufern der Waldnaab gelegene Städtchen Weiden. Von hier aus brechen Besucher zu Wanderungen durch eine abwechslungsreiche Landschaft auf, etwa durch das Oberpfälzer Hügelland oder das wildromantische Waldnaabtal. Als Schnittpunkt zweier wichtiger Handelsstraßen erlangte die Stadt wirtschaftliche Bedeutung und war ab dem 15. Jahrhundert auch überregionaler Gerichtsort. Im 19. Jahrhundert, mit dem Anschluss an das Eisenbahnnetz, siedelten sich hier zahlreiche Glas- und Porzellanbetriebe an, die der Stadt Weiden Wohlstand und Wachstum brachten. Das Zentrum der Altstadt bildet der Marktplatz zwischen dem Oberen und dem Unteren Tor. Dort findet sich auch das historische Rathaus (1539 bis 1545), das die Grenze zwischen Oberem und Unterem Markt darstellt. Viermal im Jahr finden auf dem Unteren Markt Jahrmärkte statt, die es schon seit 1396 gibt.

Die Innenausgestaltung der Weidener Pfarrkirche St. Josef entstammt dem Jugendstil.

** Amberg

Rund 60 Kilometer östlich von Nürnberg trifft man auf eine der besterhaltenen mittelalterlichen Stadtanlagen Europas. Nicht nur die Ringmauer um die Altstadt, sondern auch viele historische Bauten Ambergs sind bis heute erhalten geblieben. Die Vilsstadt kam im Mittelalter durch Erzbergbau und Salzhandel zu erheblichem Reichtum. Eine architektonische Kuriosität ist die sogenannte Stadtbrille, die als Ergänzung der vier Stadttore in

Naturpark Hirschwald

Zwischen Regensburg, Nürnberg und Amberg liegt der nur 280 Quadratkilometer große Naturpark Hirschwald. So klein die Fläche sein mag, so groß ist seine Vielseitigkeit. Landschaftlich wird fast alles geboten, von sanften Tälern bis hin zu Bergen, bunten Wiesen und Getreidefeldern. Dichte Wälder gibt es hier natürlich auch. Auf den Hochflächen findet man einen unglaublichen Reichtum an seltenen Wildkräutern. Dazu gehören Ackerhahnenfuß und Ackerrittersporn oder auch Kreuzenzian und Orchideen. Kein Wunder, dass Bienen und Schmetterlinge in großer Zahl angezogen werden. Mehr als 14 Fledermausarten sind für den Naturpark nachgewiesen. Nicht zuletzt sind Wanderfalken zu beobachten. Rot-, Schwarz- und Damwild finden im Wald im Herzen des Parks Schutz.

* Velburg

Im 13. Jahrhundert von Bayernherzog Ludwig dem Strengen in planmäßiger Anlage gegründet, zeigt sich Velburg im Kern als geschlossenes historisches Stadtensemble. Giebelständige Ackerbürgerhäuser rahmen den Marktplatz, beim neugotischen Rathaus finden sich repräsentative Bauten des 16./17. Jahrhunderts; die Friedhofskirche St. Anna beeindruckt mit ihren bedeutenden spätgotischen Flügelaltären. Auf dem Kreuzberg im Westen der Stadt steht die Wallfahrtskirche Herz Jesu, zwei Bögen die Vils überspannt. Im Wasser gespiegelt, ergänzen sich die zwei Bögen zu nebeneinanderstehenden Kreisen, was zu diesem kuriosen Namen führte. Daneben prägen das gotische Rathaus, das Kurfürstliche Schloss und das Zeughaus, die Alte Veste, das Walfischhaus sowie mächtige Kirchen und Klöster das Bild der Stadt. Sehenswert ist auch Ambergs Stadttheater, das in einer alten Kirche eingerichtet wurde.

Im Herzen von Amberg stehen Rathaus und Hochzeitsbrunnen.

ein Höhepunkt des süddeutschen Spätbarocks.

** Berching

Wenige deutsche Orte haben sich ihr mittelalterliches Stadtbild so unversehrt erhalten können wie Berching. Mit vier Toren, zwölf Türmen und begehbaren Wehrgängen umschließt eine Mauer (15. Jahrhundert) das Städtchen. Die Sulz durchfließt Berching in nordsüdlicher Richtung, sodass der Eindruck einer Doppelstadt entsteht.

** Neukirchen bei Heiligenblut

Reizvoll zu Füßen des Hohen Bogen liegt der bedeutendste Wallfahrtsort im Bayerischen Wald. Schon von Weitem sichtbar am Ortseingang ist die Wallfahrtskirche Mariä Geburt, ein kreuzförmig angelegter Barockbau mit prächtiger Ausstattung.

Oben: In abendlicher Beleuchtung zeigt sich der Marktplatz von Weiden mit Rathaus und St. Michael.

Oberpfalz

Keulen-Bärlapp und ...

... Bärwurz wachsen im Bayerischen Wald.

** Naturpark Oberer Bayerischer Wald

Rund um den Bayerischen Wald gibt es mehrere Naturparks und auch einen Nationalpark. Der Naturpark Oberer Bayerischer Wald zählt mit einer Fläche von 1738 Quadratkilometern zu den größten Bayerns. Nicht ganz die Hälfte seines Gebiets steht unter Naturschutz und ist in zwölf Bereiche aufgeteilt. Der Keulenbärlapp, eine Pflanze auf der Roten Liste, gedeiht hier prächtig, ebenso wie der seltene Krause Rollfarn. Mit 1293 Metern gehört der Große Osser zu den höchsten Bergen der Region. Er liegt direkt an der Grenze zu Tschechien und bildet mit

Drachenspaß in Furth im Wald

Die kleine Stadt Furth im Wald nahe der tschechischen Grenze steht ganz im Zeichen der Drachen: Der Further Drachenstich gilt als das älteste Volksschauspiel Deutschlands, das seit 1590 erst als Teil der Fronleichnamsprozession und heute als eigenständiges Volksfest im August stattfindet. Über 1000 Bürger der Stadt beteiligen sich – in mittelalterliche Kostümen gewandet – an dem Spektakel, bei dem am Ende ein Drache getötet wird. Für die nötigen Effekte sorgt dabei heute ein elf Tonnen schwerer Laufroboter, der den Drachen mimt. Ein großer Spaß für Kinder mit leichtem Gänsehauteffekt ist der Besuch in der Further Drachenhöhle. Das bewegliche Exemplar vom Drachenstich kann von April bis Oktober in seiner Höhle besucht werden.

seinem Bruder, dem Kleinen Osser, zwei Höcker, die weithin sichtbaren Wahrzeichen des Parks. Die Kombination aus Wäldern, Bergen, Tälern und einigen Seen sorgt im Sommer und im Winter für perfekte Freizeitmöglichkeiten. Kilometerlange Wander- und Radwege stehen zur Verfügung, außerdem ein 120 Kilometer langer Wasserwanderweg auf dem Regen. Hinzu kommen Alpin-Abfahrten und Loipen in den höheren Lagen.

** Kleiner Arber und Kleiner Arbersee Der Kleine Arber ist 1384 Meter hoch und damit der höchste Berg im Bereich Oberer Bayerischer Wald. Zu seinen Füßen liegt das Naturschutzgebiet Kleiner Arbersee, eine wahrhaft märchenhafte Landschaft. Im See liegen drei Inseln aus Moor und Torf. Diese schwimmenden Inseln waren einmal ohne feste Verbindung zum Grund des Gewässers, eine ist es noch heute und wechselt ihre Position. Auf den Inseln gedeihen Sonnentau und Rosmarinheide. Ein Rundweg führt über Bohlen und Holzstegen rund um den See.

* Regental Der Regen ist der längste Fluss in der Oberpfalz. Im Bereich des sogenannten Landes der Regenbogen zwischen Pösing und Cham bilden seine Auen ein Naturschutzgebiet, das für seinen Vogelreichtum bekannt ist. Stark bedrohte Arten, von Schilfrohrsänger bis Uferschnepfe, brüten hier. Außerdem dient das Gebiet vielen Zugvögeln als wichtiger Rastplatz. Weiter westlich bei Kirchenrohrbach liegt das Schutzgebiet Regentalhänge mit seinen Eichen-Hainbuchen-Wäldern.

Linke Seite oben: Der Regen fließt durch teils unberührte Gebiete inmitten des Naturparks. **Rechts:** Rieslochfälle.

Kleiner Arbersee

Die schwimmenden Inseln im Kleinen Arbersee werden durch drei Meter dickes Wurzelwerk zusammengehalten.

Vom Ufer hat man einen herrlichen Blick auf den Großen Arber (im Bildhintergrund), der den Kleinen Arber nur um 72 Meter überragt.

Oberpfalz
Regensburg

Seit Anfang des 20. Jahrhunderts führt die Fußgängerbrücke »Eiserner Steg« von Regensburgs Altstadt über die Donau.

*** Steinerne Brücke Die schöne alte Brücke mit ihren 14 steinernen Bögen wurde schon im Jahr 1146 errichtet, um einem französischen Kreuzfahrerheer den Übergang über die Donau zu erleichtern. Sie gilt als Meisterwerk mittelalterlicher Baukunst und wurde zum Vorbild für zahlreiche andere Steinbrücken in Europa, etwa der Karlsbrücke in Prag.

** Alte Kapelle Die Kirche des Stiftes zu Unserer Lieben Frau präsentiert sich von außen als schlichter, aus dem 11. Jahrhundert stammender Bau. Im Inneren erwartet den Besucher rauschender, in Weiß und Gold gehaltener Rokoko, der u. a. von Meistern der berühmten Wessobrunner Schule geschaffen wurde. Aus religiöser Sicht der wichtigste Ausstattungsgegenstand ist aber ein altes Gnadenbild der heiligen Maria mit Kind.

** Altes Rathaus Der bedeutendste Teil des Regensburger Rathauses ist der leuchtend gelbe Anbau aus dem 14. Jahrhundert. Ursprünglich war er ein Tanzsaal, aber von 1663 bis 1806 tagte hier der »Immerwährende Reichstag«. Heute ist dort das Reichstagsmuseum eingerichtet und die originalen Räumlichkeiten, aber auch ein Folterkeller können im Rahmen von Führungen besichtigt werden.

*** Porta Praetoria Erst im 19. Jahrhundert entdeckte man, dass 300 Jahre zuvor beim Bau des Bischofhofes Reste eines römischen Torwerkes integriert worden waren. Es handelt sich um das Haupttor des einstigen Lagers Castra Regina, das die Keimzelle der Stadt bildete. Heute sind die Reste wieder freigelegt und heben sich als Naturstein von den weißgekalkten Mauern der Residenz ab. Zusammen mit der Porta Nigra in Trier ist dies die einzige erhaltene römische Toranlage nördlich der Alpen.

Antiquitätenläden prägen das Bild der Tändlergasse.

** Allerheiligenkapelle Die romanische Kapelle findet sich im Kreuzgang des Regensburger Domes. Sie wurde von Bischof Hartwig II. als Begräbniskapelle angelegt und ist einer der wenigen Kirchenräume aus dem 12. Jahrhundert, der nie verändert wurde. Der Raum war einst vollends mit einer Darstellung des Jüngsten Gerichtes bedeckt. Davon ist auch noch heute relativ viel erkennbar.

Burglengenfeld

Weithin sichtbar ist der Bergfried der Burgruine hoch über Burglengenfeld nördlich von Regensburg. Die Stadt ist der Geburtsort des Barockbaumeisters Johann Michael Fischer (1692–1766), der im süddeutschen Raum insgesamt 32 Kirchen- und 23 Klosterbauten errichtete. Die Burg Burglengenfeld sollte ursprünglich wohl den benachbarten Ort Premberg schützen, einen wichtigen Ort des Handels mit den angrenzenden Slawen seit der Zeit Karls des Großen. Die Altstadt von Burglengenfeld ist von mittelalterlich anmutenden Gässchen geprägt und Profanbauten aus dem Hochmittelalter im Stil der Renaissance geprägt und als gesamtes Ensemble denkmalgeschützt. Sehenswert ist das Rathaus aus dem 15. Jahrhundert mit seiner tiefroten Fassade.

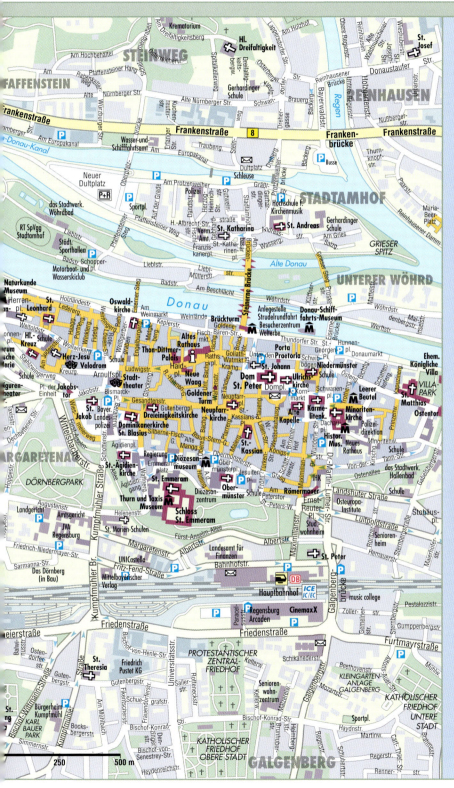

*** REGENSBURG

Regensburg, das ist Geschichte pur: Wenige Städte in Deutschland können auf eine so lange und wechselvolle Vergangenheit zurückblicken. Doch als Universitätsstadt und bedeutender Standort der Biotechnologie ist sie nicht in ihrer Historie erstarrt.

Wie München wird Regensburg manchmal als »nördlichste Stadt Italiens« bezeichnet. Wegen der vielen alten Geschlechtertürme, die man sonst auf dieser Seite der Alpen so nicht findet, aber auch wegen des entspannten Flairs auf den schönen alten Plätzen. Vermutlich ist es nur der schlechten wirtschaftlichen Situation der Nachkriegsjahre zu verdanken, dass die vielen alten Gebäude aus dem Mittelalter und der frühen Neuzeit, als Regensburg

Die Türme des Doms und der Rathausturm prägen die Stadtsilhouette von Regensburg schon von Weitem.

eine der reichsten und bedeutendsten Städte Deutschlands war, keinen Modernisierungen zum Opfer fielen. Heute ist die Stadt an der Donau längst wieder zu einer prosperierenden Metropole geworden, kann mit über 1500 denkmalgeschützten Gebäuden, darunter einer Anzahl großartiger Kirchen-, Stifts- und Klosterbauten, einzigartige Zeugnisse einer glanzvollen Vergangenheit vorweisen.

Regensburg: Steinerne Brücke

Die komplette Altstadt Regensburgs mitsamt Steinerner Brücke und dem Dom gehören seit 2006 zum UNESCO-Weltkulturerbe.

Das Römische Imperium hat Spuren hinterlassen, die bis heute sichtbar sind. So gründete Kaiser Marc Aurel im Jahr 179 nach Christus die Stadt Regensburg an der Donau.

Oberpfalz
Regensburg

Johannes Kepler

Dass die Erde sich um die Sonne dreht, weiß jedes Kind, und irgendwann erfährt es meist auch, dass dieses »kopernikanische Weltbild« nicht immer selbstverständlich war. Weniger bekannt ist, dass erst Johannes Kepler (1571–1630), der seine letzten Lebensjahre in Regensburg verbrachte und dem die Stadt heute ein Museum gewidmet hat, die Theorien des Ni-

*** Dom St. Peter Der Sakralbau mit seinen himmelstrebenden Türmen ist das Wahrzeichen der Vier-Flüsse-Stadt. Hier feiert die Gotik einen ihrer Höhepunkte auf süddeutschem Boden. Gott brachte einst Licht in diese Welt – dieser Metapher folgend, wurden gotische Innenräume durch farbige Glasfenster zu mystischen Lichträumen. So auch der Regensburger Dom mit seinem großen Bestand originaler mittelalterlicher Farbfenster. Eng mit dem Dom verbunden ist der Chor der Regensburger Domspatzen, die mit ihrer Sangeskunst den gotischen Raum förmlich zum Klingen bringen. Mit seinem Bau wurde Ende des 13. Jahrhundert begonnen, es folgten über 600 Jahre hinweg Um-, An- und Rückbauten. Aus der Anfangszeit stammen die steinernen Vierungsfiguren von Maria und Gabriel, später kamen die Skulpturen von Paulus und Petrus hinzu; ihm ist die Bischofskirche geweiht.

** »Wurstkuchl« Das Gasthaus an der Steinernen Brücke ist eines der ältesten weltweit. Es diente wohl schon der Verpflegung der Bauarbeiter beim Bau der Steinernen Brücke bzw. war anfangs eine Art »Baubüro« und wurde erst nach der Fertigstellung der Brücke in eine Garküche umgewandelt. Heute gibt es dort Bratwürste, aber auch andere bayerische Spezialitäten. Würste, Sauerkraut und Senf werden von der Betreiberfamilie selbst hergestellt.

*** Kloster St. Emmeram Das ehemalige Benediktinerkloster wurde 739 über dem Grab des Missionsbischofs Emmeram gegründet. Es war im Mittelalter unter anderem für seine kostbaren Buchmalereien berühmt, wurde aber 1803 aufgelöst. Die Klosterräume wurden von der Familie Thurn und Taxis zum Schloss umgebaut und können im Rahmen von Führungen besichtigt werden. Außerdem befinden sich dort ein Marstallmuseum mit historischen Kutschen und eine Schatzkammer. Die von den Brüdern Asam im rauschenden Barock ausgestattete Klosterkirche ist als Pfarrkirche öffentlich zugänglich.

** document Niedermünster In den Kellerräumen der romanischen Stiftskirche Niedermünster befinden sich archäologische Relikte des alten Römerlagers Castra Regina, der Pfalz der Bayern-Herzöge aus dem 8. Jahrhundert und des Stifts aus dem 9. Jahrhundert sowie Herzogs- und Heili-

kolaus Kopernikus beweisen konnte. Kepler hatte unter anderem die geniale Idee, dass die Planeten sich nicht auf kreisförmigen, sondern auf elliptischen Bahnen bewegen. Plötzlich waren dadurch die Widersprüche  in der Berechnung der Planetenbahnen aufgelöst. Immer wieder musste er sich wegen seiner »ketzerischen Ansichten« gegen Angriffe wehren. Seine »Keplerschen Gesetze« sind allerdings bis heute gültig.

gengräber. Diese Ausgrabungen können im Rahmen von Führungen besichtigt werden. Das Besondere sind fotorealistische 3-D-Animationen, die die verschiedenen früheren Zustände wieder zum Leben erwecken.

* **Historisches Museum** Das Museum zur Geschichte der Stadt und der Region ist im ehemaligen Minoritenkloster St. Salvator untergebracht, dessen schöne alte Räume einen Besuch lohnen. Zu den Highlights gehören Modelle der Stadt, Gemälde von Leo von Klenze und eine reiche Sammlung spätmittelalterlicher bzw. frühneuzeitlicher Kunst, etwa von Albrecht Altdorfer und anderen berühmten Vertretern der sogenannten »Donauschule«.

** **Volkssternwarte** Die älteste Volkssternwarte Bayerns am Ägidienplatz geht auf ein Observatorium des Klosters St. Emmeram aus dem Jahr 1774 zurück. Sie wird von der Volkshochschule Regensburg betrieben und ist jeden Freitagabend ab 20 Uhr im Winter bzw. ab 21 Uhr im Sommer geöffnet. Die kostenlosen Führungen beginnen mit einer Einführung in die Himmelskunde, an die sich dann – sofern die Wetterverhältnisse es erlauben – Beobachtungen durch das Fernrohr anschließen.

** **Besucherzentrum Welterbe im Salzstadel** Im malerischen alten Salzstadel an der Steinernen Brücke befindet sich heute ein Museum, das die Geschichte Regensburgs anhand von Spielstationen und Medieninstallationen erfahrbar macht. Eines der Highlights ist ein interaktives Stadtmodell, das die Veränderungen im Laufe der Jahrhunderte aufzeigt. Die ständige Präsentation wird immer wieder auch mit Sonderausstellungen ergänzt. Der Eintritt ist frei.

Links oben: Starke Strebepfeiler und ein kolossales Kreuzrippengewölbe dienen dazu, die Statik des Doms St. Peter für eine möglichst große Durchfensterung der Mauern zu gewährleisten. Das gilt für das Langhaus ebenso wie für den Chor mit den schönen Glasfenstern. Oben: Die Basilika im Kloster St. Emmeram überdeckt ihre Ursprünge in vorromanischer Zeit mit Barockkunst: Das Innere des dreischiffigen Kirchenbaus wurden von den Brüdern Cosmas Damian und Egid Quirin Asam in den Jahren 1731 bis 1733 umgestaltet.

Walhalla

Man glaubt den Parthenon von Athen vor sich – wären da nicht die bewaldeten Hänge über einem Fluss namens Donau. Tatsächlich war der Tempel der Athene Parthenos auf der Akropolis das Vorbild für die Walhalla in Donaustauf bei Regensburg. Der bayerische König Ludwig I. (regierte 1825 bis 1848) ließ seinen Architekten Leo von Klenze griechische Antike mitten in die Oberpfalz verpflanzen. Auch der Ort, weithin sichtbar am Berg, ist gut gewählt. In dem 1830 bis 1842 errichteten Bau werden keine Götter angebetet oder in Schlachten gefallener Helden gedacht, sondern »große Deutsche« verehrt. Der Wittelsbacher wollte ein Zeichen setzen und napoleonischem Feldherrnruhm »deutsche Kultur« in Marmor entgegenstellen. 194 deutschsprachige Persönlichkeiten sind es heute, an deren Werke und Taten mit

Büsten (130) oder Gedenktafeln (64) das erste deutsche Nationaldenkmal erinnert. Dazu gehören Komponisten wie Wagner und Strauss, der Humanist Ulrich von Hutten oder Otto von Bismarck (Bilder links).

Nebelschwaden verhüllen den Blick vom Gipfel des Großen Arber auf den Großen Arbersee, der zu Füßen des 1456 Meter hohen Berges liegt.

Niederbayern

Touristisches Highlight Niederbayerns ist der Bayerische Wald, der sich zwischen Donau und Böhmerwald erstreckt. Eine Reise durch diese Region ist auch eine Reise in die geologische Vergangenheit, denn unter den Gebirgen dieser Welt ist er ein Methusalem. Den Besucher erwarten hier bizarre Gesteinswelten, Urwälder, Seen mit schwimmenden Inseln und – nicht zu vergessen – selten gewordene Tiere wie Wölfe oder Luchse. Stadtluft schnuppern kann man in der Dreiflüssestadt Passau, in Landshut oder Straubing.

Niederbayern

Brüder Asam

Schon der Vater war Freskomaler und Stuckateur und arbeitete zur Zeit der Geburt des älteren Cosmas Damian als Klostermaler in Benediktbeuern. Die Brüder gingen bei ihm in die Lehre. Ab etwa 1714 arbeiteten sie an zahlreichen größeren Projekten, vor allem im süddeutschen Raum. Sie ergänzten sich kongenial: Beide waren vielseitig begabt und verstanden alle

Niederbayern

Fläche:
10 330 km²
Bevölkerung:
1,24 Millionen
Verwaltungssitz:
Landshut
Größte Städte:
Landshut (73 000 Einwohner)
Passau (53 000 Einwohner)
Straubing (48 000 Einwohner)

* Kelheim

Die alte bayerische Herzogsstadt hat viel historische Substanz bewahrt. Sehenswert ist das Archäologische Museum im spätgotischen Herzogskasten. Auf dem Michelsberg erhebt sich der monumentale Rundtempel der Befreiungshalle (1842–1863) mit traumhafter Aussicht.

** Befreiungshalle

König Ludwig I. von Bayern dachte in großen Dimensionen und stieß auch ebensolche Bauprojekte an. Dazu gehört die Befreiungshalle auf dem Michelsberg oberhalb von Kelheim an der Donau. Sie sollte eine Mahnung an die Deutschen sein, endlich die Kleinstaaterei zu überwinden und die nationale Einheit herbeizuführen. Der Name des Bauwerks erinnert an die Befreiungskriege 1813 bis 1815, die im Kampf gegen Napoleon erstmals nationale Begeisterung entfachten. Die deutliche Anlehnung an Bauformen der Antike war dem Stil des damals vorherrschenden Klassizismus eigen. Der Befreiungskampf der Hellenen (1821–1830) gegen die Türken steigerte die Begeisterung für »edle Einfalt, stille Größe« noch. 1842 endlich konnte Ludwig den Grundstein für die Befreiungshalle legen. 1863 wurde der überkuppelte Rundbau aus Kalkstein mit Aussichtsplattform eingeweiht.

*** Kloster Weltenburg

An den Ausläufern des südlichen Fränkischen Juras hat die

Malerisch liegt Kloster Weltenburg an einer Biegung der Donau.

Donau vor etwa einer Million Jahren ein enges, sehr malerisches Flusstal geschnitten. Auf einer bereits seit der Steinzeit besiedelten Landzunge steht das Kloster Weltenburg, das mit der um 1050 errichteten Klosterbrauerei eine der ältesten Bierbrauereien der Welt besitzt. Hochwasserschäden und Plün-

Facetten ihrer Künste von der Architektur bis zur Malerei. Dabei konzentrierte sich Cosmas mehr auf die Fresken und Egid überwiegend auf die Bildhauerei und Stuckatur. Die Brüder entwickelten einen Stil, der durch illusionistische Raumwirkung, Lichtführung, dramatische Kontraste und üppige Farbigkeit den lustvollen Überschwang des Barocks mit einer theatralischen Religiosität zu einem Kunstwerk verband.

derungen haben dem Bau immer wieder zu schaffen gemacht. Zwischen 1716 und 1739 wurden die heutige barocke Klosteranlage und die Kirche von den Brüdern Asam erbaut. Von außen wirkt das Gotteshaus eher schlicht und lässt seine Raumgestaltung im Stil des bayerischen Hochbarock erstmal nur erahnen. Der Hauptraum wird durch vier Nischen mit Altären von Egid Quirin Asam geprägt. Mittelpunkt im Presbyterium ist der Hauptaltar, flankiert von gewundenen Säulen, zwischen denen St. Martin und St. Maurus thronen.

** Donaudurchbruch
An der Weltenburger Enge, wo die Donau das Felsmassiv des Fränkischen Juras durchbricht, zwängt sich der Fluss auf nur 70 Metern Breite zwischen 80 Meter hohen Steilwänden dieses niederbayerischen »Canyons« hindurch.

* Abensberg
Die Burgruine, eine teils erhaltene Stadtbefestigung und spätgotische Bauten wie Rathaus, Pfarrkirche und Karmeliterkirche zeugen von der reichen Vergangenheit des niederbayerischen Braustädtchens.

** Rohr
Die hiesige Abteikirche ist das Gesamtkunstwerk von Egid Quirin Asam. Genial die Steigerung seiner architektonisch-künstlerischen »Inszenierung«, wenig dramatisch die Raumwirkung, zartrosa der Stuck und beeindruckend der Hochaltar mit frei stehender Plastik der Himmelfahrt Mariens.

Linke Seite oben: Innen wird die Befreiungshalle Kelheim durch 18 Nischen gegliedert, die durch einen Reigen von 34 Siegesgöttinen verbunden sind. **Rechts:** Hochaltar der Abteikirche in Rohr.

Kloster Weltenburg

Der Durchbruch der Brüder Asam in der Kunstwelt des 18. Jahrhunderts gelang ihnen mit der Klosterkirche Weltenburg.

Im Innern der Klosterkirche St. Georg fasziniert die Ausstattung. Besonders gelungen ist der Hauptaltar mit einem Bild des heiligen Georg, der mit dem Drachen kämpft.

Niederbayern
Straubing

*** Straubing

Mit seinem langen Stadtplatz, gesäumt von farbenprächtigen Bürgerhäusern verschiedener Epochen, strahlt das Zentrum des Gäubodens heitere Zufriedenheit aus. Die fruchtbaren Böden dieser »Kornkammer« Bayerns prägten die Stadt seit jeher. Untrennbar ist der Name der Stadt an der Donau auch mit Agnes Bernauer verbunden, jener unglücklichen Baderstochter, die der bayerische Herzog Ernst im Jahr 1435 ertränken ließ, weil sie es gewagt hatte, mit seinem Sohn Albrecht eine nicht standesgemäße Beziehung einzugehen. Trotz dieser schrecklichen Episode war das späte Mittelalter für Straubing eine Zeit der wirtschaftlichen Blüte. Zwischen 1335 und 1425 war Straubing sogar die Hauptstadt eines selbstständigen Fürstentums namens Straubing-Holland, das von einer Seitenlinie der Wittelsbacher regiert wurde, denen über Erbschaft auch die reichen Niederlande zugefallen waren. Anlässlich eines Wittelsbacher Fürstenbesuches wurde 1812 das Gäubodenfest ins Leben gerufen, Bayerns zweitältestes und zweitgrößtes Volksfest, das immer Mitte August stattfindet.

*** Stadtplatz
Langer Platz oder Breite Straße? Jedenfalls wird Straubings Zentrum von einer 800 Meter langen autofreien Zone gebildet, an deren Seiten sich schöne Bürgerhäuser aus Gotik, Renaissance, Barock, Rokoko und Klassizismus zu einem harmonischen Ganzen fügen.

** Straubinger Stadtturm
Der fast 70 Meter hohe Turm mit den fünf grünen Spitzen ist das Wahrzeichen der Stadt. Er wurde im 14. Jahrhundert als Wachturm angelegt. Ungewöhnlich ist seine Lage mitten auf dem Stadtplatz. Doch von hier aus konnten die Wächter einerseits zollpflichtige Schiffe auf der Donau, andererseits Feuersbrünste innerhalb der Stadt frühzeitig entdecken. Die Feuerglocke von 1406 zählt zu den ältesten Deutschlands.

** Herzogsschloss
Das Schloss wurde im 14. Jahrhundert als Residenz der Herzöge von Straubing-Holland erbaut. Nach deren Aussterben im Jahr

Ursulinenkirche

Sie ist das letzte Werk der Brüder Asam: die Straubinger Ursulinenkirche in der Burggasse. Der ältere der beiden Brüder, Cosmas Damian, starb 1739 noch während der Bauarbeiten, die sein Bruder Egid Quirin dann im Alleingang vollendete. Unverkennbar zeigt sich die Handschrift der Brüder Asam in dieser Klosterkirche, die üppig in barockem Dekor schwelgt. Zwischen der Äbtissin des Klosters und den Brüdern gab es einen regen Austausch über die Gestaltung der Kirche, der heute noch in einigen Briefen erhalten und nachlesbar ist. Vermutlich ist die Zusage der beiden Künstler ohnehin nur der Oberin Maria Magdalena von Empach zu verdanken, die als Tochter des Bürgermeisters von München eine Verbindung zu den Asambrüdern herstellen konnte – göttliche Fügung?

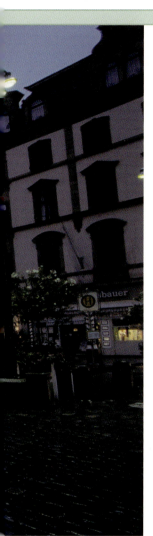

1425 wurde es teils als Verwaltungssitz, teils als Kaserne genutzt und immer wieder umgebaut. Heute sind Stadtarchiv und -bibliothek sowie mehrere Ämter hier untergebracht. Vor allem aber ist der Innenhof die Kulisse für die alle vier Jahre stattfindenden Agnes-Bernauer-Festspiele.

* Rathaus mit historischem Rathaussaal Das schöne gotische Rathaus am Theresienplatz wurde zu Beginn des 13. Jahrhunderts als Handelshaus gebaut und 170 Jahre später samt den Nebengebäuden von der Bürgerschaft aufgekauft und zum Rathaus umgebaut. Seine heutige neogotische Fassade erhielt es allerdings erst im 19. Jahrhundert. Der alte Rathaussaal im Inneren wird für Konzerte und Empfänge genutzt.

** St. Peter Die romanische Kirche aus dem 12. Jahrhundert kann mit alten Kunstschätzen wie einer Christusfigur von etwa 1200 und einer spätmittelalterlichen Pietà aufwarten. Auch der Figurenschmuck der Portale ist sehenswert. Umgeben ist St. Peter von einem romantischen Friedhof mit mehreren Kapellen. In der Seelenkapelle sind Totentanz-Fresken aus dem 18. Jahrhundert zu bewundern. Die Agnes-Bernauer-Kapelle gilt als Grabstätte der unglücklichen Baderstochter, wurde aber möglicherweise nur zum Andenken an die junge Frau bzw. als Sühne für ihren Tod errichtet.

* Gäubodenmuseum Im Museum am Ludwigsplatz wird die Geschichte von Stadt und Region gezeigt. Bedeutsam sind vor allem die Abteilungen zur Vorgeschichte und Römerzeit, aber auch zur Bajuwarenzeit im Frühmittelalter. Beim Publikum erfreut sich ein Römerschatz besonderer Beliebtheit, der 1950 bei Bauarbeiten entdeckt wurde. Zu ihm gehören mehrere Paradeuniformen und eine einzigartige Sammlung von bronzenen Gesichtsmasken.

Ein Wachturm mitten in der Stadt – das ist der Straubinger Stadtturm mitten auf dem Marktplatz (links oben). Einen Querschnitt durch mehrere Stilepochen von Gotik bis Rokoko bieten die Kirchen der Stadt, hier St. Jakob (oben).

Niederbayern
Naturpark Bayerischer Wald

*** Naturpark Bayerischer Wald

Direkt an den südlichen Rand des Naturparks Oberer Bayerischer Wald grenzt der Naturpark Bayerischer Wald. Er erstreckt sich über 2780 Quadratkilometer. Der bereits 1967 gegründete Park ist nicht nur einer der größten, sondern auch einer der ältesten Deutschlands. Der höchste Berg in dem zur Hälfte bewaldeten Areal ist der Große Arber. Außer den Hochflächen gehört das Tal der Donau zu seinen beliebtesten Anziehungspunkten. Eine Sache sollte im Zusammenhang mit diesem Naturpark unbedingt erwähnt werden: Dies ist der unglaubliche Reichtum an Tieren und Pflanzen, die anderenorts gar nicht mehr oder nur noch extrem selten zu finden sind. So beispielsweise der Luchs, dessen Ansiedelung mit einem speziellen Projekt unterstützt wird. Unter den schützenswerten Pflanzen, die sich im Park heimisch fühlen, sind Ungarischer Enzian und Hollunderorchis.

*** Großer Arber und Großer Arbersee

Der 1455,50 Meter hohe Große Arber ist nicht nur der höchste Berg des Naturparks, sondern auch des gesamten bayerisch-böhmischen Mittelgebirges. Man kann ihn mit einer Bergbahn erklimmen, oben zwischen Bergkiefern und Bergfichten spazieren gehen, die vier Gipfel erkunden und im Winter das Skigebiet nutzen. Kälte, Niederschlag und häufig auftretender Ostwind sorgen dann für ein Naturphänomen: Bäume und Sträucher werden von eigenwillig gezackten Eiskrusten bedeckt. An einer Flanke des Berges auf über 900 Metern Höhe liegt der Große Arbersee, ein Relikt der Eiszeit. Seine spektakuläre Lage am steil aufragenden Gipfel und der ihn umgebende ursprüngliche Baumbestand haben ihn zu einer der Hauptsehenswürdigkeiten des Bayerischen Waldes gemacht. Und das nicht nur für den Menschen. Auch Tiere und Pflanzen fühlen sich hier wohl, weshalb das Gelände unter Naturschutz steht. Ein Seerundweg mit Info-Tafeln führt hindurch.

* Höllbach

Das Höllbachtal ist Naturschutzgebiet. Der einst wilde Bach schlängelt sich durch Granitfelsen, auf denen seltene Moose und Flechten wachsen. Das Ursprüngliche des Biotops ist eingeschränkt, seit das Gewässer zur Energiegewinnung teils umgeleitet wird.

** Steinklamm

An der Grenze zum Nationalpark Bayerischer Wald liegt die Steinklamm. Drei Wege führen durch die Schlucht der Großen Ohe mit ihren vom Wasser glatt geschliffenen Felsbrocken. Sie sind von Mai bis Oktober begehbar.

Wandern im Bayerischen Wald

Das Tal des Schwarzen Regen ist bestens geeignet, um sich in der freien Natur zu bewegen. Ob zu Fuß, mit dem Rad oder dem Kanu, viele schöne Strecken stehen zur Verfügung. Auf dem Streckenabschnitt zwischen Viechtach und Gotteszell gibt es sogar Unterstützung: Die Wanderbahn transportiert nämlich nicht nur Gäste, sondern auch deren Sportgerät. Der Pandurensteig ist gut 130 Kilometer lang, ein Wanderweg, der auch durch den Oberen Bayerischen Wald verläuft. Er führt von Waldmünchen nach Passau. Ein schwarzer Krummsäbel ist das Symbol des nach den gleichnamigen Soldaten benannten Weges, an dem historisch interessante Stätten, Vogelschutzgebiete, Wälder und Steinbrüche liegen.

** Buchberger Leite Zwei Bäche vereinigen sich hier zur Wolfsteiner Ohe. Die unter Naturschutz stehende Buchberger Leite ist eine wildromantische Schlucht. Empfehlenswert ist der acht Kilometer lange Erlebniswanderweg »Mensch und Natur«, der auf eigene Faust oder mit einer ortskundigen Führung begangen werden kann.

*** Dreisessel Der 1312 Meter hohe Berg ist einer der spektakulärsten der Gegend, denn er erinnert tatsächlich an drei Sitzmöbel. Mehrere Wanderungen beginnen am Dreisessel-Parkplatz. Eine führt zum Dreisesselfelsen und weiter zum Hochstein, wo das Gipfelkreuz steht. Der Blick bis zu den Alpen ist sensationell. Ein Gasthof lädt zur Rast ein. Andere Routen führen zum Steinernen Meer, einer Ansammlung wild durcheinanderliegender mächtiger Felsen.

Oben: Mystisch wirkt der Wald am Dreisesselberg mit seinen skurrilen Felsformationen, die schon Adalbert Stifter inspirierten.

Naturpark Bayerischer Wald

Der älteste Nationalpark Deutschlands und eines der größten zusammenhängenden Waldgebiete Europas: der Bayerische Wald.

Im Bayerischen Wald im bayerisch-tschechischen Grenzgebiet darf die Natur noch machen, was sie will (links: Höllbach; unten: Steinklamm).

Niederbayern

Geliebte Knödel

Der Barock hat Altbayern, und damit sind vornehmlich Ober- und Niederbayern gemeint, wie kein anderer Stil geprägt. Diese Vorliebe für das harmonisch Runde findet sich auch im Kochtopf wieder: Es ist der Knödel, der in seinen Variationen als Begleiter aller erdenklichen Gerichte geliebt wird. Der typische bayerische Knödel ist ein Semmelknödel, zubereitet aus zer-

*** Kloster Metten

Geweiht ist die Abteikirche St. Michael mit den beiden Zwiebeltürmen dem Erzengel Michael, der als goldene Figur von der Kuppel herab schimmert. Die dreischiffige Basilika mit zwei Westtürmen und Vorhalle wurde bereits im 13. Jahrhundert errichtet und erfuhr in den folgenden 200 Jahren vielfältige Veränderungen. Ihre heutige barocke Gestalt erhielt die Kirche jedoch erst im Verlauf des 18. Jahrhunderts unter Abt Roman II. Märkl. Der österreichische Bildhauer und Stuckateur Franz Josef Ignaz Holzinger schmückte Kircheninnenraum und Bibliothekssaal mit eindrucksvollen Stuckarbeiten aus. Die Barockbibliothek mit einem Bestand von rund 35 000 Büchern fasziniert mit ihren tragenden figürlichen Säulen, den schönen Deckenfresken mit Abbildungen von Thomas von Aquin und Bonaventura und den Bücherschränken des Straubinger Schreiners Jakob Schöpf.

* Deggendorf

An der Donau gelegen, gehörte Deggendorf zu den wichtigen wittelsbachischen Stadtgründungen des 13. Jahrhunderts. Typisch dafür ist der lang gestreckte Marktplatz mit dem in der Mitte freistehenden, gotischen Rathaus samt Stadtturm.

* Niederaltaich

Das älteste Benediktinerkloster Bayerns, vermutlich 741 gegründet, liegt in der Donauniederung und war einst ausschließlich per Fähre erreichbar. Sehenswert ist die doppeltürmige Klosterkirche, ein Barockbau mit überwältigender Raumwirkung und umfangreichem Freskenzyklus.

** Osterhofen-Altenmarkt

Drei Hauptmeister des bayerischen Spätbarock – Johann Michael Fischer und die Brüder Asam – wirkten zusammen, um dem durch Brand zerstörten Prämonstratenserkloster (gegründet um 1000) im 18. Jahrhundert eine neue Kirche zu schenken. Ein Meisterwerk!

* Finsterau

Im tiefsten Bayerischen Wald gelegen, von Wintersportlern als »Schneeloch« gerühmt, bietet Finsterau mit seinem Freilichtmuseum eine Reise in die

bröselten Brötchen, warmer Milch und rohen Eiern, mit den Händen in die runde Form gebracht, dann in sprudelndem Wasser gekocht und sofort serviert. Gegessen wird der Knödel zu allem, was nicht allzu trocken ist. Der Semmelknödel gehört zum Schweinebraten, der Kartoffelknödel zu Ente und Gans, der Leberknödel zum Kraut. Eine Leibspeise sind Schwammerl mit Knödel, also Pilze in Rahmsauce mit einem Semmelknödel.

Vergangenheit. Alte Bauernhäuser, eine Dorfschmiede, ein Wirthaus – alles originalgetreu wiederaufgebaut und in einen authentischen Zusammenhang gestellt – vermitteln einen lebendigen Eindruck vom harten Alltag der »Woidler«.

Links oben: Durch das kunstvoll gestaltete Gusseisengitter fällt der Blick auf den Hochaltar der Klosterkirche von Metten. Oben: Besonders eindrucksvoll ist die barocke Klosterbibliothek mit ihren tragenden Skulpturen.

Das Freilichtmuseum in Finsterau bietet Einblicke in eine Küche in einem alten Bauernhaus.

Niederbayern
Nationalpark Bayerischer Wald

*** Nationalpark Bayerischer Wald

Im Oktober 1970 wurde der Nationalpark offiziell aus der Taufe gehoben. Er ist damit der erste und älteste in Deutschland. Seit 1997 hat er seine heutige Größe von rund 242 Quadratkilometern. Der Wald, bestehend vor allem aus Buchen und Fichten, ist das bestimmende Element des Parks. Ab dem Mittelalter begann die Bewirtschaftung bzw. Nutzung von Holz. Man rodete Flächen, um Klöster und später Siedlungen zu bauen. Auch für die Glashütten, die für die Region von Bedeutung waren, brauchte man Brennstoff. Glücklicherweise gab es so viele Bäume, dass der Bestand nicht gefährdet wurde. Allerdings wurden seit Anfang des 20. Jahrhunderts vor allem viele alte Baumriesen gefällt und durch Fichten, die besonders schnell wachsen, ersetzt. Mit Gründung des Nationalparks hat man dieser Entwicklung Einhalt geboten. Jetzt heißt es die Natur weitestgehend sich selbst zu überlassen. Bär, Wolf und Luchs haben früher frei im Bayerischen Wald gelebt. Heute sind sie nur noch in Freigehegen zu Hause, die kostenfrei besucht werden können. So kann man auch Wildschwein, Ur-Rind, Braunbär und Wildkatze in aller Ruhe beobachten. Auch ein Rotwildgelände gibt es. Das Wegenetz durch den gesamten Nationalpark ist bestens erschlossen. Sowohl Wanderer als auch Spaziergänger und Radfahrer finden gute Bedingungen. Und selbst Wintersportfreunde kommen auf ihre Kosten.

** Rachelsee

Der See am 1453 Meter hohen Rachel, dem höchsten Berg im Nationalpark, ist nach der Eiszeit entstanden. Schmelzwasser sammelte sich auf über 1000 Metern Höhe. Die steil am See aufragende Felswand ist beeindruckend, das Areal des Sees, die Wand und die nahe Umgebung sind Naturschutzgebiet. Man kann nur zu Fuß zu dem über 13 Meter tiefen Gewässer gelangen, um das ein Urwaldlehrpfad herumführt.

** Lusen

Der Lusen (1373 Meter) ist ein Berg an der bayerisch-tschechischen Grenze. Sein Granitgipfel ist kahl. Wo einst Misch- und Fichtenwälder standen, klaffen heute große Lücken, weil der Borkenkäfer hier stark gewütet hat. Ganz allmählich bildet sich ein junger Wald. Verschiedene Wanderwege führen auf den Gipfel, von dem aus man einen großartigen Blick genießt. Gute Startmöglichkeiten sind die Parkplätze Lusen bei Waldhäuser oder Fredenbrücke.

** Kleine Ohe

Der Gebirgsbach Kleine Ohe fließt über runde, grün bemooste Granitblöcke mitten durch einen Buchenwald. Er entspringt im Nationalpark nördlich von Waldhäuser. Streng genommen endet er bereits bei Neuschönau am Rand des Nationalparks, denn von dort ab spricht man von der Grafenauer Ohe. Im Ort Grafenau wird der Bach

Nationalparkzentren

Die Nationalparkzentren sind optimal ausgestattet, um sich auf einen Aufenthalt einzustimmen. Jedes hat außerdem seine eigenen speziellen Angebote, die es zu einem lohnenden Ausflugsziel machen. Im Zentrum Falkenstein ist das vor allem das Freigelände mit Urwildpferden und die Steinzeithöhle mit nachempfundenen Höhlenmalereien. Das Nationalparkzentrum Lusen hat den längsten Baumwipfelpfad der Welt zu bieten. Auf 1300 Metern Länge geht es in 44 Meter Höhe hinauf in Richtung Baumkronen. Unterwegs machen Info-Tafeln die Besucher mit dem Wald vertraut. Auf dem Boden sollte man sich Zeit für den sieben Kilometer langen Rundweg durch das Wildtiergehege nehmen. Dort leben u. a. Wisente, Elche, Wölfe und Braunbären.

aufgestaut und bietet als See eine Menge Möglichkeiten als Naherholungsgebiet. Im weiteren Verlauf vereinigt sich die Kleine mit der Großen Ohe zur Ilz.

Oben: Vom Gipfel des Lusen eröffnet sich eine herrliche Fernsicht. Über 200 Kilometer Radwege führen durch den Nationalpark. Da einige sehenswerte Naturdenkmale nur zu Fuß erreichbar sind, hat man an den Übergängen von Fahrrad- zu Spazierwegen Abstellmöglichkeiten für den Drahtesel geschaffen. Per Rad kann man auch den Übergang bei Finsterau oder den bei Bayerisch Eisenstein passieren, um die Natur des Böhmerwaldes kennenzulernen.

Das Hochmoorgebiet Latschenfilz ist ein beliebtes Wanderziel.

Tiere im Nationalpark Bayerischer Wald

Bär, Wolf und Luchs haben früher frei im Bayerischen Wald gelebt. Heute sind sie nur noch in Freigehegen zu Hause, die kostenfrei besucht werden können: so etwa im Nationalparkzentrum Lusen mit seinem Baumwipfelpfad und im Nationalparkzentrum Falkenstein. Auch Elche, Wisente und Biber sind hier aus der Nähe zu bestaunen. In der freien Wildbahn haben eher kleinere Tiere ihr Zuhause gefunden: Zahlreiche Fledermausarten bevölkern den Bayerischen Wald, dazu Tausende Vogel-, Schlangen- und Insektenarten und die possierlichen Fischotter. In den letzten Jahren sind auch immer wieder Wölfe aus den Freigehegen ausgebrochen und haben ihr Glück in Freiheit gesucht – sehr zum Missfallen der Bevölkerung. Dabei greifen die äußerst scheuen Raubtiere nur in Not auch Menschen an. Zu den gefährdeten Arten ge-

hört das Auerhuhn, das ebenfalls sehr schreckhaft ist und häufig von Wanderern aufgescheucht wird. Besucher des Nationalparks sollten sich auf keinen Fall die letzten deutschen Urwaldgebiete entgehen lassen. Direkt hinter dem Ort Zwieslerwaldhaus erstreckt sich der Urwald Mittelsteighütte. Hier findet man Weißrücken- und Dreizehenspecht, Rotbuche, Fichte und Weißtanne, Pilze und Moose.

Niederbayern
Passau

*** Passau

Wenige Städte können mit einer derart traumhaften Lage aufwarten: Eingebettet in die grünen Hügel des Bayerischen Waldes präsentiert sich die alte Bischofsstadt am Zusammenfluss von Donau, Ilz und Inn mit geradezu italienisch anmutendem Flair. Das Potenzial ihrer Stadt erkannten die Passauer Bürger anscheinend schon im frühen 14. Jahrhundert, als sie ihr neues Rathaus im venezianischen Stil errichten ließen. Gut 300 Jahre später engagierten die Fürstbischöfe dann italienische Barockbaumeister, um die durch den Dreißigjährigen Krieg und einen verheerenden Brand schwer geschädigte Innenstadt wiederaufzubauen. Die prächtige Architektur gruppiert sich um große Plätze und kleine steile Gässchen sowie entlang der malerischen Innpromenade. Lange Zeit haftete der schönen Stadt allerdings der Ruf an, erzkonservativ zu sein. Doch das hat sich, nicht zuletzt unter dem Einfluss der 1973 gegründeten Universität und ihrer Studenten sowie deutschlandweit bekannter Kabarettisten wie Bruno Jonas und Sigi Zimmerschied geändert. Heute präsentiert sich die Stadt bunt und lebendig.

*** Stadtbild der Dreiflüssestadt

Auf einer Landzunge zwischen Donau und Inn gelegen, erhebt sich die malerische Innenstadt gleichsam aus dem Wasser. Unbedingt sollte man sich das Dreiflüsseeck von oben anschauen und verfolgen, wie das grüne Wasser des Inns

Passauer ScharfrichterHaus

Passau galt lange als das Mekka erzkonservativer Kreise, und in den 1970er-Jahren ging sogar vom Bistum ein Kabarettverbot aus. Doch davon ließen sich die Macher des Passauer SchafrichterHauses nicht abhalten: In dem alten Henkershaus in der Milchgasse residiert seit der Gründung durch Bruno Jonas und Sigi Zimmerschied 1977 eine der renommiertesten deutschen Kabarettbühnen, in der schon Ottfried Fischer und Hape Kerkeling ihre ersten Auftritte hatten und sich auch heute noch die Größen der Zunft die Klinke in die Hand geben. Im Rahmen der Passauer Kabaretttage, die jedes Jahr von Oktober bis Dezember stattfinden, wird auch das »ScharfrichterBeil« vergeben, ein bedeutender Kabarettpreis.

in die blauen Fluten der Donau eindringt und sich von der anderen Seite noch der moorigschwarze Zustrom der Ilz dazugesellt.

*** **Rathaus** Vor allem der schöne Turm des 1405 erbauten Rathauses gilt als Wahrzeichen von Passau und hat der Stadt den Beinamen »Venedig des Nordens« eingebracht. Sehenswert sind auch der Innenhof und der große Rathaussaal mit seinen Kolossalgemälden aus dem 19. Jahrhundert.

** **Veste Oberhaus mit Ausblick auf die Stadt** Der Bischofssitz auf dem Georgsberg wurde im 13. Jahrhundert als Zwingburg errichtet und in der Renaissance zu einer repräsentativen Residenz umgebaut. Daneben wurde die Befestigung ständig modernisiert, sodass der fortschreitende Stand der Festungsbautechnik über sechs Jahrhunderte zu verfolgen ist. Im 19. Jahrhundert diente sie als Militärstrafanstalt und zur Inhaftierung politischer Gefangener. Heute sind dort das Stadt- und Regionalmuseum, eine Gemäldegalerie, eine Sternwarte und die Jugendherberge untergebracht. Sowohl die frei zugängliche Batterie Linde als auch der im Sommer geöffnete Aussichtsturm bieten einen wunderbaren Blick über die Stadt.

* **Passauer Glasmuseum** Eine einzigartige Sammlung von kunstvollen Gläsern aus Bayern, Böhmen, Schlesien und Österreich vom Barock bis in die Moderne sind im historischen Patrizierhaus »Wilder Mann« am Rathausplatz zu sehen. Vor allem verfügt das Museum über die weltweit größte Sammlung an »Böhmischem Glas«, das ab 1700 nach neuen Verfahren im Böhmerwald und Riesengebirge hergestellt wurde.

** **Museum Moderner Kunst – Stiftung Wörlen Passau** Das 1990 eröffnete Museum zeigt vor allem die Werke von Georg Philipp Wörlen, dem Vater des Gründers, aber auch von Feininger, Schiele, Dalí, Beckmann, Picasso oder Christo. Ein besonderes Anliegen ist jedoch, eine Brücke zur modernen Kunst der Nachbarländer Österreich, Tschechien, Ungarn und Slowakei zu schlagen. Dem wird u. a. mit ständig wechselnden Sonderausstellungen Rechnung getragen. Sehenswert sind auch die Museumsräume, die in vier miteinander verbundenen Altstadthäusern untergebracht sind.

Die engen kopfsteingepflasterten Gassen der Altstadt führen von einer zentralen Anhöhe herab, gesäumt von mehrstöckigen, teils prächtig ausgestatteten Bürgerhäusern, die heute mit Cafés, Kneipen und Restaurants bestückt sind. Jenseits der Marienbrücke erstreckt sich die Innstadt. Dort wie in der heutigen Altstadt ließen sich bereits die Römer nieder.

Passau: St. Stephan

Über der Altstadt von Passau thront zwischen den Flüssen Inn und Donau prunkvoll der Stephansdom. Seine imposante Größe spiegelt die Schlüsselstellung des Passauer Bistums für die Christianisierung des östlichen Donauraums wider. Nach einem verheerenden Stadtbrand konnten beim Wiederaufbau 1668 bis 1693 nur wenige Teile des Vorgängerbaus einbezogen werden. Auf diese Zeit geht das heutige Erscheinungsbild der Kathedrale zurück, die als »barocker Dom mit gotischer Seele« bezeichnet wird. Und tatsächlich verbindet sich dank des italienischen Architekten Carlo Lurago der hochgotische Langchor mit der barocken Formensprache des Langhauses, der Doppelturmfassade und den Turmbekrönungen samt böhmischen Kappen. Die italienisch geprägte hochbarocke Innenausstattung des Doms

stammt von Giovanni Battista Carlone und Carpoforo Tencalla. Die enormen Ausmaße dieser Barockbasilika werden dem Besucher bewusst, wenn er im hell getünchten Langhaus mit Stuckaturen von Giovanni Battista Carlone Richtung Chor blickt. Die Kuppelfresken schuf der Maler Carpoforo Tencalla um 1680. Ein Blickfang ist auch die vergoldete Kanzel aus dem 18. Jahrhundert.

Niederbayern

Schwelgerisches Rokoko: Klosterbibliothek in Fürstenzell.

** Kloster Aldersbach
Im 12. Jahrhundert übernahmen Zisterziensermönche das bereits bestehende Kloster und bauten es zu einer der wichtigsten mittelalterlichen Zisterzen Bayerns aus. Im 17./18. Jahrhundert wurde die Kirche im Stil des süddeutschen Spätbarock umgestaltet. Der Innenraum beeindruckt mit Fresken von Cosmas Damian Asam und dem eleganten Stuck seines Bruders Egid Quirin.

* Fürstenzell
»Dom des Rottals« wird die Kirche des 1274 gegründeten ehemaligen Zisterzienserklosters auch genannt. Mit seiner hohen Zweiturmfassade und der kostbaren Rokokodekoration macht der Bau (1738) des berühmten Barockarchitekten Johann Michael Fischer tatsächlich einen großartigen Eindruck.

* Kößlarn
Eine spätmittelalterliche Befestigung von seltener Geschlossenheit umgibt die gotische Wallfahrtskirche mit dem barocken Zwiebelturm. Überzeugend ist auch der Innenraum mit dem prächtigen barocken Hauptaltar, der teilvergoldeten »Silbermadonna« (1488) und dem originellen hölzernen Palmesel (1481).

* Pfarrkirchen
Den Blickfang der Kreisstadt bildet das spätgotische Alte Rathaus mit der barocken Turmfassade. Über Pfarrkirchen weithin sichtbar ist die barocke Wallfahrtskirche Gartlberg von Domenico Zuccali mit den beiden Kuppeltürmen und der überwältigenden Stuck- und Freskodekoration im Innenraum.

Rechts: Auch hier ist die Handschrift der Brüder Asam unschwer zu erkennen: Innenansicht der ehemaligen Abteikirche von Kloster Aldersbach. Nach der Säkularisation des Klosters ist nur noch sie als Pfarrkirche in Nutzung. Die übrigen Klostergebäude gehören heute einer Stiftung, die sich um den Erhalt kümmert. Das Kloster wird als Bildungsstätte und als Gasthof betrieben.

Dingolfing

Dingolfing entwickelte sich aus zwei mittelalterlichen Ortsteilen: Zunächst entstand am Isarübergang der Agilolfinger Herzogshof, dann im 13. Jahrhundert die Burgsiedlung Obere Stadt. Die Backsteinbauten der gotischen St.-Johannis-Kirche mit ihrem herrlichen Chorgewölbe, der Herzogsburg und der Hochbrücke über die Asenbachschlucht von 1612 sind einen Besuch wert. Nach der Glas GmbH, die das »Goggomobil« – den wohl meistgebauten deutschen Kleinwagen der Nachkriegszeit – produzierte, kam 1967 ein Zweigwerk der BMW AG. So wurde Dingolfing mit rund 20 000 Arbeitern, überwiegend Pendler aus anderen Regionen, zur größten Industriemetropole Niederbayerns – und zu einer der reichsten Gemeinden ganz Deutschlands.

Niederbayern
Landshut

Blick auf die Altstadt von Landshut mit dem hohen Turm der Martinskirche und der Burg Trausnitz oberhalb der Stadt.

Zum Promenieren vorbei an mittelalterlichen Giebelhäusern lädt die Landshuter Altstadt ein, links das Rathaus.

*** Landshut

Bayerns höchster Kirchturm steht an der Isar in Niederbayern. Über 130 Meter hoch ragt die doppelt gekrönte Spitze der Pfarr- und Stiftskirche von Landshut in den Himmel und legt heute noch beredtes Zeugnis von der einstigen Bedeutung der Stadt ab. Der Handel, vor allem der mit dem wertvollen Salz, bescherte Landshut im 14. Jahrhundert immense Gewinne und sorgte dafür, dass seine Herrscher über drei Generationen hinweg den Beinamen »der Reiche« trugen. Da die schöne Polin aber keinen Sohn auf die Welt brachte, fielen Stadt und Region nach dem Landshuter Erbfolgekrieg, der das Umland schwer verwüstete, 1505 wieder an München. Heute sorgen der liebenswerte Charme der überschaubaren Kleinstadt einerseits und die gute Anbindung an die Metropolregion München andererseits dafür, dass Landshut äußerst attraktiv mit stetig wachsenden Einwohnerzahlen ist.

*** Altstadt

Landshuts Innenstadt erstreckt sich entlang der Straßenzüge Altstadt und Neustadt. Die Architektur ist eindeutig gotisch geprägt. Zu den schönsten Gebäuden gehört das Rathaus im Zentrum, für das drei Giebelhäuser zusammengefasst wurden. Ein prachtvoller Stilbruch ist die eindrucksvolle Stadtresidenz der Herzöge im Stil der italienischen Renaissance.

** Burg Trausnitz

Die mächtige Burg oberhalb der Stadt war der Regierungssitz der Wittelsbacher Herzöge aus der Nebenlinie Bayern-Landshut. Im 16. Jahrhundert ließ Wilhelm V. sie im Stil der italienischen Renaissance umbauen. Highlight ist die Narrentreppe, die mit lebensgroßen Fresken aus der

Landshuter Hochzeit

Niederbayerisch selbstbewusst feiert man sich in der Regionalhauptstadt regelmäßig mit der »Landshuter Hochzeit«, einem historischen Fest. Die Hochzeit, die Herzog Georg im Jahr 1475 mit der polnischen Königstochter Jadwiga hielt, gilt als eines der glanzvollsten Ereignisse des Mittelalters und wird heute noch mit aller Pracht nachgespielt. Am schönsten macht sich dann die Altstadt von Landshut mit hübschem Fassadenschmuck. Das aufwendige Spektakel, das fast einen Monat lang im Sommer gefeiert wird und an dem mehr als 2000 Bürger in historischer Kostümierung beteiligt sind, wird jedoch nur alle vier Jahre begangen. Höhepunkt ist dabei der Festumzug, der an einem Sonntag begangen wird und durch die Landshuter Innenstadt führt.

»Commedia dell'Arte« bemalt ist. Ein hübscher Biergarten im Innenhof lädt zum Verweilen ein, während man den Blick auf die Altstadt genießt.

** St. Martin und Kastulus

Auch wenn es aus der Nähe nicht leichtfällt, gilt es, den Turm der Martinskirche genau in Augenschein zu nehmen. In mehreren Stockwerken strebt er in die Höhe und wechselt dabei den Grundriss und die Fensterformen. Aber auch der schöne Innenraum der Kirche, ihr gotischer Hochaltar und die Portale sind äußerst sehenswert.

** Kunst- und Wunderkammer auf der Burg Trausnitz

Wie viele andere Renaissancefürsten sammelte auch Herzog Wilhelm V. Dinge, die besonders schön, exotisch oder einfach nur merkwürdig waren. Ausgestopfte fremdartige Tiere gehörten genauso dazu wie Kostbarkeiten aus aller Welt und neue technische Geräte, etwa erste Automaten.

* Skulpturenmuseum im Hofberg

Hinter der Stadtmauer am Hofberg verbirgt sich das 1998 eröffnete und direkt in den Berg hineingebaute Skulpturenmuseum, das sowohl das Werk wie auch die Sammlung des renommierten zeitgenössischen Bildhauers Fritz Koenig (geb. 1924) zeigt.

Rechts: 130,10 Meter misst der Turm der Landshuter Martinskirche und ist damit der höchste Backsteinturm weltweit und der höchste Kirchturm Bayerns. Das Innere der zwischen 1385 und 1500 gebauten Basilika ist von der Spätgotik geprägt: Sternrippengewölbe und Spitzarkaden bestimmen das Bild in Mittelschiff und Seitenkapellen.

Der Hafen von Lindau am Bodensee bietet ein markantes Bauwerkensemble.

Schwaben

Die facettenreichen Landschaften von Allgäu und Ries bilden die nördliche und die südliche naturräumliche Begrenzung des Regierungsbezirkes Schwaben. Die Region zwischen Iller und Lech war lange in zahlreiche Territorialherrschaften zersplittert und fiel erst nach den napoleonischen Kriegen an Bayern. Gleichwohl haben die bayerischen Schwaben eine eigene Identität und ihren schwäbisch-alemannischen Dialekt beibehalten. Landschaftliche und kulturelle Höhepunkte sind das Allgäu sowie historische Städte wie Augsburg, Dillingen, Günzburg oder Kempten.

Schwaben

Donau-Ries

Das Ferienland Donau-Ries liegt im Norden von Bayerisch-Schwaben am Zusammenfluss der noch ursprünglich verlaufenden Wörnitz und der Donau mit ihren weitläufigen Auen. Hier entstand vor rund 15 Millionen Jahren durch den Einschlag eines Meteoriten das Nördlinger Ries. Es ist heute Geopark und bietet mit seinem Infozentrum faszinierende Ein-

Schwaben

Fläche:
9992 km²
Bevölkerung:
1,89 Millionen
Verwaltungssitz:
Augsburg
Größte Städte:
Augsburg (296 000 Einwohner)
Kempten (69 000 Einwohner)
Neu-Ulm (59 000 Einwohner)

Nördlingen aus der Vogelperspektive: Der Blick vom Turm der Georgskirche zeigt die Altstadt.

*** Nördlingen

Das hat keine andere Stadt in Deutschland zu bieten: einen mittelalterlichen Stadtkern, der noch von einer komplett erhaltenen Stadtmauer mit überdachtem Wehrgang umgeben ist. Dort oben eine Runde zu drehen gehört zum Muss für jeden Besucher. Es empfiehlt sich, schon von Weitem einen Blick auf Nördlingen zu werfen: Man erkennt eine fast kreisrunde Stadt im Zentrum eines gewaltigen, fast 15 Millionen Jahre alten Einschlagskraters gelegen. Dieses Bild vereinigt die beiden Dinge, für die die schwäbische Stadt berühmt ist: ihr geschlossenes mittelalterliches Stadtbild und die lange Zeit so rätselhafte, erst jüngst entschlüsselte Landschaft des Nördlinger Rieses. Die fruchtbaren Riesböden und die Lage am Schnittpunkt zweier wichtiger Handelswege hatten Nördlingen im Mittelalter zu einem Zentrum des Fernhandels gemacht, eine Stellung, die in der Neuzeit verloren ging. Als die Stadt dann aber 1803 an Bayern fiel, war König Ludwig I. so begeistert von ihrem Erscheinungsbild, dass er die Stadtmauer unter Schutz stellte – was bald schon die ersten Touristen anlockte.

*** Stadtmauer mit Wehrgang

Die Stadtmauer ist 2,6 Kilometer lang und umschließt die gesamte Innenstadt. Sie

Der Wehrgang auf der Nördlinger Stadtmauer ist durchgängig begehbar.

kann durchgehend begangen werden. Dabei bietet sich nicht nur ein schöner Blick über die Dächer, Gassen und Höfe, sondern auch auf die alten Befestigungsanlagen, zu denen fünf Tortürme, elf weitere Türme und eine Bastion zählen.

** St. Georg

Der 90 Meter hohe Turm der Kirche, Daniel genannt, ist das Wahrzeichen der Stadt. Er diente als Wach- und Feuerturm. Auf alle, die die 350 Stufen nach oben schaffen, wartet ein wunderbarer Rundblick. Die gotische Kirche selbst ist eine der größten Hallenkirchen in Süddeutschland.

*** Altstadt

Die Altstadt präsentiert sich als Ensemble aus Mittelalter und Renaissance. Unbedingt sehenswert sind der kleine Hafenmarkt mit seinen spitzgiebeligen Häusern und das hübsche gelb-weiße Franziskaner-»Klösterle« am Tändelmarkt. Etwas Besonderes ist auch das intakte Gerberviertel im Nordosten der Stadt.

** Marktplatz mit Fürstenherberge und Rathaus

Der Markt der Stadt ist von einer Reihe repräsentativer Gebäude umgeben: dem Rathaus mit seiner Freitreppe, dem gelben Hotel zur Sonne, das als »Fürstenherberge« u. a. schon drei Kaiser und Goethe aufnahm, und dem Brot- und Tanzhaus,

blicke in die Entstehungsgeschichte der Region. Die fast kreisrunde Kraterlandschaft korrespondiert mit der ebenfalls kreisrunden Stadtanlage der nahen ehemaligen Reichsstadt Nördlingen. Im Nördlinger Ries

gibt es eine ganze Reihe geologischer Lehrpfade bzw. Aussichtspunkte, von denen aus man den Krater gut erkennen kann. Darüber informiert der Geopark Ries, der dem Rieskrater-Museum angeschlossen ist.

ehemals Verkaufs- und Festhalle der Tuchhändler.

* **Stadtmuseum** Im ehemaligen Heilig-Geist-Spital kann man sich über die Geschichte der Stadt, aber auch die Siedlungsgeschichte des Rieses informieren. Ein Highlight ist das Modell der Schlacht bei Nördlingen von 1634.

* **Stadtmauermuseum** Schautafeln zeigen, wie die Nördlinger Stadtmauer im Lauf der Jahrhunderte berannt wurde und wie man sich gegen die Angreifer verteidigte. Das Museum ist im Löpsinger Turm untergebracht.

* **Oettingen**
Seit der Stauferzeit waren die Grafen und späteren Fürsten von Oettingen das bedeutendste Geschlecht im Ries. Dass die Reformation im 16. Jahrhundert zur Spaltung des Geschlechts führte, kann man noch am lang gestreckten Straßenmarkt der Residenzstadt Oettingen erkennen: Die »katholische« Seite ist mit Barockfassaden, die »protestantische« mit Fachwerkhäusern gesäumt. Einer der schönsten Fachwerkbauten Schwabens ist das Rathaus (15. Jahrhundert).

* **Wemding**
Ein gut erhaltener Mauerring (14./15. Jahrhundert) mit Toren und Türmen, ein Marktplatz mit noblem Renaissance-Rathaus (16. Jahrhundert), mehrere kostbare Kirchen und eine Vielzahl historischer Wohnbauten mit unterschiedlichen Giebelformen – all das ist in Wemding am Ostrand des Ries zu finden.

Rechts: 93 Meter lang und über 20 Meter hoch: die Nördlinger Georgskirche ist eine der größten Hallenkirchen Süddeutschlands.

Schwaben

Als Sommerresidenz ließen sich die Äbte des Klosters Kaisheim Schloss Leitheim erbauen.

** Maria Brünnlein

Westlich der Stadt Wemding liegt die bedeutende Wallfahrtskirche Maria Brünnlein. Ihr Ursprung liegt im 17. Jahrhundert, als der Wemdinger Schuhmacher Franz Forell das Gnadenbild »Unserer Lieben Frau« von Rom in seine Heimatstadt brachte. Seine Familie hielt das Bildnis in Ehren und es bewirkte eine spontane Heilung, womit sich eine private Wallfahrtsstätte entwickelte. Schließlich fand es Aufnahme in einer Kapelle, zu der viele Pilger kamen, sodass ab 1748 eine größere Kirche in

Donauwörth

Die ehemalige Freie Reichsstadt Donauwörth ist malerisch an der Donau und der aus dem Ries kommenden Wörnitz gelegen. Trotz ihrer starken Zerstörung im Zweiten Weltkrieg glänzt die Stadt dank einer stilsicheren Restaurierung heute wieder. Die Reichsstraße im Altstadtkern ist ein Musterbeispiel für einen über Jahrhunderte gewachsenen Straßenzug. Am oberen Ende steht das Fuggerhaus (15. und 16. Jahrhundert) mit seiner prächtigen Eingangshalle, es folgen das gotische Liebfrauenmünster mit dem Reichsstadtbrunnen davor, gegenüber das Tanzhaus aus dem 15. Jahrhundert sowie am unteren Ende das Ensemble aus Rathaus sowie Alter und Neuer Kanzlei. Die Stadt ist auch Heimat der berühmten Käthe-Kruse-Puppen, die hier immer noch von Hand hergestellt werden.

Auftrag gegeben wurde. Diese Kirche ist das letzte Beispiel der Vorarlberger Barockbaukunst des Deutschordensbaudirektors Franz Joseph Roth. Die Rokokofresken und Stuckaturen stammen von Johann Baptist Zimmermann. Überall finden sich Mariensymbole, das Besondere ist der Brunnenaltar mit dem Gnadenbild. Hier fließt Quellwasser, mit dem sich die Gläubigen benetzen.

** Harburg

Die Harburg ist eine Burg wie aus dem Bilderbuch. Sie gilt als eine der am besten und ursprünglichsten erhaltenen Anlagen in Süddeutschland. In ihren Ausmaßen übertrifft sie sogar die Pfalz von Wimpfen, die größte staufische Kaiserpfalz auf deutschem Boden. Hinter den kolossalen Mauern eröffnen sich die Burgtvogtei, der Pfisterbau, der Saalbau, die Rote Stallung, die Schlosskirche sowie der Fürstenbau, in dem heute hochrangige mittelalterliche Kunst aus dem Besitz der Oettinger präsentiert wird. Zu sehen sind beispielsweise Werke von Tilman Riemenschneider, fränkische Bildteppiche und filigrane Elfenbeinarbeiten. Von dort führt ein Gang zur Schlosskirche, in der sich etliche Grabmäler der Fürstenfamilie finden. Der mittelalterliche Saalbau mit seinem schönen Stuck und den Bildwerken wird für einige Jahre renoviert und kann nicht besichtigt werden.

* Kaisheim und Leitheim

Den Reichtum, den die Zisterzienserabtei Kaisheim nach dem Dreißigjährigen Krieg erlangte, demonstrieren der Kaisersaal in den ehemaligen Klostergebäuden sowie die einstige Klosterkirche, ein strenger gotischer Bau mit kostbarer Barockausstattung (1675) und schönem Chorgestühl. Im nahen Leitheim befindet sich die einstige Sommerresidenz der Äbte, ein zauberhaftes Rokokoschlösschen (Mitte 18. Jahrhundert) im französischen Stil hoch über dem Donauufer.

Links oben: Harburg mit der gleichnamigen Burg. **Oben:** Anlage des um das Jahr 1040 gegründeten Benediktinerinnenklosters Heilig Kreuz in Donauwörth.

Schwaben

* Kloster Mödingen
Zwei Meister des bayerischen Spätbarock gaben bei Bau und Dekoration der Franziskanerinnenkirche (18. Jahrhundert) ihr Debüt: Dominikus Zimmermann und sein Bruder Johann Baptist. Zur Ausstattung gehören die mit Putten geschmückte Kanzel (1720), die spätgotische, fast zwei Meter hohe Marienstatue (um 1460) im Hochaltar sowie ein Heilig-Grab-Christus unter der Westempore.

** Dillingen
Seit dem 13. Jahrhundert im Besitz der Bischöfe von Augsburg, seit dem 16. Jahrhundert bischöfliche Residenzstadt mit Universität, die unter Führung der Jesuiten zu einem intellektuellen Bollwerk der katholischen Gegenreformation wurde – kein Wunder, dass die Altstadt von Dillingen durch sakrale Bauwerke bestimmt ist, etwa die Studienkirche (1617) oder die Franziskanerinnenkirche (1740), einen spätbarocken Zentralbau mit schönem Wessobrunner Stuck. Im weitläufigen Barockensemble von Universität, Jesuitenkolleg und Priesterseminar findet sich der grandiose »Goldene Saal«. Wenige Kilometer außerhalb, in Donaualtheim, grüßt von Weitem der hohe Doppelzwiebelturm der Rokokokirche St. Vitus.

*** Alte Universität
Wo einst seit 1549 eine philosophisch-theologische Universität und später ein Jesuitenkolleg residierten, werden heute im Donaustädtchen Dillingen in den historischen Gemäuern der ehemaligen Universität Lehrer fortgebildet. Prachtstück der heutigen Akademie für Lehrerfortbildung und Personalführung ist – neben der Studienkirche Mariä Himmelfahrt – der im Rokokostil ausgeschmückte Goldene Saal. An seinen Schmalseiten schließt der überreich mit

Basilika St. Peter in Dillingen

Auf spätromanischen und gotischen Grundfesten steht in Dillingen gegenüber dem Schloss die Kirche St. Peter. Das heutige Gotteshaus entstand ab 1619 anstelle eines gotischen Vorgängerbaus unter der Bauleitung von Hans Alberthal als dreischiffige Hallenkirche. Ursprünglich waren Emporen eingezogen, doch nach Bauschäden wurde die Kirche 1643 zu einer Wandpfeileranlage umgestaltet. 1669 wurde ihr Turm von David Motzhardt, dem Ururgroßvater Mozarts, durch einen Achteckaufsatz auf 49 Meter erhöht. Ihre Stuckierung und Ausmalung im Rokokostil erfolgte ab 1733. Bemerkenswert sind die von Matthias Kager geschaffene Kanzel und das Chorgestühl. 1803 wurde die Kollegiatsstiftskirche im Zuge der Säkularisation Stadtpfarrkirche.

Stuck verzierte Raum mit einem Baldachinaltar und einer Musikempore ab. Hauptblickfang ist das riesige Deckenfresko von Johann Anwander, das die Geschichte der Universität, symbolhafte Darstellungen von Maria und Allegorien der einzelnen Fakultäten zeigt. Ebenfalls im Stil des Rokoko präsentiert sich der Bibliothekssaal. Von hier aus wurden illustrierte Einblattdrucke im Dienste der Gegenreformation verbreitet.

*** Studienkirche Mariä Himmelfahrt Die Studienkirche Mariä Himmelfahrt war bis zur Aufhebung des Ordens Bestandteil des ehemaligen Jesuitenkollegs Dillingen. Der nach Plänen Johann Alberthals im Übergang der Renaissance zum Barock errichtete Sakralbau wurde 1617 geweiht. In ihrem Aufbau lehnt sich die Wandpfeilerkirche eng an die Jesuitenkirche St. Michael in München an. Mitte des 18. Jahrhunderts wurde die Studienkirche im Stil des Rokoko umgestaltet. Dafür gewann man die renommierten Wessobrunner Stuckateure und Maler Johann Michael Fischer, Johann Georg Bergmüller und Christoph Thomas Scheffler. Letzterer schuf die prächtigen Deckenfresken in der vorgetäuschten Langhauskuppel. Sie zeigen Maria als Himmelskönigin, umgeben von Engeln, Propheten und Heiligen. Eine echte Besonderheit ist der Hauptaltar (1760), einer der wenigen erhaltenen Bühnenaltäre Deutschlands.

Links oben: Glanzstück der Alten Universität Dillingen ist der Goldene Saal im Rokokostil mit riesigem Deckenfresko und einem Baldachinaltar. Oben: Mit zahlreichen Altären ist das Kirchenschiff der Dillinger Studienkirche geschmückt.

Schwaben

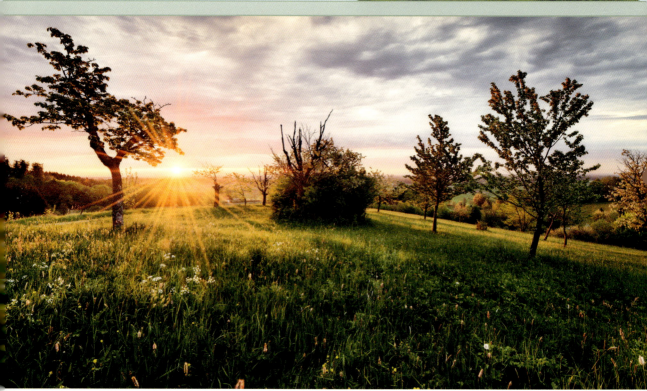

Wallfahrtskirche Maria Birnbaum

Der Name der Kirche verweist auf den Ursprung ihrer Gründung, die nach dem Dreißigjährigen Krieg stattfand: Eine von den Einheimischen in einem Weinberg aufgestellte Pietà wurde von schwedischen Truppen in einen Teich geworfen. Ein Dorfhirt entdeckte das Bildnis und barg es in einem hohlen Birnbaum. Bald darauf ereigneten sich Wunderheilungen und Wallfahrten setzten ein. Man baute ab 1661 eine Kirche um den Birnbaum, der alsbald abstarb. Aber das Gnadenbild wird noch heute in der Höhlung des Baumstammes am Hochaltar des Gotteshauses aufbewahrt. In seiner Anlage erinnert die Kirche an byzantinische Bauten, doch auch italienische Einflüsse sind zu sehen. Seit 1998 ist der Deutsche Orden verantwortlich für den alten Wallfahrtsort.

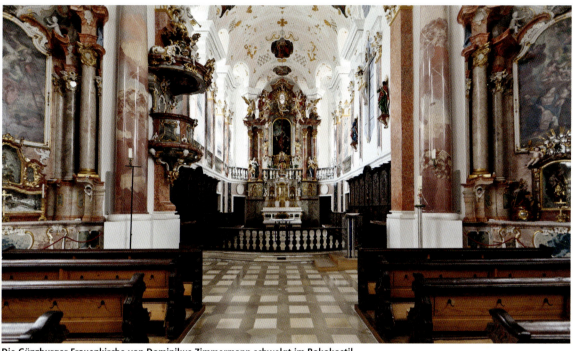

Die Günzburger Frauenkirche von Dominikus Zimmermann schwelgt im Rokokostil.

** Günzburg

Günzburg erhielt seinen Namen von den Römern, die hier im ersten Jahrhundert ein Kastell anlegten, das sich zur Handelsstadt entwickelte. Im 14. Jahrhundert gelangte sie unter die Herrschaft der Habsburger und erblühte vor allem im Barock. Aus dieser Zeit finden sich noch etliche Bauten, die man am lang gestreckten Marktplatz in der exakt geplanten »Oberstadt« bewundern kann. Jenseits des Platzes erhebt sich das imposante Gebäudekarree des markgräflichen Schlosses, das das einzige von Habsburgern erbaute in Deutschland ist. Ursprünglich im spätgotischen Stil errichtet, wurde es bis 1609 im Renaissancestil umgebaut und bis heute so erhalten. Ums Bauen geht es auch im 2002 in Günzburg eröffneten Legoland, das jedes Jahr etwa 1,3 Millionen Besucher begeistert. Hier wurden Gebäude wie der Reichstag oder die Allianz Arena mit Legosteinen nachgebaut.

* Kloster Ursberg

Die Kirche des ehemaligen Prämonstratenserklosters (1125 bis 1803) ist in der Anlage spätromanisch, so auch ihr bedeutendstes Kunstwerk: eine Kreuzigungsgruppe (um 1220/30) mit beeindruckenden, überlebensgroßen Figuren.

** Naturpark Augsburg-Westliche Wälder

Der Naturpark erstreckt sich auf knapp 1200 Quadratkilometern zwischen Donauwörth, Günzburg, Augsburg und Mindelheim. Sanfte Hügel mit viel Wald, Bach- und Flussläufen machen den Reiz der Landschaft aus. Bemerkenswert ist, dass obwohl viele Menschen aus den umliegenden Orten die Region als Naherholungsgebiet nutzen, im Park nur ausgesprochen wenige leben. Man kann darum in vollen Zügen die Ruhe und Einsamkeit genießen. Der Park unterteilt sich in drei landschaftliche Bereiche: in die Hügellandschaft der Stauden im Süden, den waldreichen Holzwinkel im Norden und die Reischenau, ein ehemaliges Niedermoor und heute das flache Herzstück des Parks. Kulturell Interessierte sollten den Süden besuchen. Dort haben die Vorfahren von Wolfgang Amadeus Mozart gelebt. Auch der Heimatdichter Ludwig Ganghofer (1855 bis 1920) stammt aus dieser Region.

* Ziemetshausen

In der Landgemeinde inmitten des Naturparks Augsburg-Westliche Wälder verbergen sich zwei Höhepunkte des schwäbischen Barock: die Pfarrkirche St. Peter und Paul (um 1690), als frühes Meisterwerk der Wessobrunner Schule vom Barockbaumeister Johann Schmuzer errichtet, und die Wallfahrtskirche Maria Vesperbild im festlichen Rokoko.

* Burgau

Wahrzeichen der Stadt, die von 1301 bis 1805 zum Besitz der Habsburger gehörte, sind die schlanken Zwiebelhauben auf dem Rathaus (1711), der Pfarrkirche (18. Jahrhundert) und dem Stadttor. Das wuchtig wirkende Schloss stammt aus dem Jahr 1787. Die österreichische Vergangenheit der Stadt merkt man ihr heute noch anhand einer regionalen Süßspeise an: den Burgauer Busserln, die verdächtig an Mozartkugeln erinnern.

Linke Seite: Licht durchflutet die Region der Westlichen Wälder um Augsburg und modelliert Landschaften, die auch von der Staffelei eines Malers der Romantik hätten stammen können.

Schwaben
Augsburg

Dicht an dicht hängen die kunstvoll gestalteten Grabplatten im Kreuzgang des Augsburger Doms.

*** Dom Man betritt den Augsburger Dom Unserer Lieben Frau durch das prachtvolle Südportal (um 1356), das mit seinem reichen Figurenschmuck eine der aufwendigsten Anlagen in Süddeutschland ist. Im Langhaus angelangt, fallen die filigranen gotischen Kreuzrippengewölbe ins Auge, die den Besucher optisch auf den Chor hinführen. Ein großes Fenster im Obergaden spendet dort zusätzliches Licht und ist ein ungewöhnliches Element, das nicht oft in Kirchen vorzufinden ist. Wie in vielen mittelalterlichen Kirchen ist die Innenausstattung nicht mehr original erhalten. An der Nordseite des Gotteshauses befindet sich ein Kreuzgang (1470 bis 1510), der durch seine Fülle an Grabsteinen und Epitaphen besonders bedeutsam ist. Mit seinen 401 Werken von teils bedeutsamen Meistern der Spätgotik und Renaissance gilt er als der umfangreichste in Deutschland.

*** Altstadt Mit über 200 Hektar Fläche hat Augsburg die drittgrößte historische Innenstadt Deutschlands – nach Köln und Hamburg. Das Zentrum bildet die Maximilianstraße zwischen Perlachturm und Ulrichsplatz, an der die repräsentativsten Gebäude aufgereiht sind. Östlich davon sind das von zahlreichen Kanälen durchzogene Lechviertel und die Jakobervorstadt vor allem durch einstige Handwerkerhäuser geprägt.

** Mittelalterliche Stadtbefestigung Von der starken Befestigung sind noch fünf Türme, vier Bastionen und lange Abschnitte der Stadtmauer erhalten. Die Terrassen der Bastion Lueginsland sind heute als Park- und Freizeitgelände gestaltet.

*** St. Ulrich und Afra Der elegante und hübsche Zwiebelturm der spätgotischen Kirche St. Ulrich und Afra grüßt schon von Weitem über den Ulrichsplatz im Süden der Augsburger Altstadt. Das wohlproportionierte Gotteshaus, das ursprünglich zu einem Benediktiner-Reichsstift gehörte, war ab 1810 Pfarrkirche und bekam 1937 die päpstliche Auszeichnung zur Basilika. Der dreischiffige Backsteinbau mit Querschiff und lang gestrecktem Ostchor entstand über dem Grab der heiligen Afra (†304) und diente zunächst ihrer Wallfahrt. Im Jahr 973 fand hier auch Bischof Ulrich seine Ruhestätte, der 50 Jahre lang vorbildlich das Bistum Augsburg geleitet hatte und dafür heiliggesprochen wurde. Bald darauf gründeten Benediktinermönche dort ein Kloster. Die kleine Ulrichskirche, die sich vor dem Bau befindet, wurde 1457 als Predigtsaal der Mönche errichtet und später barockisiert.

Kulturstadt Augsburg

Augsburg ist nach Trier die älteste Stadt Deutschlands und war in ihrer Geschichte oft ein bedeutendes kulturelles und wirtschaftliches Zentrum. Dementsprechend wurden die schönen Künste gefördert und Künstler wie Hans Holbein d. Ä. oder Hans Burgkmair d. Ä. wirkten hier als Maler. Elias Holl schuf das Rathaus, das heute als bedeutendster Profanbau nördlich der Alpen gilt, und die Fuggerei, die älteste Sozialsiedlung der Welt, wurde von Jakob Fugger gestiftet. Während der industriellen Revolution entstanden Gebäude der Industriearchitektur, die Schülesche Kattunfabrik oder der Glaspalast (1910), der als einer der fortschrittlichsten seiner Zeit galt. Er ist heute ein Zentrum für moderne Kunst, wo das Kunstmuseum Walter, die Galerie Noah und die Staatsgalerie angesiedelt sind.

*** AUGSBURG

Der heilige Ulrich und Jakob Fugger, Hans Holbein und Kaiser Ferdinand, Rudolf Diesel und Bertolt Brecht, Helmut Haller und der Kasperl aus der Puppenkiste: Augsburg hat viele Gesichter, die alle für die verschiedenen Facetten dieser Stadt stehen.

Die Epoche, die die Hauptstadt des bayerischen Schwaben am meisten geprägt hat, ist zweifellos die Renaissance. Auf Schritt und Tritt begegnet man in der Innenstadt den prächtigen Bauten, die die Fugger und Welser und all die anderen reichen Patrizierfamilien hier haben errichten lassen, aber auch den schmucken Handwerkerhäusern, in denen all die für ihre Kunst in der Welt berühmten Augsburger Goldschmiede und Leinenweber lebten. Die

Hübsch illuminiert zeigt sich der Moritzplatz in der Augsburger Innenstadt bei Nacht.

Türme protestantischer und katholischer Kirchen, einträchtig nebeneinander, künden von dem Religionsfrieden, der hier einst erkämpft wurde. Der Tatsache, dass ihnen inzwischen der Nachbar München den Rang abgelaufen hat, setzen die Augsburger schlitzohrige schwäbische Gemütlichkeit entgegen und spielen etwa zu Toren der heimischen Bundesliga-Mannschaft den Puppenkisten-Hit »Eine Insel mit zwei Bergen«.

Augsburg: St. Ulrich und Afra

In der Maximilianstraße sind der Herkulesbrunnen sowie St. Ulrich und Afra nur einige der Glanzlichter.

Augsburg: St. Ulrich und Afra

Augsburg war über Jahrhunderte ein Zentrum des Handels und der Kultur. Die Stadt hat noch heute viele historische Baudenkmäler.

Schwaben
Augsburg

*** Rathaus Den prachtvollen Mittelpunkt des Augsburger Rathauses bildet der Goldene Saal, durch dessen 60 Fenster das Licht auf die kunstvolle Ausstattung fällt. Dieser Prunksaal war ursprünglich als Versammlungsort für die Reichstage vorgesehen, doch diese wurden nach Regensburg verlegt, und so nutzte man ihn vornehmlich als Empfangs- und Versammlungssaal der Stadt. Mit seinen üppigen Wandmalereien, den prächtigen Portalen und der detailreichen Kassettendecke zählt er zu den wichtigsten Kulturdenkmälern der Spätrenaissance in Deutschland. Für die Innenausstattung zeichnete Johann Matthias Kager verantwortlich, der zwischen 1615 und 1643 sämtliche Räume des Rathauses gestaltete. So auch die angrenzenden Fürstenzimmer, die als Rückzugsräume für Gäste des Stadtrates gedacht waren. Bis heute ist das Rathaus ein Wahrzeichen der Stadt.

*** Fuggerei Ein Besuch in der ältesten Sozialsiedlung der Welt gehört zum Pflichtprogramm. Die schmucke Anlage mit ihren ockergelben Reihenhäuschen wurde im Jahr 1521 von Jakob Fugger für bedürftige Augsburger gestiftet. Im Fuggereimuseum kann man eine historische und eine moderne Schauwohnung besichtigen.

** St.-Anna-Kirche An das Westende der Abteikirche des ehemaligen Karmelitenklosters baute die Familie Fugger 1512 eine Kapelle nach italienischem Vorbild, die als erster Renaissancebau auf deutschem Boden gilt. An der Ausgestaltung wirkten die bedeutendsten Künstler der Zeit mit, etwa Albrecht Dürer. Die Annakirche ist heute protestantisch, die Fuggerkapelle aber weiterhin katholisch.

** Kunstsammlungen im Schaezlerpalais Allein schon der prachtvolle Festsaal und der Rokokogarten des Palais an der Maximilianstraße sind sehenswert. Die Sammlung umfasst Gemälde aus der Barockzeit, aber auch Werke von Cranach und Veronese.

** Brechthaus Das alte Handwerkerhaus in der Jakobervorstadt, in dem 1898 Ber-

Die Fugger

Noch heute kann man sich kaum vorstellen, wie unfassbar reich die Familie Fugger gewesen sein muss. Es wurde errechnet, dass die wirtschaftliche Bedeutung des Hauses während seiner Blütezeit der eines heutigen Konzerns mit 100 der wichtigsten deutschen Unternehmen entsprach. Den Anfang nahm diese Erfolgsgeschichte 1367 mit dem Webergesellen Hans Fugger, der sein am Webstuhl erarbeitetes Geld in Handelsgeschäfte steckte und so in die Gilde der Kaufmannsleute aufstieg. Unaufhaltsam schließlich war der Aufstieg seiner Nachfahren, der Brüder Ulrich, Georg und Jakob. Vor allem Jakob (1459–1525) war ein Finanzgenie, der mit der Errichtung eines nahezu europaweiten Kupfermonopols und einer cleveren Geldwirtschaft den sagenhaften Reichtum begründete.

tolt Brecht geboren wurde, ist heute ein Museum für Augsburgs nicht immer geliebten, aber berühmten Sohn.

** Puppentheatermuseum »Die Kiste« Im Heilig-Geist-Spital spielt die Augsburger Puppenkiste. Seit 2001 gibt es auch ein Museum, in dem Jim Knopf, das Urmel & Co. in den Originaldekorationen zu sehen sind.

Rathaus und Perlachturm von außen (links oben) und Goldener Saal im Rathaus (oben).

Basilika und Wallfahrtskirche St. Anna, an der schon Albrecht Dürer mitarbeitete.

Schwaben

Rokokokirche Mariä Verkündigung in Mindelheim.

* Kloster Oberschönenfeld

Seit dem 13. Jahrhundert wirken hier die Nonnen des Zisterzienserordens. Ergebnis der regen Bautätigkeit in der Barockzeit sind die prächtige Klosterkirche und das ruhig gegliederte Geviert des Konventsbaus.

** Bad Wörishofen

Weltberühmt wurde der Kurort durch den 1881 dorthin übergesiedelten Pfarrer Sebastian Kneipp. Bei der Bekämpfung seines eigenen Lungenleidens stieß er auf die Heilkraft des Wassers und konnte so zahllosen Kranken Linderung verschaffen. Überall im Ort wird man an die heilbringende Tätigkeit von Kneipp erinnert, etwa im Kurpark, wo der Pionier durch ein Denkmal samt Wasserspielen geehrt wird. Das 1718 gegründete Dominikanerkloster gilt als Geburtsstätte der Physiotherapie und beherbergt ein Kneipp-Museum. In der Pfarrkirche St. Justina wurde dem Seelsorger und Heiler ein Deckengemälde gewidmet. Im Museum lernt man die fünf Säulen der Kneipp-Lehre ken-

Käse aus dem Allgäu

Die Wiesen sind grün, die Kühe glücklich und die Verarbeitung von Milch hat eine lange Tradition. So darf man sich nicht darüber wundern, dass jeder vierte in Deutschland erzeugte Käse aus dem Allgäu kommt. Die bekanntesten Spezialitäten sind ein würziger Emmentaler, ein cremiger Weißlacker und ein herzhafter Camembert. Noch immer findet sich in so manchem Dorf eine kleine Sennerei, in der man direkt beim Produzenten kaufen kann. Hier liefern die umliegenden Bauernhöfe ihre Milch an, die dann zu Sahne, Butter und Käse verarbeitet wird. Wer einmal den gesamten Herstellungsprozess verfolgen möchte, hat dazu zum Beispiel in der Schaukäserei in Altusried nordwestlich von Kempten Gelegenheit.

nen und kann 2000 Objekte bestaunen. Den Kurgästen werden Meditationen, Vortragsveranstaltungen und Kurgottesdienste angeboten. Das Umland mit gepflegten Wanderwegen und den zahlreichen Sportanlagen macht einen Kuraufenthalt in Bad Wörishofen zu einem abwechslungsreichen Erlebnis.

* Mindelheim

Mit drei Stadttoren, schönen Giebelhäusern (17./18. Jahrhundert) und zahlreichen Baudenkmälern verströmt das Stadtzentrum viel altertümlichen Charme und bietet überdies ungewöhnliche Museen mit vorzüglichen Sammlungen (Textil-, Turmuhren-, Heimat-, Krippen- und Archäologiemuseum).

*** Memmingen

Der Memminger Marktplatz entstand am Kreuzungspunkt der damals wichtigen Handelsstraßen, der von Ost nach West verlaufenden Salzstraße und der Route Ulm – Fernpass – Italien. Die drittgrößte Stadt des Allgäus nach Kempten und Kaufbeuren wurde bereits 1296 Freie Reichsstadt und war in Handel und Handwerk so erfolgreich, dass sie den Augsburgern Konkurrenz machte. Die politische Macht lag auch in Memmingen zunächst bei den Patriziern, doch 1347 übernahmen die Zünfte die Herrschaft, ließen aber die Adelsfamilien mitregieren. Sie mussten sich zu einer eigenen Großzunft zusammenschließen, deren Versammlungshaus sie repräsentativ am Marktplatz bauten. Daran schließen sich das gotische Steuerhaus mit barockisiertem Obergeschoss an und das sechsstöckige Rathaus aus der Renaissancezeit. Es wurde 1765 mit einer Rokokofassade versehen.

Die Memminger Altstadt zeigt auf Schritt und Tritt architektonische Zeugnisse des Bürgerstolzes – wie hier am Marktplatz mit Steuerhaus, Rathaus und Großzunft. Nur hier fließt der Stadtbach unterirdisch. Ansonsten durchzieht er von Nord nach Süd die ganze Stadt.

Schwaben

** Kloster Buxheim

Bei Memmingen liegt das alte Kartäuserkloster Buxheim, das heute von der katholischen Ordensgemeinschaft der Salesianer Don Boscos betrieben wird. Sie teilt sich die Gebäude mit einem Gymnasium und dem Deutschen Kartausenmuseum. Das Museum gibt Einblicke in das strenge Klosterleben der Kartäuser, das von Fasten, Schweigen und Einsamkeit bestimmt war. Bis 1516 entstanden 22 Mönchzellen entlang des Kreuzgangs, der auch die kunsthistorisch bedeutsame St.-Anna-Kapelle birgt. In der barocken Klosterkirche St. Maria befindet sich jedoch der größte Schatz der Abtei, das hochbarocke Chorgestühl, das Ignaz Waibl geschaffen hat. Ausdrucksstarke Gesichter blicken hier dem Betrachter von den Gesimsen, Pulten und den Rückwänden der noch erhaltenen 31 Stühle entgegen. Akanthusranken und Puttenköpfe verzieren die Sockel und Friese.

** Kloster Ottobeuren

»Herr, öffne meine Lippen!« – so beginnt das morgendliche Chorgebet der 22 Benediktinermönche im Kloster Ottobeuren. Die Abtei im bayerischen Schwaben blickt auf eine rund 1250-jährige Geschichte zurück. Das freie Reichskloster erlebte Epochen des Aufbaus, des Niedergangs

Ignaz Waibl schuf das barocke Buxheimer Chorgestühl.

wie auch Blütezeiten: zu Beginn des 12. Jahrhunderts im Zuge der Hirsauer Klosterreform, im 16. Jahrhundert beim humanistischen Aufbruch und im Laufe des 18. Jahrhunderts mit der Erhebung zum »Reichsstift« 1710 und dem darauffolgenden Neubau. Damals entwarfen einheimische Bau-

Kempten: St. Lorenz und Residenz

Keinesfalls entgehen lassen sollte man sich eine Führung durch Prunkräume der Residenz. Dort wird die politische und wirtschaftliche Macht der Kemptener Fürstäbte sichtbar. Besonders deutlich wird das im zweistöckigen Thronsaal mit Stuckaturen von Johann Georg Übelhör und Deckenmalerei von Franz Georg Hermann. Hier schwelgt man im ganzen Reichtum des Rokoko. Aber auch ein Besuch der ehemaligen Benediktiner-Klosterkirche St. Lorenz ist lohnenswert. In ihrem Inneren vermischen sich Stilelemente der Spätrenaissance mit dem Frühbarock. Das Langhaus wurde mit Deckenfresken von Andreas Asper und überreichen Stuckaturen von Johann Zucalli ausgestattet. Besonders sehenswert ist das Chorgestühl mit seltenen Scagliolaplatten.

Auch als »Kleine Wies« gilt die Annakapelle in Kloster Buxheim.

meister die heutige barocke Gesamtanlage mit den Konventgebäuden. 1737 bis 1766 entstand unter Johann Michael Fischer die Rokoko-Klosterkirche mit einem Raumkonzept, das Längs- und Zentralbau vereint, und einer lichtdurchfluteten Architektur samt freskenverzierter Kuppelgewölbe.

* Maria Steinbach

In reizvoller Lage über dem Illerufer bei Legau erhebt sich die Wallfahrtskirche Maria Steinbach – eine ländlich-barocke Idylle mit reichlich Wessobrunner Stuck.

*** Kempten

Kempten ist die Hauptstadt des Allgäus und mit Köln und Trier eine der ältesten Siedlungen Deutschlands. Für sie ist das älteste schriftliche Zeugnis einer deutschen Stadt erhalten, in dem ein griechischer Geograf 18 n. Chr. Kambodounon, die »Stadt am Fluss«, erwähnt. Am Rathausplatz umgeben stattliche Patrizierhäuser wie der Londoner Hof das hübsche spätgotische Rathaus mit seinen markanten Türmen. Es wurde 1474 als Steinbau errichtet und im 16. und 17. Jahrhundert umgebaut. In der Kronenstraße 29 und 31 befinden sich die berühmten König'schen Häuser. Die Fassadengestaltung der barocken Häuser ist einzigartig in Kempten. Ihre Bemalung bekamen sie erst im 18. Jahrhundert. Sehenswert sind auch Kemptens Museen: Das Alpinmuseum dokumentiert das Thema »Mensch und Gebirge« und die Alpenländische Galerie zeigt spätgotische Sakralkunst.

Links oben: Rathaus von Kempten. Oben: Basilika von Kloster Ottobeuren.

Viehscheid

Die Allgäuer bezeichnen den Almabtrieb ihres Viehs von den Bergwiesen ins Tal als »Viehscheid«. Da die Bergalpen von den Bauern genossenschaftlich betrieben werden, sind alle Kühe eines Ortes gemeinsam im Sommer auf einer Alp und werden auch gemeinschaftlich herabgetrieben. Das Jungvieh ist unter sich auf sogenannten Galt-Alpen, während die Milchkühe auf den Senn-Alpen grasen. Die dadurch entstehende Milch wird an Ort und Stelle zu Butter und Käse verarbeitet. Wenn nach rund 100 Tagen auf den Bergeshöhen der Abtrieb beginnt, ist man auch im Dorf aufgeregt, denn der Scheid ist ein riskantes Prozedere. Die Kühe können sich dabei verletzten. Doch meist geht alles gut und man feiert traditionell an diesem Tag ein großes Volksfest mit Musik, Tanz und Spezialitäten aus der Allgäuer Küche. Das Vieh wird wieder voneinander

getrennt (daher der Name Viehscheid) und den Bauern zur Überwinterung in den Ställen übergeben, wo es seinen angestammten Platz wiederfindet. Im Allgäu findet der Viehscheid klimabedingt im September statt und ist vielerorts längst eine Touristenattraktion. Die schönsten Feste finden in Oberstdorf und Schöllang statt, aber auch Bad Hindelang, Haldenwang oder Pfronten haben ihren Viehscheid.

Schwaben

** Bad Hindelang

Bad Hindelang ist ein Allgäuer Ferienort, wie er im Buche steht. Er liegt am sonnigen Südhang des Hirschbergs und ist geprägt von hübschen Häusern mit Blumenschmuck. Der Markt besteht aus mehreren Ortsteilen, und im Ortsteil Bad Oberdorf, der ein Schwefelmoorbad besitzt, findet sich die ab 1935 erbaute Kirche »Unserer Lieben Frau«. Das Gotteshaus enthält einen wertvollen gotischen Schnitzaltar von Jörg Lederer von 1519 und eine Muttergottes mit Kind (1493) von Hans Holbein d. Ä. sowie einen gotischen Christus auf dem Palmesel in Lebensgröße. Dieser wird alljährlich bei einer Prozession am Palmsonntag von hier zur Pfarrkirche in Bad Hindelang getragen, wo er bis Gründonnerstag bleibt. Wer nach Bad Hindelang kommt, sucht die Ruhe und Erholung in dieser zu 80 Prozent unter Naturschutz stehenden Gegend.

Schlichtes Gotteshaus: die katholische Pfarrkirche St. Johannes Baptist in Oberstdorf.

* Sonthofen

Der Luftkurort ist vor allem für seine Wanderwege durch ursprüngliche Natur bekannt. Im Ort empfiehlt sich ein Besuch im Heimathaus mit einer Gesteinssammlung, einer Nagelschmiede, einem Saal zur Vor- und Frühgeschichte und einer Kuhglockensammlung. Die Alpsennerei erinnert daran, dass man sich hier in Deutschlands Milch- und Käseregion Nr. 1 befindet.

** Illertal

Die Iller fließt von ihrer Quelle bei Oberstorf im Allgäu bis zu ihrer Mündung in die Donau bei Ulm. Dazwischen liegt das liebliche Illertal mit den Städten Sonthofen und Fischen. Wandert man durch die Felder und Blumenwiesen des Tals von Sonthofen Richtung Oberstdorf, hat man einen herrlichen Ausblick auf die Oberstdorfer Berge. Nach einem kleinen Anstieg

Oberallgäu

Wer von Norden der Iller flussaufwärts folgt, taucht in eine Bergwelt ein, die hinter Oberstdorf zu einem unüberwindlichen Wall wird. Über Straßen nur aus Richtung Deutschland gelangt man in das österreichische Kleinwalsertal. Den Zugang in die Allgäuer Alpen markiert der 1738 Meter hohe Bergrücken des Grünten, der »Wächter des Allgäus«, kurz vor Sonthofen. Seine Lage und das niederschlagsreiche Klima machen das Oberallgäu zum begehrten Skigebiet, das durch zahlreiche Bergbahnen erschlossen ist. Aber auch im Sommer laden Oberstdorf, Balderschwang und Bad Hindelang zur Erholung, zum Kuren, Wandern oder auch Klettern ein. Im Alpenvorland zeigt sich das Oberallgäu mit Seen wie dem Großen Alpsee bei Immenstadt von seiner lieblichen Seite.

Die Kapelle St. Anna in Rohrmoos bei Oberstdorf ist ein Kleinod aus Holz.

wird der »Malerwinkel« erreicht, ein besonders schöner Flecken Erde, der bei Landschaftsmalern als Motiv beliebt ist und daher seinen Namen erhielt. Das Illertal ist auch als Radstrecke sehr angenehm und der Fluss selbst ist gut geeignet für Kanufahrten. Sonthofen ist Deutschlands südlichste Stadt und war lange Zeit Garnisonsstadt. Ein Zeichen dafür sind die Kasernen der Gebirgsjäger und Pioniere an der Straße nach Hindelang. Dort kann man auch das einzige Gebirgsjägermuseum in Deutschland besuchen.

*** Oberstdorf

Die Gemeinde besteht aus vielen malerischen Ortsteilen, die eingebettet sind in eines der größten Wander-, Berg- und Skisportgebiete der Alpen. Besucher schätzen die Ruhe, aber auch die vielen Möglichkeiten zur Freizeitgestaltung. Der Ort ist ein idealer Ausgangspunkt für Wanderungen zum Nebelhorngipfel, wohin die Nebelhornbahn fährt, für einen Spaziergang durch die von wildem Wasser durchspülte Breitachklamm oder einen Gang über den Heilbronner Weg, der bereits 1899 als Wanderroute eingeweiht wurde. In Rohrmoos, einem der kleinen Weiler, findet sich eine ganz besondere Sehenswürdigkeit: die St.-Anna-Kapelle (1568). Sie gilt als ältester Holzkapellenbau des Alpenraums, vielleicht sogar als ältester Europas. Sie wurde in der Spätrenaissance vollständig aus Holz erbaut und birgt zudem sehr gut erhaltene manieristische Malereien.

Oben: Bei Immenstadt entfaltet sich ein herrliches Panorama vom Alpsee und dem Berg Grünten, rechts das Tal nach Oberstdorf.

Schwaben

*** Allgäuer Alpen

Beschäftigt man sich mit den Allgäuer Alpen, wird schnell klar, dass hier Grenzen ebenso verschwimmen wie Begrifflichkeiten. Schon die Fläche des Allgäus lässt sich nicht völlig eindeutig festlegen. Er stößt im Süden an den Bodensee, liegt hauptsächlich in Bayern, zu Teilen aber auch in Baden-Württemberg und sogar in Österreich. Die Allgäuer Alpen konkret liegen etwa zur Hälfte in Deutschland und zur anderen Hälfte im österreichischen Nachbarland. Auf deutschem Boden erstrecken sie sich über zwei Bundesländer. Ihr höchster Berg ist der 2657 Meter hohe Große Krottenkopf in Tirol. Auf bayerischem Gebiet ist die nur acht Meter niedrigere Hochfrottspitze die höchste Erhebung. Felsen und Gestein, Höhlen und Gletscher dominieren naturgemäß die Landschaft. Doch die Allgäuer Alpen sind noch viel mehr. Man findet dort Seen, sowohl im Tal als auch in atemberaubenden Höhen. Die Flüsse Lech, Breitach, Iller und andere Fließgewässer haben zum Teil deutliche Spuren hinterlassen, indem sie tiefe Schluchten gegraben haben. Die bayerischen Allgäuer Alpen sind in sechs Naturschutzgebiete aufgeteilt, die zusammen über 236 Quadratkilometer umfassen. Das größte ist das seit 1992 existierende Naturschutzgebiet Allgäuer Hochalpen.

*** Nebelhorn

Das 2224 Meter hohe Nebelhorn ist geologisch höchst interessant. Es liegt genau dort, wo die Sedimentschichten der Flyschberge und die Nördlichen Kalkalpen aufeinandertreffen. Der Berg besteht daher sowohl aus Kalk und Dolomit als auch aus dem recht groben Flysch. Die meisten Besucher des Nebelhorns interessieren sich jedoch weniger für seinen Aufbau, sondern kommen meist wegen seines grandiosen Wintersportgebietes, dem höchsten im Allgäu. Und gleich noch ein Superlativ: Auf den Berg führt die höchste Bergbahn des Allgäus hinauf, ehe man ganz oben eine atemberaubende Aussicht genießen kann. 400 Gipfel soll man bei guter Sicht von dort sehen können. Im Sommer lädt ein Panoramaweg zum Spaziergang ein, im Winter warten 13 Kilometer Skipiste, darunter die beliebte knapp acht Kilometer lange Abfahrt hinab ins Tal.

** Trettachspitze und Mädelegabel

Sowohl die Mädelegabel mit ihren 2644 Metern als auch die 2595 Meter hohe Trettachspitze gehören zum Allgäuer Hauptkamm. An der Süd-Ost-Seite der Mädelegabel gab es einmal einen kleinen Gletscher, Schwarze Milz genannt. Er war der einzige seiner Art im Gebiet der Allgäuer Alpen. Die Trettachspitze trägt den Beinamen »Allgäuer Matterhorn«, was wohl daran liegt, dass es sich um einen der anspruchsvollsten Berge der Region handelt. Ihn zu bewältigen gehört zu den eindrucksvollsten Erlebnissen für jeden Kletterer. Es braucht dazu Erfahrung und am besten einen ortskundigen Führer. Per Bus gelangt man nach Birgsau, den Startpunkt der Tour. Die erste Station ist das Waltenberger Haus, danach geht es zum Einödsberg und zum Nordostgrat. Auf der anderen Seite geht es dann wieder steil hinab.

Rechts: Die Trettachspitze (2595 Meter), die Mädelegabel (2645 Meter) und die Hochfrottspitze (2649 Meter) sind drei markante Berge des zentralen Hauptkamms der Allgäuer Alpen, die für geübte Bergsteiger gut zu erklimmen sind.

Breitachklamm

In der Nähe von Oberstdorf wartet die tiefste Felsschlucht Mitteleuropas. Fast 100 Meter steigen die Wände steil über dem Tal der Breitach in die Höhe. Der Fluss ergießt sich schäumend in die Schlucht, schlängelt sich durch Gesteinsbrocken und stürzt in Abgründe. Verschiedene Wanderwege beziehen die Klamm mit ein. Der gut ausgebaute, kostenpflichtige Weg hindurch führt über Holzstege, Treppen und durch Felstunnel hindurch. Durch die spritzende Gischt kann es an einigen Stellen etwas feucht werden. Start der Wanderung durch die Klamm ist am Parkplatz in Tiefenbach. Dort und am oberen Ende der Schlucht wird der Eintritt kassiert. In der Nähe der Klamm wartet mit dem Stuiben eine weitere Attraktion der Region auf: ein gewaltiger Wasserfall.

Allgäuer Alpen

Der mitten im Hochgebirge auf 1813 Meter Höhe liegende Schrecksee wird von Lahnerscharte und Lahnerkopf umstanden.

Wollgras wächst am Laufbichelsee, der zwischen Nebelhorn und Großem Daumen liegt.

Naturschutzgebiet Allgäuer Hochalpen

Das mit Abstand größte Naturschutzgebiet im Regierungsbezirk Schwaben ist gleichzeitig eines der größten in Deutschland. 21 000 Hektar umfasst diese ursprüngliche Bergwildnis zwischen dem Tannheimer Tal und dem Kleinwalsertal im Oberallgäu. Geschützt wird sie wegen ihrer herausragenden Schönheit, der Vielfalt in Flora und Fauna sowie ihrer Ruhe. Dieses artenreiche Gebirge ist landschaftlich geprägt durch ein nahes Beieinanderliegen von steilen und flachen, windstillen und windreichen sowie sonnigen und schattigen Lagen. Charakteristisch für das Gebiet sind Schlucht- und Blockwälder, alpine Bäche, Moore und Karseen. Durch das unterschiedliche Gesteinsmaterial, die Höhe und das Klima finden hier viele Tier- und Pflanzenarten ökologische Nischen. Die Allgäuer Hochalpen sind somit das artenreichste

Gebirge Deutschlands und beherbergen sogar alpine Vogelarten wie das Birkhuhn, das vom Aussterben bedroht ist. Störungsempfindlich wie es ist, fühlt es sich nur wohl in offenen Flächen wie Mooren, Heiden und licht bewaldeten Kammlagen. Dazu brüten hier Steinhuhn, Uhu und Wanderfalke. Und wer den »König der Lüfte« beobachten möchte, kann fünf Paare bewundern, die dort ihre Runden drehen.

Schwaben
Lindau

Wasserburg und Nonnenhorn

Nonnenhorn, die südwestlichste Gemeinde Bayerns, und Wasserburg sind durch eine Bucht verbunden. Aus einer anderen Perspektive gesehen, liegen beide Orte jeweils auf einer Halbinsel: Wasserburg auf einer früheren Insel, die erst 1720 mit dem Festland verklammert und somit in eine schmale Halbinsel verwandelt

Am Marktplatz erhebt sich das barocke Haus zum Cavazzen, erkennbar an seiner Fassadenmalerei.

Das Alte Rathaus aus dem 15. Jahrhundert mit Fassadenmalereien aus der Renaissancezeit.

*** Lindau

Wer den schönsten Teil von Lindau finden will, der muss nicht am, sondern im Bodensee suchen. Das historische Zentrum der einstigen Freien Reichsstadt liegt auf einer knapp 70 Hektar großen Insel, die über zwei Dämme mit dem Festland verbunden ist. Dort lässt sich dann nach Belieben zwischen Muße und Geschäftigkeit wechseln. Kaum ein paar Schritte sind es von den lauschigen Badestellen und der Seepromenade, die einen wunderschönen Blick über das Wasser auf die Schweizer Bergkulisse eröffnet, in die Innenstadt, wo Kirchen und Museen, Geschäfte und Restaurants auf Besucher warten. Lange Zeit teilten sich nur einige Fischer und die Kanonissinnen des Damenstiftes Unserer Lieben Frau unter den Linden die Insel. Im 11. Jahrhundert machte es jedoch der über den Investiturstreit ausgebrochene Bürgerkrieg in Schwaben auch für Kaufleute ratsam, ihren Markt lieber hier abzuhalten. Der Aufstieg zur Freien Reichsstadt ließ dann nicht lange auf sich warten und ist noch heute an den zahlreichen repräsentativen Gebäuden aus Gotik, Renaissance und Barock abzulesen, die die Innenstadt schmücken.

*** Stadtbild und Hafeneinfahrt mit Leuchtturm

Die malerische Hafeneinfahrt ist das Wahrzeichen von Lindau. Auf der östlichen Mole hält ein sechs Meter hoher Bayerischer Löwe Wacht und blickt Ehrfurcht gebietend auf alles, was sich von der Schweiz her nähert. Den Endpunkt der westlichen Mole markiert der 33 Meter hohe Leuchtturm mit Zifferblatt. Zusammen wurden sie Mitte des 19. Jahrhunderts errichtet und rahmen, je nachdem von welcher Seite man kommt, die Lindauer Altstadt oder die Schweizer Bergkulisse auf der gegenüberliegenden Seeseite ein. Der Leuchtturm kann bestiegen werden.

*** Altes Rathaus

Blickfang am Bismarck-Platz ist das schöne Alte Rathaus. Es stammt aus dem 15. Jahrhundert, bekam dann aber in der Renaissance seinen dekorativen Stufengiebel und die überdachte Treppe mit dem bemalten Erker. Die Wandmalereien zeigen Szenen aus der Stadtgeschichte Lindaus, etwa von dem Reichstag,

wurde, und Nonnenhorn auf seinem breiten »Horn«. Der Blick von der Bucht auf Wasserburg mit Schloss und Zwiebelturmkirche vor einem prächtigen Alpenpanorama ist ein schönes Motiv sowohl für Fotografen als auch für Maler – daher der Name »Malerwinkel«. Auch für die Literatur ist Wasserburg ein bedeutender Ort: Martin Walser (geb. 1927) hat hier seine Kindheit und Jugend verbracht.

der 1496 hier stattgefunden hat. Sie stammen allerdings erst aus dem 19. Jahrhundert. Auf dem Treppenerker sind die Zehn Gebote dargestellt.

** Mittelalterliche Stadtbefestigung Von der einstigen Stadtbefestigung der Insel sind noch einige Türme wie der Diebs- und der Pulverturm sowie mehrere Bastionen erhalten. Von diesen, etwa der Gerberschanze, der Sternschanze oder der Pulverschanze, kann man eine schöne Aussicht über Stadt und See genießen. Im Norden sind entlang der Straße »Auf der Mauer« auch noch Reste des Mauerwalls erhalten.

** Mangturm Der 20 Meter hohe Mangturm an der Seepromenade im Hafen war bis Mitte des 19. Jahrhunderts der Leuchtturm von Lindau und galt vor der Gestaltung der neuen Hafeneinfahrt als ihr Wahrzeichen. Seinen spitzen Helm, auf dem bunt glasierte Ziegel ein farbenfrohes Zickzackmuster bilden, bekam er allerdings erst, nachdem er außer Dienst gestellt wurde. Sein Name rührt nicht vom bayerischen Heiligen Magnus her, sondern von der ehemals benachbarten Tuch- und Manghalle, in der die Stoffe nach dem Färben gemangelt, d. h. geglättet wurden.

*** Ehemals Reichsstädtische Bibliothek Lindau Bereits 1538 beschlossen die Lindauer Bürger die Gründung einer Stadtbibliothek und verwendeten als Grundstock vermutlich den Buchbestand eines aufgelösten Franziskanerklosters. Heute umfasst das Erbe 15 000 Bände aus dem 15. bis 18. Jahrhundert. Besonders wertvoll sind die über 140 Wiegendrucke aus dem 15. Jahrhundert.

* Stadtmuseum Ein Schwerpunkt der Ausstellung im barocken Haus zum Cavazzen am Marktplatz sind mechanische Musikinstrumente. Außerdem ist eine Galerie mit Gemälden und Plastiken vom 15. bis zum 19. Jahrhundert angegliedert. Der modernen Kunst wird mit wechselnden Sonderausstellungen Rechnung getragen.

Oben: Der Hafen von Lindau: Der Löwe thront auf seinem Podest, daneben kennzeichnet der Alte Leuchtturm aus dem 13. Jahrhundert die Einfahrt.

Bodensee

Dass ihn manche liebevoll als »Deutschlands größte Badewanne« bezeichnen, hat gleich zwei Gründe: Der Bodensee ist mit einem Wasservolumen von ca. 48,5 Kubikmetern der größte See des Landes, zum anderen ist er der größte Trinkwasserspeicher in ganz Mitteleuropa und versorgt weite Teile von Baden-Württemberg mit seinem erfrischenden Wasser. Der See liegt auf dem Gebiet der Bundesländer Baden-Württemberg und Bayern sowie auf dem Österreichs und der Schweiz. Die Maße des Gewässers sind enorm. Er hat eine Länge von 63 Kilometern und eine Breite von 14 Kilometern. Das entspricht einer Fläche von 536 Quadratkilometern und einem Umfang von 273 Kilometern, wovon 173 Kilometer des Ufers zu Deutschland gehören, 72 Kilometer liegen auf Schweizer Boden und 28 Kilometer werden zu Österreich gezählt. An

der tiefsten Stelle misst der Bodensee 254 Meter. Die gigantische Größe des Sees hat zur Folge, dass man das gegenüberliegende Ufer nicht sehen kann. Der Grund dafür ist aber nicht unbedingt die Entfernung, sondern die Erdkrümmung. Die Krümmung des Wasserspiegels des Sees beträgt in seiner Länge stolze 42 Meter, sodass die gegenüberliegenden Ufer dahinter gänzlich aus dem Blickfeld verschwinden.

Schwaben

* Kaufbeuren

Die Staufergründung (nach 1191) und einstige Reichsstadt (1286 bis 1803) erlebte ihre glanzvollsten Zeiten, als Kaiser Maximilian I. hier häufig zu Gast war. Nach ihm ist der markanteste Straßenzug der Altstadt benannt. Prägend für das Stadtbild und wichtigstes Baudenkmal ist die gotische Blasius-Kapelle, die zusammen mit dem Fünfknopfturm ein malerisches Ensemble bildet. In der Kapelle besonders sehenswert ist ein Flügelaltar (1518) mit elegantem Schnitzwerk.

** St. Ulrich in Seeg

St. Ulrich ist ein herausragendes Beispiel des süddeutschen Rokoko, das als Gesamtkunstwerk im 18. Jahrhundert vom Baumeister Johann Jakob Herkomer, dem Maler Johann Baptist Enderle und dem Stuckateur Andreas Henkel geschaffen wurde. Wer den Kirchenraum durch den Nordeingang betritt, ahnt nicht, was ihn dort erwartet. Es öffnet sich ein Blick auf eine Symphonie aus Farben und Formen, die den Betrachter überwältigt. Trotzdem ist der Raum voller Harmonie und keineswegs überladen. Symmetrisch angeordnete Elemente führen optisch auf den Chorraum mit dem Hauptaltar zu. Verbindend wirken auch die Rocaille-Ornamente, welche sämtliche Flächen der Kirche erfassen und so die Architektur mit der Malerei an den Decken und Wänden verbinden. Der ganze Raum schwingt wie heitere Musik in hellen, lichten Farben und verspielten Formen.

Malerisch in idyllische Landschaft gebettet liegt der Ferienort Nesselwang.

** Nesselwang

Nesselwang entstand am Verlauf bedeutender Handelswege und bekam schon 1429 von König Sigismund das Marktrecht verliehen. Ein kleines Stück der alten Römerstraße hat sich noch im östlichen Teil des Friedhofs erhalten. Das älteste bestehende Gebäude der

Ostallgäu

Der östliche Teil des Allgäus endet am Lech und erstreckt sich von den Allgäuer Alpen im Süden über Marktoberdorf und Kaufbeuren bis nach Buchloe. Mitten durchs Land fließt die Wertach. Die Region vereint Hochgebirge, Alpenvorland, Seen- und Flusslandschaften, lebhafte Städte, ehemals bedeutende Abteien wie Irsee und St. Mang (Füssen) und prächtige Kirchen, sogar Reste mittelalterlicher Burgen. Weltbekannt sind die »Ludwigsschlösser« Hohenschwangau und Neuschwanstein. Ganz dem Aktivurlaub winters wie sommers verschrieben hat sich Nesselwang in den Allgäuer Alpen. Zur gemütlichen Rudertour lädt der Weißensee ein. Zu sehen sind mehr als 2000 Jahre Geschichte: von Zeugnissen aus römischer Zeit bis zur »Vertriebenenstadt« Neugablonz.

Die 13-Dörfer-Gemeinde Pfronten gibt es in ihrer Pfarrzugehörigkeit schon seit dem Mittelalter.

Stadt ist das Spital von 1503. Heute ist Nesselwang zu einem familienfreundlichen Ferienort geworden, der in eine zauberhafte Voralpenlandschaft eingebettet ist und sogar einige Alpengipfel im Süden vorweist. Alpspitze und Edelsberg bieten die Voraussetzung für Berg- und Wandertouren in der Umgebung. Im Winter kann man hier auch Ski fahren, langlaufen, rodeln oder Kutschfahrten unternehmen. Im Ort selbst gibt es ein Skimuseum, das Nesselwangs traditionsreiche Skigeschichte einfängt. Zu besichtigen sind auch das Brauereimuseum und die Kirchen St. Andreas und Maria Trost.

** Pfronten

Den schönsten Blick über die tiefen Täler mit ihren herrlichen Wiesen und glasklaren Seen in und um Pfronten hat man vom Aussichtsturm der Burgruine Falkenstein. In der Nähe befinden sich die Schlösser Neuschwanstein und Hohenschwangau. Doch auch in den Ortschaften von Pfronten gibt es sehenswerte Gebäude wie zum Beispiel die denkmalgeschützte Villa Goldonkel in Berg, die eigentlich ein Bauernhof ist. Das Hauptgebäude wurde 1793 erbaut und ist als unverputzter Ständerbohlenbau sehr selten geworden. Oberhalb des Anwesens liegt die Pfarrkirche St. Nikolaus mit ihrer schönen Innenausstattung. Doch der größte Schatz Pfrontens ist sicherlich seine herrliche alpine Landschaft mit den Wanderwegen, den Wiesen und Weiden, auf denen die Kühe grasen. Pfronten hat mit 400 Stück Jungvieh und 15 Kranzkühen den größten Viehscheid des Ostallgäus.

Oben: Die Pfarrkirche St. Ulrich in Seeg ist in ihrem Inneren ein Rokokojuwel, das seinesgleichen sucht.

Schwaben

Hohenschwangau liegt mitten in der bewaldeten Berglandschaft.

*** Forggensee
Hoch aufragende Berge und tiefblaue Seen, das sind die markantesten Wahrzeichen der Region. Wenn man den Forggensee heute mit seinen Segelbooten und Surfbrettern sieht, ist es kaum vorstellbar, dass dort einst Wiesen waren. Der See ist nämlich 1955 durch den Aufstau des Lech künstlich geschaffen worden und passt bestens in das Bild der Ostallgäuer Seenplatte. Von Juni bis Mitte Oktober, wenn er seine volle Stauhöhe besitzt, kann man ihn mit dem Ausflugsschiff befahren und die Pracht der Bergwelt von Weitem betrachten.

** Weißensee
Den hübschen Weißensee kann man während einer Wanderung umrunden. Dieser See ist wahrscheinlich eine Toteisform: Nachdem große Eisbrocken am Ende der letzten Eiszeit unter Sand begraben wurden, tauten sie im Untergrund auf, und in den zurückbleibenden Kuhlen sammelte sich das Wasser.

** Hopfensee
Ein weiterer schöner See, der wie die meisten anderen durch die Arbeit der eiszeitlichen Gletscher entstanden ist, ist der Hopfensee. Er ist fünf Kilometer von Füssen entfernt und ein beliebtes Naherholungsziel. Durch seinen kleinen Umfang von nur 6,8 Kilometern erreicht er bereits früh im Jahr Badetemperatur.

*** Schloss Hohenschwangau
Wenn man in einem solchen Prachtschloss aufwächst, ist es kein Wunder, dass sich im Erwachsenenalter die tradierten Vorstellungen von Architektur etwas verschieben: Schloss Hohenschwangau war der sommerliche Familiensitz der Wittelsbacher, und hier wurde König Ludwig II. groß, der sich später gegenüber seiner Kinderstube Schloss Neuschwanstein erbauen ließ. 1832 bis 1837 erhielt die schlichte alte Burg Hohenschwangau aus dem 14./15. Jahrhundert im Zeichen des Historismus ihr neugotisches Gepräge, mit pittoresken Türmen, Zinnen, Erkern und Freitreppe. Stilgerecht geht es im Inneren mit Schwanenrittersaal, Heldensaal und Burgfräuleinzimmer weiter, alles prächtig ausgestattet, ausgemalt und dekoriert – eine mittelalterliche Fantasie des 19. Jahrhunderts inmitten der romantischen Gebirgslandschaft von Alpsee und Schwansee.

Rechts: Nicht weit vom künstlichen Forggensee (unten) liegt der Hopfensee (oben), einer der größeren Ostallgäuer Seen bei Füssen.

St. Coloman bei Schwangau

Die auf freiem Feld stehende Wallfahrtskirche St. Coloman bietet vor der Bergkulisse ein großartiges Bild. Das Gotteshaus mit seinem schlanken Zwiebelturm ist das Werk des Wessobrunner Baumeisters Johann Schmuzer und eine der schönsten frühbarocken Kirchen Bayerns. In ihrem Inneren ziehen sich an Wänden und Decken reiche Stuckaturen mit Fruchtgehängen, Engelsköpfen und Muscheln entlang. An der Südostwand befinden sich drei bemerkenswerte spätgotische Schnitzfiguren (um 1520), darunter auch der heilige Coloman. Er ist der Schutzpatron des Viehs. Daher finden hier alljährlich am zweiten Sonntag im Oktober eine Reiterwallfahrt mit einem Festgottesdienst, eine feierliche Vieh- und Pferdesegnung sowie ein Umzug statt.

Schloss Neuschwanstein

Zum Inbegriff Bayerns in aller Welt ist in den letzten Jahrzehnten das unweit von Füssen im Ostallgäu gelegene Schloss Neuschwanstein geworden. »Ich habe die Absicht, die alte Burgruine Hohenschwangau bei der Pöllatschlucht neu aufbauen zu lassen im echten Styl der alten deutschen Ritterburgen, und muss Ihnen gestehen, dass ich mich sehr darauf freue, dort einst (in drei Jahren) zu hausen«, schrieb König Ludwig II. im Mai 1868 an den von ihm verehrten Richard Wagner. Doch der Bau zog sich hin (Grundsteinlegung war erst im Jahr 1869), und so erlebte der König die Fertigstellung nicht mehr. Schon sieben Wochen nach seinem Tod wurde Neuschwanstein 1886 für das Publikum geöffnet, heute drängeln sich im Durchschnitt täglich mehr als 6000 Besucher im Rahmen einer Führung durch

die Räume, die der König ursprünglich ganz für sich allein gedacht hatte – im Jahr rund 1,5 Millionen Menschen. Herzstück ist der hoch aufragende Palas mit Sängersaal und Thronsaal.

Schwaben

Ludwig II.

Millionen Touristen können nicht irren: Niemand hat schönere Schlösser gebaut als König Ludwig II. von Bayern. Neuschwanstein ist der Inbegriff ei-

*** Füssen

Wo das sanfte Allgäuer Hügelland auf die wildromantische Bergwelt der Kalkalpen trifft und die grünen Wasser des Lechs in den Forggensee stürzen, bringt die einstige Sommerresidenz der Augsburger Bischöfe noch heute ihre Besucher ins Schwärmen. Vom Massentourismus, der das benachbarte Neuschwanstein heimsucht, ist in Füssen eher wenig zu spüren. Die wenigsten der 1,5 Millionen Besucher aus aller Welt, die sich jährlich zu König Ludwigs Märchenschloss kutschieren lassen, verweilen länger in der Gegend. Dabei entgeht ihnen viel. Denn Füssen bietet nahezu alles für einen perfekten Urlaub: eine idyllische Altstadt mit kleinen Läden, Restaurants und Cafés, eine Burg, Kirchen und Museen, ein großes Musiktheater, Kur- und Wellnesseinrichtungen im Stadtteil Bad Faulenbach, das ein anerkanntes Kneipp-, Moor- und Mineralienheilbad ist, mehrere schöne Badeseen und ein traumhaftes Umland, das jedem etwas bietet. Alpinsportler finden Herausforderungen in den Bergen, während man es auf den Wander- und Radwegen rund um den Forggensee eher gemütlich angehen lassen kann.

** Hohes Schloss Füssen

Wo einst auf einem Bergsporn eine Römerfestung stand, wurde im 13. Jahrhundert eine trutzige Zungenburg errichtet. Sie wurde unter den Augsburger Bischöfen von 1490 bis 1503 zum Hohen Schloss von Füssen umgebaut und birgt heute eine Zweigstelle der Bayerischen Staatsgemäldesammlungen und die Städtische Gemäldegalerie. Gezeigt werden spätgotische Kunstwerke vor dem Rahmen der eindrucksvollen Innenräume wie zum Beispiel dem Rittersaal mit der aufwendig geschnitzten Kassettendecke aus der Spätgotik. Teile des Inneren sind allerdings von einem Begründer der Wessobrunner Schule, Johann Schmuzer, um 1680 barockisiert worden. Einzigartig sind die spätmittelalterlichen Illusionsmalereien (1499) an den Schlossfassaden im Innenhof. Vom renovierten und seitdem zugänglichen Uhrturm des Schlosses schweift der Blick über die Altstadt bis zum Forggensee.

** Altstadt

Mit schönen Plätzen, verwinkelten kleinen Gassen und herrlichen alten Bürgerhäusern hat die Altstadt von Füssen viel mittelalterliches Flair bewahrt. Zentrum sind die Reichenstraße und die Brunnengasse.

*** Kloster Sankt Mang

Hoch über dem Lechufer thront das ehemalige Benediktinerkloster St. Mang, das heute das Museum der Stadt Füssen birgt. Die Grundfeste geht auf das 9. Jahrhundert zurück, als die Bischöfe von Augsburg auf der Einsiedelei des heiligen Magnus eine Abtei errichteten. In den Zeiten der Gegenreformation wurde daraus ein prächtiges barockes Gebäudeensemble. Die alte, unregelmäßig gewachsene Anlage wurde durch den Baumeister Johann Jakob Herkomer in einen wohlgeordneten, symmetrischen Baukomplex verwandelt. Er birgt als Höhepunkt eine außergewöhnliche Bibliothek, die in einem Oval angelegt und hoch überkuppelt ist. Das Stadtmuseum zeigt in weiteren prächtigen Barocksälen eine interessante Sammlung historischer Lauten und Geigen, denn Füs-

nes Märchenschlosses, Herrenchiemsee eine Variation von Versailles, Linderhof ein Musterbeispiel eines Lust- und Jagdschlosses. Nicht zu vergessen ist auch das Festspielhaus in Bayreuth, dieser kuriose Musiktempel, den Ludwig II. Wagner »schenkte«. Ein Teil der Faszination von Ludwig II. rührt sicher daher, dass er als König eine absolute Fehlbesetzung war. Nichts, abgesehen vom Militär, war ihm unangenehmer als das Regieren. Er kam 1845 als Sohn des Kronprinzen Maximilian zur Welt und wurde im Alter von drei Jahren, als sein Vater König wurde, selbst Kronprinz. Mit 18 Jahren bestieg er den bayerischen Thron. Schwer zu sagen, ob er jemals glücklich war. Mit seinen herrlich gelegenen Traumschlössern aber hat er Dinge hinterlassen, die andere Menschen faszinieren und glücklich machen. Er könnte stolz sein.

Eine ovale Öffnung in der Bibliothek des Klosters St. Mang gibt den Blick auf das Refektorium frei.

sen gilt als Wiege des europäischen Lauten- und Geigenbaus, der im 18. Jahrhundert begann.

** Musiktheater Füssen Das riesige Festspielhaus am Ufer des Forggensees wurde im Jahr 2000 für ein Musical über Ludwig II. gebaut. Heute wird dort ein buntes Bühnenprogramm geboten. Der einzigartige Ausblick von den Galerien und Terrassen auf Neuschwanstein machen das Theater einzigartig.

** Staatsgalerie und Städtische Gemäldegalerie Beide Galerien sind im Hohen Schloss untergebracht. Während die Staatsgalerie spätgotische Werke aus dem 16. Jahrhundert zeigt, widmet sich die Städtische Galerie der romantischen Malerei, etwa der »Münchner Malerschule«, deren Vertreter im 19. Jahrhundert die Ateliers verließen und die vielfältigen Motive des ländlichen Bayerns entdeckten.

* Museum der Stadt Füssen Schwerpunkt des Museums im Kloster Sankt Mang ist der Lauten- und Geigenbau, der in Füssen eine lange Tradition hat. Weiteres Highlight ist der »Füssener Totentanz« in der St.-Anna-Kapelle, eine der größten und bedeutendsten Umsetzungen des beliebten Motivs.

Oben: Eingebettet in eine herrliche Landschaft ist Füssen. Schöne Bürgerhäuser und viele barocke Kirchen bilden den historischen Rahmen.

Der Wettersteinkamm mit Alpspitze, Zugspitze und den Waxensteinen. Erstere ist das pyramidenförmige Wahrzeichen von Garmisch-Partenkirchen.

Oberbayern

Oberbayern vereint auf einer Fläche von gerade einmal 17 530 Quadratkilometern, was sich anderswo nur selten auf so engem Raum konzentriert – eine abwechslungsreiche Paradieslandschaft, die mit ihren Bergen, Wäldern, Flüssen und Seen immer wieder zu entzücken vermag. Landschaftlich gliedert sich Oberbayern in die bayerischen Kalkalpen, das Alpenvorland mit seinen Moränenlandschaften und Schotterebenen sowie das tertiäre Hügelland zwischen Amper und Donau.

Oberbayern

Abtei St. Walburg

Das Bauensemble der 1035 gestifteten Benediktinerinnenabtei, heute bestehend aus der Kirche mit Barockturm, Konvent, Schule und Gästehaus, prägt das Stadtbild von Eichstätt eindrucksvoll. Der Wallfahrtsort kann auf eine fast 1000-jährige Tradition zurückblicken, die mit der Überführung der Gebeine der Benediktineräbtissin Walburga und ihrer Bestattung in

 Oberbayern

Fläche:
17 530 km²
Bevölkerung:
4,71 Millionen
Verwaltungssitz:
München
Größte Städte:
München (1,4 Millionen Einwohner)
Ingolstadt (137 000 Einwohner)
Rosenheim (63 000 Einwohner)

*** Eichstätt

Die Wallfahrt zu den Gebeinen der heiligen Walburga, der angeblich wundertätigen Schwester von Bistumsgründer Willibald, machte Eichstätt einst bedeutend. Heute kommen die meisten Besucher wegen der wunderbaren Natur des Altmühltals. In einer engen Schleife folgt der Verlauf der Stadt den Windungen der Altmühl rund um einen Felssporn, auf dem die Willibaldsburg thront. An ihren idyllischen Ufern, teils von dichten Weiden verhangen, lässt es sich für Kanu- und Radtouristen, die auf oder neben dem Fluss unterwegs sind, wunderbar rasten. Doch die alte Bischofsstadt verdient es, nicht nur für einen kurzen Halt besucht zu werden. Nach dem Dreißigjährigen Krieg von Baumeistern aus dem schweizerischen Graubünden wiederaufgebaut, präsentieren sich ihre schönen Plätze und einheitlichen Straßenzüge in elegantem, pastellfarbenem Barock, und natürlich kann sie – als katholische Hochburg – mit vielen prächtigen Kirchen und Klöstern aufwarten. In den Vorstädten sollte man auf die typischen Jurahäuser mit ihren flachen Dächern aus übereinandergeschichteten Kalkplatten achten.

*** Willibaldsburg

Die einstige Residenz der einflussreichen Eichstätter Fürstbischöfe liegt auf einer steilen Erhebung innerhalb der Stadt. Ihre Anfänge reichen bis ins 11. Jahrhundert zurück. Sie wurde im Lauf der Zeit immer weiter befestigt und nach Plänen des Augsburger Stadtbaumeisters Elias Holl zu einem Renaissanceschloss umgebaut. Heute sind dort das Jura-Museum und das Museum für Ur- und Frühgeschichte untergebracht. Einen Besuch lohnt auch der Bastionsgarten, der dem einstmals berühmten Hortus Eystettensis aus dem 16. Jahrhundert nachempfunden ist.

** Dom zu Eichstätt

Die Bischofskirche ist eine im Wesentlichen gotische Basilika mit barocker Westfassade und romanischen Türmen. Besonders schön sind der spätgotische Kreuzgang und eine angeschlossene Trauerhalle, das Mortuarium. Unbedingt gesehen haben sollte man auch den Pappenheimer Altar mit seiner aus Stein geschnitzten, unglaublich komplexen und lebendigen Kreuzigungsszene und

Auf dem Eichstätter Marktplatz steht der Willibaldsbrunnen.

der mit unzähligen Votivtafeln geschmückten Gruft begann. Die Heilige (710–779) ist mit ihrem Attribut, einem Fläschchen mit Öl, als Skulptur dargestellt; ebenso zeigt sie das Hochaltarbild von Joachim Sandrart, das

den Blick in dem 1631 entstandenen einschiffigen Bau auf sich zieht. Die frühbarocke Wandpfeilerkirche mit verglaster Empore konnte trotz der Verwüstungen im Dreißigjährigen Krieg gerettet werden.

das aus der Renaissance stammende Grabmal des Bistumsgründers, des heiligen Willibald.

** Schutzengelkirche 567 Engel sollen in der Eichstätter Universitätskirche zu sehen sein. Sie wurde im 17. Jahrhundert von den Jesuiten errichtet, die sie mit einem Bildprogramm ausschmücken ließen, das das Wirken der Schutzengel zum Heil der Menschen zeigen soll. Vom Papst mit der Gegenreformation beauftragt, wollte der Jesuitenorden so einen bewussten Kontrapunkt zur intellektuellen Nüchternheit des Protestantismus setzen.

* Residenz Eichstätt Der Barockpalast wurde ab 1700 als neuer Wohnsitz der Eichstätter Fürstbischöfe errichtet. Nach der Säkularisation diente er Napoleons Schwiegersohn Eugène Beauharnais, der mit einer bayerischen Prinzessin verheiratet war, als Wohnsitz. Heute ist dort das Landratsamt untergebracht. Ein Teil der Räumlichkeiten kann jedoch besichtigt werden. In der ehemaligen Kapelle ist eine Galerie mit Werken des Malers Carl Otto Müller zu sehen, der den Beinamen »Cézanne des Altmühltals« trägt.

*** Jura-Museum Eichstätt Im Jura-Museum sind faszinierende Fossilien zu sehen, die in den westlich der Stadt gewonnen Sollnhofener Plattenkalken gefunden wurden, darunter ein Archaeopteryx und der weltweit einzige Juravenator. Gleichzeitig lässt die Ausstellung die tropische Lagunenlandschaft vor 150 Millionen Jahren lebendig werden, in der all diese Tiere lebten. Zur Veranschaulichung dienen Aquarien mit tropischen Korallen, Korallenfischen und Tieren, die als »lebende Fossilien« gelten.

** Museum für Ur- und Frühgeschichte Das zweite Museum auf der Willibaldsburg geht »nur« bis zur Steinzeit zurück und zeigt zahlreiche archäologische Funde aus der Region – vom Mammutskelett über die Kelten- und Römerzeit bis zu Gräberfeldern mit reichen Grabbeigaben aus der Epoche der Merowinger im frühen Mittelalter.

** Neuburg an der Donau

Geprägt wird das rund 28 000 Einwohner starke Neuburg von der Donau, die mitten durch die Stadt fließt. Zentral, aber in landschaftlich schöner Lage zwischen den Städten München, Augsburg und Ingolstadt angesiedelt, präsentiert es sich als eine der prächtigsten Renaissancestädte Bayerns. Viele der gut erhaltenen historischen Bauwerke in der oberen Altstadt wie die Pfarrkirche St. Peter oder die Hofkirche stammen aus dem 16. und 17. Jahrhundert, der Blütezeit der Stadt, als sie Zentrum und Residenzstadt des neu gegründeten Fürstentums Pfalz-Neuburg war. Jenseits seines Altstadtensembles zeigt sich Neuburg als moderne Stadt mit hohem Freizeitwert und einem kulturellen Angebot, das weit über die Stadtgrenzen hinaus Beachtung findet. So ziehen nicht nur die Museen, sondern auch die Kammeroper und das jährliche Jazzfestival viele Besucher an.

Linke Seite oben: Die Kanzel des Doms zu Eichstätt ist Teil der neugotischen Ausstattung. Oben: Das im Auftrag von Pfalzgraf Ottheinrich (1505–1559) erbaute Renaissanceschloss mit seinen prächtigen Rundtürmen und der mächtigen Fassade ist das Wahrzeichen der Stadt Neuburg an der Donau und beherbergt seit 2005 die Staatsgalerie Flämische Barockmalerei, u. a. mit Werken von Peter Paul Rubens.

Oberbayern

** Ingolstadt

Die alte Universitäts- und Garnisonsstadt hält ihre Reize gut verborgen. Nähert man sich der Stadt an der Donau, nimmt man vor allem die ausgedehnten Gewerbegebiete wahr. Doch dahinter verbirgt sich eine sehr besuchenswerte Innenstadt. Das Militär, der Handel und die Universität prägten Ingolstadts Geschichte. Im 13. Jahrhundert schuf der bayerische Herzog Otto der Erlauchte aus einer kleinen Siedlung eine befestigte Stadt mit schachbrettartigem Grundriss, die als Zollstation an der Donau dienen sollte. Daraus wurde im Laufe der Zeit eine Festung, die den Schweden im Dreißigjährigen Krieg trotzte, und einer der wichtigsten bayerischen Garnisonsorte. Heute sind davon das Armeemuseum übrig und malerische Reste der alten Befestigungen, in Grünanlagen eingebunden. Daneben entwickelte sich Ingolstadt von der mittelalterlichen Handelsmetropole im Laufe der Zeit zum florierenden Industriestandort, vor allem dem Sitz der Audi AG. Universitätsstadt ist man erst seit 1989 wieder, nachdem die hier gegründete erste Universität Bayerns 1800 nach Landshut verlegt worden war.

** Altstadt Ingolstadt verfügt über eine weitgehend erhaltene Altstadt mit repräsentativen Gebäuden aus Gotik, Renaissance und Barock, die größtenteils noch von einer Festungsmauer und einem Grüngürtel, dem alten Festungsglacis, umgeben ist. Bereits aus dem 13. Jahrhundert stammen die alte Residenz »Herzogkasten« und die Morizkirche.

** Kreuztor Das sehenswerte siebentürmige Kreuztor aus dem 14. Jahrhundert ist Ingolstadts Wahrzeichen. Es war das Westtor der erweiterten Stadtbefestigung und nach dem benachbarten »Aussätzigenhaus zum Heiligen Kreuz« benannt.

Zu Besuch im Audi Forum

Ingolstadt ist auch als Standort des Automobilkonzerns VW bekannt, der mit seinen Audi-Werken ein bedeutender Wirtschaftsfaktor ist und zahlreiche Arbeitsplätze geschaffen hat. Die Audi AG bietet eine große Zahl unterschiedlicher Erlebnisführungen an, und dies nicht nur für die Abholer von Neuwagen. Für Kinder etwa gibt es interessante Führungen, wie beispielsweise die Designwerkstatt »Wie sieht mein Traumauto aus?« oder »Woraus wird eigentlich ein Auto gemacht?«. Im angeschlossenen Audi museum mobile kann man sich auf eine Zeitreise durch die Unternehmensgeschichte begeben und unterschiedliche Automobilexponate begutachten, darunter auch alte Rennwagen und einige Motorräder.

Die beiden Türme des Ingolstädter Liebfrauenmünsters, einer spätgotischen Hallenkirche.

Das Deckengemälde »Incarnatio Dominica« in der Ingolstädter Asamkirche.

*** Asamkirche Die äußerlich unscheinbare, 1732 für die Marianische Studentenkongregation erbaute Kirche ist innen mit aller Pracht von den Brüdern Asam ausgestattet und enthält das größte Flachdeckenfresko der Welt. In der Sakristei ist die weltweit wertvollste Monstranz ausgestellt, in die eine Darstellung der Seeschlacht von Lepanto eingearbeitet ist.

* Klenzepark Der Klenzepark am südlichen Donauufer gegenüber der Altstadt wurde 1992 im Rahmen einer Landesgartenschau angelegt. Dabei wurden Teile der alten Festungsanlagen wie das Reduit Tilly und der Triva-Turm einbezogen. Heute ist er eine beliebte Naherholungsanlage.

** Deutsches Medizinhistorisches Museum in der Alten Anatomie Das größte deutsche Museum der Medizin beleuchtet die Geschichte der Heilkunst von der Antike bis zur Gegenwart. Dabei sind allein die barocken Räumlichkeiten des einstigen Universitätsinstituts sehenswert.

* Bayerisches Armeemuseum Die Sammlung zur bayerischen Militärgeschichte wurde im Jahr 1969 in die neue Residenz Ingolstadt verlegt. Der Sammlung angegliedert sind eine Ausstellung zum Ersten Weltkrieg im Reduit Tilly und das bayerische Polizeimuseum im Turm Triva.

* Moosburg an der Isar

Auf einer Anhöhe über der Isar liegt das malerische Städtchen Moosburg. Kunsthistorisch bedeutend ist die Kirche St. Kastulus (12./13. Jahrhundert) mit einem romanischen Stufenportal sowie dem spätgotischen Hochaltar.

Linke Seite oben: Der Bau des Neuen Schlosses von Ingolstadt wurde 1418 begonnen.

Oberbayern
Freising

** Freising
Weit zurück ins 8. Jahrhundert reicht die Geschichte des Domhergs, des geistigen Zentrums Oberbayerns bis ins hohe Mittelalter. Der Dom ist ein massiver Bau mit kräftigen Türmen, ursprünglich romanisch, gotisch erweitert und barock von den Brüdern Asam ausgestattet. Das Diözesanmuseum gehört weltweit zu den größten kirchlichen Museen. Das leibliche Wohl hat seinen eigenen Berg, den »Nährberg« der Benediktinerabtei Weihenstephan mit der ältesten Brauerei der Welt und einem gemütlichen Bräustüberl.

*** Dom
Der Dom St. Maria und St. Korbinian, der sich weithin sichtbar auf dem Domberg über Freising erhebt, blickt auf eine lange Baugeschichte zurück. Nach Vorläufern im 8. Jahrhundert wurde der heutige Bau mit den massiven Türmen im 12. Jahrhundert als romanische Basilika erbaut und später immer wieder umgestaltet. Vom romanischen Ursprung zeugen bis heute das Hauptportal und die Krypta mit der Bestiensäule. Das gotische Gewölbe im Hauptschiff wurde im 15. Jahrhundert eingezogen. Auch das Chorgestühl (1488) wurde in der Gotik eingefügt. 1625 kam der von Philipp Dirr geschaffene Hochaltar hinzu, ebenso ein von Peter Paul Rubens gemaltes Altarbild mit dem »apokalyptischen Weib«, dessen Original sich in der Münchner Pinakothek befindet. Die Stuckaturen und Fresken, die dem Innenraum seinen spätbarocken Glanz geben, sind ein Werk der Brüder Asam.

*** Dombibliothek
Prachtvoll gestaltet ist die Dombibliothek, die zu den größten kirchlichen Bibliotheken Deutschlands zählt. Der in der ersten Hälfte des 18. Jahrhunderts geschaffene Saal verfügt über einen Bestand von über 270 000 Bänden, darunter auch etwa 3500 Handschriften.

** Ehemalige fürstbischöfliche Residenz
Die einstige Bischofsresidenz (14.–18. Jh.), heute Kardinal-Döpfner-Haus genannt, befindet sich ebenfalls auf dem Domberg und dient heute als Bildungszentrum der Erzdiözese. Architektonisches Schmuckstück ist der renaissancezeitliche Arkadenhof aus dem frühen 16. Jahrhundert.

Die Mariensäule ist der Mittelpunkt des Marienplatzes.

In der Dombibliothek von Freising lagern Buchdruckschätze.

** Andreasbrunnen
Auf der Westseite des Dombergs befindet sich diese Brunnenanlage (Ende 17. Jahrhundert), deren Marmorbecken einen oktogonalen Grundriss aufweist. In der Brunnenmitte steht eine etwa zwei Meter hohe ionische Marmorsäule, auf der eine Steinfigur thront, die den Apostel Andreas darstellt. Den Säulenfuß schmücken fünf Löwenköpfe.

** Mariensäule
Mitten auf dem rechteckigen Marienplatz in der Freisinger Altstadt steht auf einem vierkantigen Marmorsockel eine aus rotem Marmor gefertigte Säule, der eine Marienfigur aufsitzt. Gestiftet wurde sie vom Fürstbischof Albrecht Sigismund im Jahr 1674. An den vier Sockelecken erkennt man die Figuren der Heiligen Korbinian, Sigismund, Franz von Assisi und Franz Xaver.

* Rathaus
An der Westseite des Marienplatzes steht das im Stil an Bauten der Renaissance orientierte Rathaus, das 1905 errichtet wurde. Der Eckbau, die Längsseite grenzt an die Hauptstraße, beeindruckt mit einem bemalten Giebel und einem reich verzierten Erker.

** St. Georg
Die in der Nähe des Marienplatzes gelegene Stadtpfarrkirche wurde Mitte des 15. Jahrhunderts in spätgotischem Stil erbaut. Der Westturm, von dem man einen wunderbaren Blick über die Stadt genießt, kam dagegen erst im 17. Jahrhundert hinzu und ist mit 84 Metern der höchste Barockturm nördlich der Alpen.

** Fürstbischöfliches Lyceum
Von 1695 bis zur Säkularisation des Hochstifts Freising im Jahr 1803 fungierte der barocke Flügelbau am Marienplatz als kirchliche Hochschule und als Gymnasium. Der im Westflügel gelegene Asamsaal, in dem Fresken und Stuckaturen von Hans Georg Asam (1649–1711) zu bewundern sind, dient heute als Asamtheater für Konzerte, Veranstaltungen und Festakte der Stadt Freising. Außerdem ist in dem historischen Gebäude das Freisinger Stadtmuseum untergebracht.

*** Zierer-Haus
Das dreistöckige Haus beeindruckt mit einer von feinen Stuckaturen verzierten Rokokofassade, die sieben Fensterachsen gliedern. Das sorgfältig restaurierte Gebäude wurde um das Jahr 1730 als Bürgerpalais erbaut und zählt zu den schönsten Rokokobauten der Region. Heute ist in seinen Räumen das Standesamt der Stadt untergebracht.

** Bürgerturm
Der ehemalige Wachtturm entstand Mitte des 14. Jahrhunderts und bildet heute den einzig erhaltenen Rest der alten Stadtbefestigung. In späterer Zeit wurde der Turm anderweitig genutzt: ab dem 16. Jahrhundert als Wohnturm, dann als Gefängnis und Armenhaus, heute beherbergt er das lokalhistorische Grubenmuseum.

Rechts: Das Gemälde im Hochaltar des Freisinger Doms stammt von Rubens, die Decken von den Brüdern Asam.

Flughafen »Franz Josef Strauß«

Vor den Toren Freisings liegt der Großflughafen »Franz Josef Strauß«, einer der modernsten Flughäfen Europas. 2012 haben 38,4 Millionen Fluggäste den Münchner Flughafen als Start- oder Landeplatz ihrer Flugreise genutzt, und die Zahl der Fluggäste steigt kontinuierlich weiter an. Wer die gewaltige Anlage nur besichtigen will, kann sich einer 50 Minuten dauernden Flughafenrundfahrt (Mo–Fr 14.30, Sa, So und Feiertage 11.30 und 16 Uhr) anschließen oder den Besucherpark nutzen. Auf dem Gelände stehen drei Flugzeugoldtimer. Die Ju 52 und die Super Constellation können sogar innen besichtigt werden. Und für 1 Euro am Drehkreuz kann der Besucherhügel bestiegen werden, der rund um die Uhr hautnahe Erlebnisse garantiert.

Oberbayern

* Altomünster
Die Kirche des Birgittinnenklosters in Altomünster ist der einzige deutsche Konventssitz dieses Ordens der schwedischen Heiligen, die von 1303 bis 1373 lebte. Das Gotteshaus überragt den Ort und ist nur durch einen Treppenaufgang zugänglich. Es wurde stufenförmig aufgebaut: Oben befindet sich der Chor, darunter das Schiff und nochmals ein Stück weiter unten die Vorhalle. Die Kuppelfresken im Innenraum zeigen dem Eintretenden die Übergabe des Klosters durch Georg den Reichen an die Birgittinnen. Besonders bemerkenswert sind im Hauptraum die beiden Altäre von Johann Baptist Straub, die an Altäre der Gebrüder Asam erinnern. Johann Michael Fischer zeichnet für diesen altbayerischen Spätbarockbau verantwortlich.

** Dachau
Dachaus erste urkundliche Erwähnung datiert auf den 15. August 805: Damals schenkte die Edle Erchana aus dem alten Grafengeschlecht der Aribonen ihren gesamten Grundbesitz in »Dahauua« dem Bistum Freising. Im 16. Jahrhundert wurde das Dachauer Schloss errichtet, einst Sommerresidenz der Wittelsbacher mit imposantem Renaissancesaal. Bekannt ist

KZ-Gedenkstätte

Der Name Dachau ist untrennbar verbunden mit dem ehemaligen Konzentrationslager am Rand der oberbayrischen Kleinstadt. Bereits im Frühjahr 1933 ließ Himmler auf dem Areal einer ehemaligen Munitionsfabrik das erste Konzentrationslager im Deutschen Reich errichten – ein Ort der Folter, der »Vernichtung durch Arbeit« und der Massenerschießungen. Bis 1945 wurden hier und in den Außenlagern über 200 000 Menschen interniert, davon mindestens 43 000 ermordet. Die Gedenkstätte umfasst ein immer noch bedrückend wirkendes Areal mit Jourhaus (Ein- und Ausgang), Wirtschaftsgebäude, Häftlingsbad, Bunker, Krematorium »Baracke X« und Appellplatz. Eine Ausstellung, ein »Weg des Erinnerns« und ein »Internationales Mahnmal« vergegenwärtigen die unvorstellbaren Gräuel.

auch das Dachauer Moos, dessen spezifische Lichtstimmungen Maler wie Carl Spitzweg, Wilhelm Leibl oder Max Liebermann zu Werken inspirierten, die man heute in der Gemäldegalerie der Stadt bewundern kann. Die Amperauen bieten schöne Wandermöglichkeiten und sind ein wahres Vogelparadies. An die Gräueltaten der Nazizeit gemahnen die KZ-Gedenkstätte Dachau auf dem Gelände des – 1933 in der ehemaligen »Königlichen Pulver- und Munitionsfabrik Dachau« unweit der Stadt errichteten – Konzentrationslagers sowie der im Frühjahr 2007 eingeweihte »Weg des Erinnerns«.

** Klosterkirche Fürstenfeld

In Eifersucht hatte Herzog Ludwig der Strenge seine unschuldige junge Frau hinrichten lassen. Zur Sühne gründete er 1263 im heutigen Fürstenfeldbruck das Zisterzienserkloster Fürstenfeld und die Klosterkirche (1701–1754) mit schöner Fassade, reichem Stuck und wirkungsvollem Hochaltar.

Links oben: Das Dachauer Schloss mit dem schönen Garten liegt herrlich zentral, nur ein paar Gehminuten von der Altstadt entfernt. **Rechts oben:** Kloster Fürstenfeld.

Oberbayern
Landsberg am Lech

** Landsberg am Lech
Viele steuern über die Autobahn nach Landsberg die Burg Kaltenberg an, gelockt von den Ritterspielen, die Prinz Luitpold, ein Urenkel des letzten bayerischen Königs, jeden Sommer auf seinem Besitz veranstaltet. Dabei hat die rund 14 Kilometer davor gelegene Kreisstadt auch einiges aus der Ritterzeit zu bieten – zum Beispiel die vielen Türme und die alte Stadtmauer. Das Bayertor von 1425 gilt als eine der schönsten mittelalterlichen Toranlagen Süddeutschlands. Die Innenstadt prägte ein großer Sohn Landsbergs: der Wessobrunner Künstler Dominikus Zimmermann (1685–1766). Der Mitgestalter der berühmten Wieskirche war hier Bürgermeister und schuf neben der Stuckfassade des Rathauses die Architektur der Johanniskirche. Ihre wirtschaftliche Bedeutung verdankte die Stadt vor allem der Salzstraße von Reichenhall nach Oberschwaben, die hier den Lech überquerte.

** Altes Rathaus
Im Westen des Hauptplatzes wurde 1699 bis 1702 das Rathaus errichtet. Für die prächtige Stuckfassade (1719) zeichnete Dominikus Zimmermann verantwortlich. Bis heute tagt der Stadtrat in dem repräsentativen Gebäude.

** Schmalzturm
Am höchsten Punkt des Hauptplatzes erhebt sich der im 13. Jahrhundert als Teil der Stadtbefestigung erbaute und im 15. Jahrhundert als Stadttor gestaltete Schmalzturm. Der Name rührt daher, dass einst die Marktfrauen an sonnigen Tagen ihre Schmalztöpfe zur Kühlung in den Schatten des Turms stellten. Er heißt auch »Schöner Turm«, denn das Dach und der spitze Sturmglockenaufsatz sind mit bunten Ziegeln in den Stadtfarben Weiß, Rot und Grün gedeckt. Über dem Tordurchgang erinnert eine Kanonenkugel an die französische Besatzungszeit Ende des 18. Jahrhunderts.

Auf dem Hauptplatz wurde die Mariensäule errichtet.

** Bayertor
Die von Zinnen bewehrte und von Anbauten flankierte spätgotische Toranlage entstand 1425 im Osten der Stadt und ist das Wahrzeichen Landsbergs. An der östlichen Seite des 36 Meter hohen Viereckturms erkennt man über der Tordurchfahrt in Spitzbogenrahmen eine Kreuzigungsgruppe und vier Wappenschilde. Von der Aussichtsplattform auf dem flachen Turmdach hat man einen schönen Blick auf die Landsberger Altstadt.

** Stadtpfarrkirche Mariä Himmelfahrt
Im 15. Jahrhundert entstand diese dreischiffige, gotische Pfeilerbasilika, die um 1708 barockisiert wurde. Die Fenster in der Apsis zeigen bedeutende Glasmalereien aus dem 15./16. Jahrhundert, eines der Passionsfenster wird Hans Holbein d. Ä. zugeschrieben. Weitere Höhepunkt im Kircheninneren sind eine um 1440 geschnitzte Holzmadonna, der Rosenkranzaltar (1721) an der nördlichen Chorwand von Do-

Kaltenberger Ritterturnier

Schloss Kaltenberg stammt aus dem späten 13. Jahrhundert und das Ritterturnier hat tatsächlich ein leibhaftiger Prinz ins Leben gerufen: Es war Luitpold Prinz von Bayern im Jahr 1979. Bei den Rittern handelt es sich allerdings vornehmlich um französische Stuntmen. An drei Wochenenden im Sommer beleben sie die Kultur des Rittertums wieder, authentisch gerahmt von einem Mittelaltermarkt für die ganze Familie. Handwerker von längst ausgestorbenen Zünften lassen bei ihrer Arbeit zusehen, Gaukler zeigen ihr magisches Können. Höhepunkte an den Abenden sind natürlich die Ritterturniere, bei denen sich die Waghalsigen in einer extra hierfür errichteten Arena in Schwertkämpfen und im Lanzenreiten messen.

Innenraum der Heilig-Kreuz-Kirche mit Fresken von Scheffler.

minikus Zimmermann und der figurenreiche Hochaltar, den der Barockbildhauer Lorenz Luidl ebenso schuf wie die Kreuzwegkrippe und den Palmesel.

** Johanniskirche Dieses kleine Juwel des Rokoko, mit vollem Namen Filialkirche St. Johannes am Vorderanger, wurde um die Mitte des 18. Jahrhunderts als Friedhofskirche errichtet. Dominikus Zimmermann hatte den Sakralbau entworfen und zeichnete auch für einen Teil der Ausstattung verantwortlich. Die Deckenfresken im Schiff und Chor malte Carl Joseph Thalhaimer (Thalheimer).

* Heilig-Kreuz-Kirche Auf einer Anhöhe ragt die von Jesuiten in Auftrag gegebene und 1754 geweihte Barockkirche mit zwei Haubentürmen über der Altstadt empor. Der tonnenüberwölbte Innenraum ist beeindruckend reich mit Fresken und Stuck im Stil des Rokoko verziert.

* Arkadenhof Neben der Heilig-Kreuz-Kirche liegt dieser schöne Arkadenhof des einstigen Jesuitenkollegs, das der Augsburger Maurer- und Baumeister Johann Holl, Vater des berühmt gewordenen Elias Holl, im 16./17. Jahrhundert schuf. Heute wird das Gebäude als städtisches Seniorenheim und von Schulen genutzt.

* Landsberger Jungfernsprung Am südlichen Teil der Stadtbefestigung befindet sich dieser Halbturm aus dem frühen 14. Jahrhundert. Der Name geht darauf zurück, dass im Jahr 1633 während des Dreißigjährigen Kriegs schwedische Soldaten auf die Stadt vorrückten. Mehrere Landsberger stürzten sich daraufhin aus Angst vor den Feinden von diesem Turm aus in den Tod. Heute wird das im 19. Jahrhundert aufgestockte Bauwerk als Aussichtsturm genutzt.

* Klosterkirche der Ursulinen Zusammen mit dem gleichnamigen Kloster wurde die Kirche ab 1740 nach Plänen von Johann Baptist Gunetzrhainer erbaut. Im Innenraum dominieren herrliche Deckenmalereien, das Gemälde am Hochaltar schuf der Barockmaler Johann Georg Bergmüller.

* Mutterturm Der britische Künstler Hubert von Herkomer (1849–1914) mochte Landsberg. 1884 bis 1888 ließ er hier zu Ehren seiner Mutter am Lech einen 30 Meter hohen Turm im Stil eines normannischen Bergfrieds errichten. Der unten quadratische, oben runde Bau aus Tuffquadern und mit goldfarbenem Runddach beherbergt heute das Herkomer-Museum (Gemälde und Skulpturen).

Oben: Am Lechwehr mit der Altstadt im Hintergrund: Wasser ist das prägende Element von Landsberg.

Oberbayern

Pfaffenwinkel

Nirgendwo haben die Bayern ihrem Glauben so Ausdruck verliehen wie in der Gegend um Weilheim und Schongau. Der hohen Dichte an Klöstern und Kirchen wegen nennt man dieses Gebiet den »Pfaffenwinkel«. Jedes der Klöster hat einen guten Namen in der Kunst- und Geistesgeschichte: Andechs, Benediktbeuern, Bernried, Dießen, Ettal, Polling, Rottenbuch, Steingaden,

Der Blick auf den Hochaltar eröffnet die ganze Pracht der Klosterkirche von Dießen.

*** Ammersee

Mit einer Fläche von 47 Quadratkilometern ist der Ammersee nach dem Chiemsee und dem Starnberger See der drittgrößte bayerische See. In Abgrenzung zum Starnberger See als »Fürstensee« wurde der Ammersee früher auch »Bauernsee« genannt. Tatsächlich ist es hier, wo einst auch Bert Brecht und Carl Orff wohnten, nicht nur genauso schön wie in der Starnberger Gegend – auch die Immobilienpreise für Grundstücke am See haben längst »fürstliche« Regionen erreicht. Größter Ort unter den vielen Ufergemeinden ist das durch die S-Bahn mit München verbundene Herrsching. Unbedingt sehen sollte man Dießen, wo im 11. Jahrhundert die Vorfahren der mächtigen Grafen von Andechs residierten. Das Geschlecht gründete ein Augustiner-Chorherrenstift, das ein weiteres Highlight der Rokokobaukunst neben Schäftlarn in der Gegend hinterließ.

** Dießen am Ammersee

Als Meisterwerk des Barockbaumeisters Johann Michael Fischer gilt die in den Jahren 1732 bis 1739 errichtete Klosterkirche Mariä Himmelfahrt. Wie Musik klingen in den Ohren von Kunstliebhabern die Namen der an dem Bau beteiligten Künstler: François Cuvilliés schuf den Hochaltar, die Figuren der vier Kirchenväter stammen von Joachim Dietrich, das Altarbild von Balthasar August Albrecht. Ein Gemälde auf dem Sebastiansaltar stammt von Giovanni Battista Tiepolo, die schönen Stuckarbeiten schufen Franz Xaver und Johann Michael Feichtmayr. Johann Georg Bergmüller malte die Deckenbilder: Die Darstellung in der Chorkuppel zeigt 28 Heilige aus dem Geschlecht Dießen-Andechs, das Langhausfresko die Klostergründung aus dem Jahr 1132. Seit der Säkularisation dient die einstige Stiftskirche als katholische Pfarrkirche, im Jahr 1989 wurde sie zum »Marienmünster« erhoben.

Rechts: Im beschaulichen Breitbrunn, einem Ortsteil von Herrsching, ist das Ufer des Ammersees dicht mit Schilf und Röhricht bestanden. Holzstege bieten einen Zugang zum See, der zum Baden und Segeln einlädt.

Wessobrunn. Die Stifte der Benediktiner, Augustinerchorherren und Prämonstratenser waren nicht nur religiöse Stätten, sondern zugleich überregionale Schwerpunkte für Kunst und Wissenschaft. Sie wirkten als Bildungsträger, Arbeitgeber und sozialer Rückhalt der Bevölkerung. Weiter im Süden schließt sich das Werdenfelser Land an, wo das Alpenmassiv die Landschaft prägt – auch eine Art, dem Himmel nahe zu sein.

Kloster Andechs

»Hoch von gnadenreicher Stelle winkt die Schenke und Kapelle« – so beschrieb Wilhelm Busch seine Eindrücke von Kloster Andechs, dessen Zwiebelturm sich hoch über der Ostseite des Ammersees erhebt.

Das Benediktinerkloster mit Kirche, Brauerei und Klosterschenke gehört zu den ältesten Wallfahrtsorten Bayerns und zieht jährlich Tausende von Pilgern und Besuchern an. Die Geschichte der Anlage reicht bis ins 10. Jahrhundert zurück, als »Burg Andehse«, Familiensitz der Grafen von Andechs, durch den legendären Graf Rasso in Besitz von Reliquien aus dem Heiligen Land kam. Erste Wallfahrten sind bereits für das Jahr 1128 belegt, 1392 entstand unter Herzog Ludwig dem Strengen das Kloster auf dem Heiligen Berg. Die ab 1423 errichtete, ursprünglich gotische Hallenkirche wurde durch die Fresken von Johann

Baptist Zimmermann in einen Rokokoraum verwandelt. Neben dem Kloster selbst ist es heute vor allem die Schänke, die viele Besucher und Wanderer anzieht. Eine der schönsten Touren führt von Starnberg durch die Maisinger Schlucht zum Kloster und von dort hinab zum Ammersee nach Herrsching. Für 21 Kilometer ist man fünf Stunden unterwegs, die Ausblicke in die Alpen entschädigen für die Mühen.

Oberbayern

In herrlicher Lage und mit außergewöhnlicher Architektur: Museum der Phantasie in Bernried.

*** Starnberger See

Lange Zeit hieß der Starnberger See »Würmsee« oder auch im Volksmund »Fürstensee«. Bereits 1466 baute sich Herzog Albrecht III. am See die Starnberger Burg als Sommerresidenz. Einer seiner Nachfolger, Kurfürst Ferdinand Maria (1651–1679), unterhielt im See eine Flotte von Vergnügungsschiffen – darunter den »Bucentaur«, die Nachbildung eines venezianischen Dogenschiffes. Später profitierten auch die am See gelegenen ehemaligen Fischerdörfer vom Hype der Gegend. Seeshaupt zum Beispiel zieht schon Sommerfrischler an, seit im Jahr 1850 der erste Raddampfer dort anlegte. In Berg wohnten bayerische Könige. In Bernried erinnert das »Museum der Phantasie« an den Feldafinger Künstler Lothar-Günther Buchheim, während es die Wassersportbegeisterten jeden Sommer nach Tutzing oder auf die Paradieswiesen bei Possenhofen zieht.

* Starnberg

Die Kreisstadt am Nordufer des nach ihr benannten Sees ist begehrter Nobelwohnort und mit seinen Strandpromenaden auch Naherholungsgebiet für viele Münchner. Starnbergs Rokokokirche St. Joseph mit meisterhaftem Hochaltar sowie Stuck und Fresken zählt zu den schönsten der Region. Die letzten Tage vor seinem Tod am 13. Juni 1886 verbrachte König Ludwig II. im nahen Schloss Berg, ehe der Monarch sowie sein Leibarzt Dr. Gudden tot am Seeufer aufgefunden wurden.

* Seeshaupt

Der Erholungsort am Südende des Starnberger Sees profitiert von seiner Nähe zu den unter Naturschutz stehenden Osterseen. Die Seenplatte entstand vor etwa 10 000 Jahren aus einem Eisblock und ist Refugium einer einzigartigen Flora und Fauna.

* Tutzing

Der einstige Fischerort ist heute ein beliebter Erholungs- und Luftkurort mit einem Strandbad, Bootshäfen und einigen schönen Wanderwegen. Das Schloss beherbergt die Evangelische Akademie sowie die Akademie für Politische Bildung.

Fünfseenland

Unweit von München liegt das Fünfseenland. Im Allgemeinen versteht man darunter die Region zwischen den beiden großen Seen, dem Ammer- und Starnberger See, in der die drei kleineren Seen, der Wörth-, Pilsen- und der Weßlinger See, eingebettet liegen. Die sanften Hügel des Alpenvorlands bildeten sich hier durch Erosion und Ablagerung der Gletscher der letzten Eiszeit. Die so entstandene Moränenlandschaft ist heute eine intensiv landwirtschaftlich genutzte Flurfläche, die von Wäldern unterbrochen wird. In dieser Kulturlandschaft wachsen einige seltene alpine Pflanzenarten, unter anderem der Enzian und die dunkle Akelei. In den Mooren findet man sogar fleischfressende Fettkraut- und Sonnentauarten. An den Seen kann man das Werk der Biber bestaunen.

Ein Fleckchen Oberbayern wie im Bilderbuch: In schönem Licht zeigt sich der Starnberger See.

* Feldafing

Hier verbrachte bereits Kaiserin Elisabeth von Österreich im nach ihr benannten Hotel 24 Sommer. Auf der »Roseninsel« ließ König Maximilian II. eine Villa im pompejanischen Stil erbauen, und König Ludwig II. traf hier seine acht Jahre ältere Kusine »Sisi«.

** Bernried

Ein Dorf am Starnberger See als Mekka der Kunstfreunde – dafür sorgt das Museum der Phantasie« mit seiner erstklassigen Expressionistensammlung. Bereits etwas älter sind die Martinskirche, in der man auf den spätgotischen Flügelaltar der heiligen Sippe achten sollte, und die Hofmarkskirche, ein Meisterwerk des Rokoko, das eleganten Stuck und volkstümliche Plastik vereint, mit einem überwältigenden Altar in der Gruftkapelle unter der Kanzel.

*** Buchheim Museum der Phantasie

Allein der an ein Schiff erinnernde Museumsbau von Günter Behnisch am Ufer des Starnberger Sees lohnt eine Besichtigung. Das Haus zeigt neben Volkskunst aus aller Welt die Expressionistensammlung des Malers und Schriftstellers Lothar-Günther Buchheim mit Werken von Emil Nolde, Max Pechstein, Ernst Ludwig Kirchner und anderen Stars der Kunstgeschichte.

* Pilsensee

Nordöstlich von Herrsching liegt der Pilsensee, der anfänglich noch mit dem Ammersee verbunden war. Erst Geröllablagerungen des Kienbachs trennten die beiden Seen. Mit einer Fläche von knapp 2 Quadratkilometern ist der Pilsensee deutlich kleiner als seine Brüder im Osten und Westen. Am nördlichen Ufer hat der hier einst heimische Biber heute sein Revier wieder zurückerobert. Am Südufer liegt das Naturschutzgebiet »Herrschinger Moos«, das eine Vielfalt von geschützten Tieren und Pflanzen beherbergt.

Oben: Der Blick geht auf den Starnberger See und Tutzing. Der »König-Ludwig-Weg« startet in Berg am Starnberger See und führt über Possenhofen und die Klöster Andechs und Dießen zu den Königsschlössern bei Füssen. Auf 120 Kilometern kann man auf den Spuren des Regenten wandern.

Oberbayern

Aufgspuit wead!
Blasmusik gehört zu Bayern wie der Sahneklecks auf die Torte. Sie hat sogar einen eigenen Verband, der diese Musik als Kulturgut bewahren will. Eine Leidenschaft Einzelner? Keinesfalls! 2500 Vereine gibt es unter dem Verbandsdach, darunter Spielmanns- und Trommlerzüge, Jagdhorn- und Alphorntruppen. Und auch der Verdacht, es würde sich hierbei ausschließlich

* Kloster Schäftlarn
Das 1702 bis 1707 erbaute Barockkloster ist heute ein Internat und steht durch seine Schlichtheit in einem markanten Kontrast zu der mit Fresken und Stuck reich verzierten Rokokokirche.

* Kloster Dietramszell
Das einstige Augustiner-Chorherrenstift wurde in der ersten Hälfte des 18. Jahrhunderts in barockem Stil umgebaut. An der meisterlichen Ausgestaltung der Klosterkirche Mariä Himmelfahrt wirkte u. a. Johann Baptist Zimmermann mit.

** Wörthsee
Der Wörthsee ist der größte der drei kleinen Seen im Fünfseenland. Mit einer Fläche von vier auf zwei Kilometern kann man ihn in drei Stunden gut umwandern. Als Moorsee wird er im Sommer bis zu 25 °C warm und ist deshalb ein sehr beliebter Badesee, aber auch Surfer und Segler sind hier anzutreffen, da das Gewässer sehr ruhig ist und ideale Windbedingungen bietet. Selbst im Winter wird er zum Segeln genutzt. Eissegeln auf dem Wörthsee wird immer beliebter. Die Schlitten erreichen dabei unter idealen Bedingungen Geschwindigkeiten von bis zu 100 Stundenkilometer.

*** Osterseen
Eines der beschaulichsten Relikte der letzten Eiszeit im Fünfseenland sind die Osterseen: ein gut 1000 Hektar großes Naturschutzgebiet zwischen Iffeldorf und dem Starnberger See. Die bis zu zwei Kilometer langen, unterschiedlich großen Seen entstanden durch schmelzende Eisblöcke, die Bodenvertiefungen hinterließen, die sich mit Schotter und später mit Grundwasser füllten. Lange Zeit war das Gebiet nur dünn besiedelt, bis es in den 1970er-Jahren zum beliebten Ziel von Sommerfrischlern wurde. Als das Areal ökologisch zusammenzubrechen drohte, wurde das Baden weitgehend verboten. Aber auch eine Wanderung durch die Osterseenlandschaft – die man am besten von Iffeldorf aus unternimmt – ist ein Erlebnis. Auf den Wegen entlang der Seeufer begegnet man seltenen Vögeln und Insekten wie der Sibirischen Winterlibelle oder dem Drosselrohrsänger.

* Iffeldorf
Ein Kirchlein in reinstem altbayerischem Rokoko, anmutig gelegen mit Blick auf die Osterseen, ist St. Vitus in Iffeldorf. In der Nähe befindet sich die Wallfahrtskirche Heuwinkl mit schönem Stuck.

*** Würmtal
Nördlich des Starnberger Sees, der bis 1962 den Namen Würmsee trug, schließt sich das anmutige Würmtal an. Die Würm ist der einzige Abfluss des Sees und gab nicht nur der Landschaft, sondern auch der letzten Kaltzeit ihren Namen: die Würm-Eiszeit, die vor ca. 15 000 Jahren diese einzigartige Landschaft formte. Der Fluss fließt vom See im Mühltal unverbaut in großen Schleifen weiter Richtung Dachau, wo er in die Amper mündet. Besonders interessant ist das Leutstettener Moos, das auf einem zwölf Kilometer langen Lehrpfad erkundet werden kann. Das Moor ist auch Brutgebiet für viele Wasservögel, die hier einen Rückzugsort gefunden haben. Im Südosten des Moors steht ein Erlenbruchwald, der zahlreichen Amphibien ein Zuhause ist. Bei einer Wanderung durch das Gebiet des Moores empfiehlt sich dringend das Tragen von Gummistiefeln.

Rechts oben: Das Naherholungsgebiet der Osterseen bietet herrliche Wanderwege.

Weißgoldene Eleganz in der Klosterkirche von Schäftlarn.

um Altherren-Clubs mit Nachwuchssorgen handeln, ist völlig unbegründet. Von rund 120 000 bayerischen Blasmusikern ist ungefähr die Hälfte unter 25 Jahre alt. Langweilig muss es nicht werden, wenn aufgspuit wead. Das beweist auch der Erfolg von Bands wie »LaBrass-Banda« oder »Kofelgschroa«, die mit einer Mischung aus Volksmusik, Ska und Folk für Furore sorgen – längst über die Landesgrenzen hinaus.

Prägendes Element im Fünfseenland ist das Wasser: ob hier im Mühltal oder …

… auf der Würm.

Loisachtal und Loisachwinkel

Die Loisach ist ein 114 Kilometer langer Gebirgsfluss, der aus Tirol kommend durch Garmisch-Partenkirchen, den Kochelsee und Wolfratshausen der Isar zufließt. Ihr Name stammt aus dem Keltischen und bedeutet »die Liebliche«. Bis auf wenige Ausnahmen macht der Fluss seinem Namen alle Ehre. Beschaulich fließt er durch die Gemeinden an seinen Ufern und mündet, nachdem er eine Kehrtwende nach Süden macht, in den Kochelsee. Nur gute zwei Kilometer Luftlinie entfernt fließt die Loisach auf derselben Seeseite wieder hinaus und speist das Loisach-Kochelsee-Moor, das Heimstatt von vielen seltenen Pflanzen ist. An den Hängen der mächtigen Benediktenwand, die sich hinter Benediktbeuern über dem Loisachtal erhebt, lebt eine Kolonie von über 100 Steinböcken. Bei einer Besteigung des Gipfels kann man die Tiere vor allem

am frühen Morgen beobachten. Hinter Benediktbeuern verlässt die Loisach die bayerischen Voralpen und fließt wenige Kilometer später in der Pupplinger Au bei Wolfratshausen in die Isar. Nach und nach wird die Loisach im Tal von Oberau bis Garmisch-Partenkirchen renaturiert, um einen besseren Hochwasserschutz zu erzielen und Erholungsflächen für Menschen und Rückzugsgebiete für Tiere zu schaffen.

Oberbayern

Wessobrunner Schule

Das ehemalige Benediktinerkloster Wessobrunn, gegründet um 753, liegt im oberbayerischen Pfaffenwinkel. Es gilt als die Wiege der Wessobrunner Schule. Dahinter verbirgt sich eine Schule von Stuckateuren und Baumeistern, die in der zweiten Hälfte des 17. Jahrhunderts und im beginnenden 18. Jahrhundert über die Grenzen Bayerns hinaus tätig waren. Sie

Das Herz Weilheims ist der Marienplatz mit dem Brunnen und der Kirche Mariä Himmelfahrt.

* Polling

Die ehemalige Stiftskirche ist eine glückliche Synthese aus gotischer Architektur und frühbarockem Wessobrunner Stuck. Herausragend der bühnenartige Hochaltar des Rokoko-Bildhauers Johann Baptist Straub. Das Pollinger Kreuz (um 1180) ist ein mit Tierhaut überzogenes Kruzifix mit Darstellung des Gekreuzigten.

* Weilheim

Am Nordostrand des Pfaffenwinkels gelegen, profitierte die heutige Kreisstadt bereits im 17. und 18. Jahrhundert von ihren gut situierten Bewohnern. Im Stadt- und Pfaffenwinkelmuseum werden neben Exponaten zur Stadtgeschichte auch Skulpturen Weilheimer Bildhauer gezeigt. Als Wahrzeichen Weilheims gilt der 45 Meter hohe Turm der frühbarocken Pfarrkirche St. Mariä Himmelfahrt. Innen ist sie ausgestattet mit Fresken von Elias Greither d. Ä., Stuck der Wessobrunner Schule und Altären von Franz Xaver Schmädl.

* Wessobrunn

Die barocke Pracht des Pfaffenwinkels ist ohne den »Wessobrunner Stuck« nicht zu denken. Zimmermann, Feichtmayr und Schmuzer hießen die Wessobrunner Künstlerfamilien, die im 17./18. Jahrhundert in Süddeutschland wirkten. Natürlich auch im Kloster Wessobrunn, einst bedeutendes kulturelles Zentrum und Fundort des »Wessobrunner Gebets« (um das Jahr 800), einem der ältesten Schriftzeugnisse in deutscher Sprache.

* Schongau

An der alten Handelsstraße Via Claudia Augusta gelegen, erlebte das Pfaffenwinkel-Städtchen im 17. und 18. Jahrhundert seine wirtschaftliche Blütezeit. Aus dieser Ära stammt der barocke Neubau der Pfarrkirche Mariä Himmelfahrt, an dessen Bau Dominikus Zimmermann und Franz Xaver Schmuzer sowie der Stuckateur Matthäus Günther maßgeblich beteiligt waren.

* Steingaden

Als »Bilderbuch der Kunstgeschichte« gilt die ehemalige Klosterkirche, und wirklich finden sich hier von Romanik über Gotik und Renaissance bis zu Frühbarock und Rokoko alle Stile in Harmonie vereint. Steingaden (gegründet 1147) zählt zu den ältesten Prämonstratenserklöstern Altbayerns und ist eine Keimzelle des Pfaffenwinkels; von hier aus erfolgte auch die Gründung der Wieskirche.

*** Wieskirche

Zu den Meisterwerken der bayerischen Rokokoarchitektur gehört die Wallfahrtskirche »Zum gegeißelten Heiland auf der Wies« im oberbayerischen Alpenvorland. Das Gotteshaus ist einem wundersamen Vorfall geweiht: Mönche des unweit gelegenen Klosters Steingaden fertigten für die Karfreitagsprozession 1730 ein Christusbild, das auf einem Bauernhof nahe eines Weilers aufgestellt wurde. Im Jahr 1738 soll dieses Bildnis auf einmal begonnen haben, Tränen zu vergießen. Da die Verehrung des »Tränenwunders« ständig zunahm, beauftragte der Abt den Baumeister Dominikus Zimmermann, »auf der Wies« eine Wallfahrtskirche zu errichten. Dieser zog viele Künstler seiner Zeit hinzu – darunter seinen Bruder Johann Baptist, der die Gestaltung des Innenraums übernahm. Aus der Zusammenarbeit entstand schließlich die wohl schönste Rokokokirche Deutschlands.

Rechts: Die Wieskirche ist im Jahr 1983 von der UNESCO zum Welterbe ernannt worden und gilt als Höhepunkt der berühmten »Wessobrunner Schule«. So bezeichnet man im 17. und 18. Jahrhundert in Altbayern und Schwaben tätige Stuckateure und Baumeister, die wie die Brüder Zimmermann aus dem Ort Wessobrunn stammten. Im Inneren strahlen das üppige Dekor und eine gelungene Architektur.

wollten der Konkurrenz aus Italien, Frankreich und Österreich um mindestens eine Nasenlänge voraus sein, was ihnen gelang. Ein Vertreter der Wessobrunner Schule des Rokoko war Johann Georg Übelher. Seine Stuckarbeiten sind im Hauptsaal der Ettaler Klosterkirche zu bewundern. Dominikus Zimmermann, der ebenfalls aus Wessobrunn stammt, war ein Genie seiner Zeit, Stuckateur, Architekt und Baumeister.

Wieskirche

Ein Meisterwerk des Rokoko und das Juwel des Pfaffenwinkels ist die Wieskirche.

In zarten Farben malte Johann Baptist Zimmermann das Deckenfresko.

Oberbayern

Für das Barock typisch geschwungene Fassade: Kloster Ettal.

Malerisch liegt Linderhof am Fuße des Ammergebirges.

* Oberammergau
Weltberühmt ist das Gebirgsdorf durch die Holzschnitzerei und die Passionsspiele, die alle zehn Jahre stattfinden. Sehr pittoresk sind die »Lüftlmalereien« – besonders prächtig am Pilatushaus – an den Hausfassaden. Eine bedeutende Wintersportdisziplin in und um Oberammergau ist der Langlauf. Höhepunkt der Saison ist das erste Februar-Wochenende. Dann findet der König-Ludwig-Lauf, »Luggi-Lauf« genannt, statt, der zweitgrößte Volkslanglauf Europas.

*** Kloster Ettal
Vor alpiner Kulisse überhöht eine große Rundkuppel malerisch die prächtige barocke Klosterkirche von Ettal. Im Inneren zieht das grandiose Kuppelfresko von 1746 den Blick nach oben: Eine Szene zeigt dort den heiligen Benedikt, der Kaiser Ludwig dem Bayern ein Marienbildnis übergibt – eine bildnerische Vergegenwärtigung der aus politischen wie wirtschaftlichen Erwägungen erfolgten Gründung der bayerischen Benediktinerabtei im Jahr 1330. Seit dem 15. Jahrhundert wurde das von Ludwig gestiftete Gnadenbild einer italienischen Marienstatue Ziel von Wallfahrten zur »Ettaler Madonna«. Doch die eigentliche Blüte des Klosters, das auch einen Ritterkonvent beherbergen sollte, begann erst mit dem frühen 18. Jahr-

Passionsspiele

Seit 1634 halten sich die Oberammergauer an ihr Gelübde, das sie nach der überwundenen Pest von 1633 leisteten, und bringen ihr »Spiel vom Leiden, Sterben und Auferstehen unseres Herrn Jesus Christus« zur Aufführung. 1634 fand es zum ersten Mal statt – und zwar auf dem Friedhof. 1680 erfolgte der Übergang zum Zehnjahresrhythmus. Bis 1820 blieb der Spielort erhalten, erst 1830 wechselte man an den heutigen Ort. Das jetzige Passionsspielhaus mit der Freilichtbühne stammt aus dem Jahr 1930 und wurde in den Jahren 1997 bis 1999 grundlegend saniert. Da auch die Bühnentechnik modernisiert worden ist, kann man den Ort nun in den Jahren zwischen den Passionsspielen für andere Veranstaltungen nutzen, etwa für Opernaufführungen.

In der Blauen Grotte hörte der König die geliebte Wagnermusik.

Der Maurische Kiosk wurde für die Weltausstellung geschaffen.

hundert, unterbrochen von einem verheerenden Brand im Jahr 1744 und dem Wiederaufbau im Stil des Hochbarock nach Plänen Enrico Zuccallis und Joseph Schmuzers.

** Schloss Linderhof

Neben der Mittelalter- und Ritterromantik sowie der mystischen Welt des Orients fühlte sich Ludwig II. vor allem vom glanzvollen Hofstaat der Bourbonendynastie angezogen. In Linderhof – einem landwirtschaftlichen Anwesen bei Ettal, das er von gemeinsamen Jagdausflügen mit seinem Vater Maximilian II. kannte – wünschte er sich deshalb den Nachbau der Schloss- und Gartenanlage von Versailles. Seine Pläne erwiesen sich aber als viel zu groß für das enge Tal, in dem Linderhof liegt, und so konzentrierten sich die Bautätigkeiten ab 1869 auf das ehemalige Försterhäuschen seines Vaters, das sich damals am heutigen Schlossvorplatz befand. Das daraus in langer Bau- und Umbauzeit entstandene Schloss Linderhof ist der einzige größere Schlossbau, den Ludwig II. vollendet erlebt hat; hinzu kamen kleinere »Fluchtburgen« wie die Venusgrotte und der Maurische Kiosk.

Oben: Nach französischem Vorbild ließ Ludwig II. das Rokokoschlösschen Linderhof im Graswangtal errichten.

Oberbayern
Ammergauer Alpen

*** Ammergauer Alpen

In direkter Nachbarschaft zu den Allgäuer Alpen befinden sich die Ammergauer Alpen. Es ist die Region König Ludwigs II., die Gegend zwischen Schloss Neuschwanstein, der Zugspitze und Garmisch-Partenkirchen. Etwa ein Viertel der Fläche der Ammergauer Alpen ragt nach Tirol hinein, der Rest liegt auf bayerischem Boden. Das Ammergebirge, wie man es auch noch nennt, gehört zu den Nördlichen Kalkalpen, in seinem Zentrum liegt die Quelle der Ammer. Die Ammergauer Hochplatte ist mit 2082 Metern die höchste Erhebung der nördlichen Kette. Mit Ausnahme einer Zone um Oberammergau herum sind die Ammergauer Alpen Naturschutzgebiet und damit das

Werdenfelser Land

Im Süden des Pfaffenwinkels schließt sich das Werdenfelser Land an, das seinen Namen der 1180 bei Partenkirchen von Herzog Otto von Wittelsbach gegründeten Werdenfelser Burg verdankt. Hier, wo das Alpenmassiv die Landschaft prägt, ist der Himmel nahe – sofern man auf einen der imposanten Berge steigt. Der höchste davon misst beinahe 3000 Meter: die Zugspitze. Aber auch im Tal hat die Natur Vortreffliches geschaffen. Das Murnauer Moos ist mit einer Fläche von 32 Quadratkilometern das größte zusammenhängende Alpenrandmoor Mitteleuropas. Es entstand nach der letzten Eiszeit aus dem Loisachgletscher. In diesem Ökosystem findet man über 1000 Pflanzenarten, darunter viele gefährdete. Das Moor gilt auch als eines der größten Brutgebiete in Europa.

Das Ammergebirge ist größtenteils von Wald bedeckt, der forstwirtschaftlich genutzt wird.

Ab dem Felsdurchbruch bei Saulgrub fließt die Ammer durch eine Wildwasserschlucht.

größte Bayerns. Den Besucher erwarten hier vielleicht nicht ganz so bizarre und spektakuläre Formationen wie in anderen Teilen der Alpen, die Region ist darum aber nicht weniger attraktiv. Im Gegenteil: Ungewöhnliche Waldgebiete, bedeutende Hoch- und Niedermoore und das Vorkommen extrem seltener Pflanzen machen ihren Reiz aus. Alles ist auf gut erschlossenen Wander- und Radwegen sowie Loipen zu erreichen. Hinzu kommen zahlreiche kulturelle Schätze, Kirchen, Theater und Klöster sowie die Ortschaften Ober- und Unterammergau, Garmisch-Partenkirchen, Füssen und Bad Bayersoien.

** Ammertal Von Bad Bayersoien führt ein zehn Kilometer langer Pfad, als »Ammerrundweg II« ausgewiesen, in das Naturschutzgebiet Ammerleite. Es handelt sich um eine mal wilde, mal idyllische Schlucht, deren Hauptattraktion die Schleierfälle sind. Die Wasserfälle ergießen sich über üppig bemoostes Gestein. Manchmal führt der Weg über eine Brücke aus einem umgelegten Baumstamm, auch ist es ab und zu sumpfig, der Weg ist jedoch gut begehbar und nicht sonderlich schwierig.

*** Tegelberg Bei Schwangau, dem gleichnamigen See und dem Märchenschloss Hohenschwangau liegt das imposante Tegelbergmassiv. Dessen höchste Erhebung ist der 1881 Meter hohe Branderschrofen. Die Bergbahn bringt nicht nur Spaziergänger, Kletterer und Skifahrer nach oben, sondern auch wagemutige Drachen- und Gleitschirmpiloten. Wer sportlich auf die Seilbahn verzichten will, steigt über einen der beschilderten Wege zu Fuß nach oben. Das verlangt zwar Kondition, jedoch keine bergsteigerischen Erfahrungen. Oben kann man zwischen verschiedenen Wanderwegen wählen. Auch am Fuß des Massivs wird es nicht langweilig. Für die Kinder gibt es am Tegelberg eine Sommerrodelbahn mit großem Abenteuerspielplatz. Bei ihrem Bau und während der Errichtung der Talstation der Bergbahn hat man Überreste eines römischen Bades freigelegt, die man heute besichtigen kann.

Links: Wanderer gehen über einen Grat am Tegelberg, im Hintergrund sind die Tannheimer Berge zu erkennen.

Oberbayern

Ein Bummel durch die historische Ludwigstraße in Partenkirchen führt an Lüftlmalereien vorbei.

** Garmisch-Partenkirchen

Eingerahmt von der großartigen Bergkulisse des Ammer-, Wetterstein- und Estergebirges, zogen die beiden Orte Garmisch und Partenkirchen schon früh Urlauber an, sodass sie auch als Fremdenverkehrsorte nostalgisches Flair vorweisen können. Doch selbst bevor die Urlauber kamen, waren die Ortschaften im Loisachkessel keine armen Bauerndörfer. Partenkirchen hat seine Wurzeln in einer alten Römerstation an der Via Raetia, die von Verona über den Brenner und Seefeld nach Augsburg führte. Im Mittelalter waren alle Kaufleute, die nach Italien wollten, gezwungen, Zoll zu entrichten und ihre Waren von heimischen Fuhrleuten durch das Werdenfelser Land transportieren zu lassen. Mitte des 19. Jahrhunderts entdeckten dann die ersten Maler die Orte, und mit dem Anschluss an die Eisenbahn kam es um 1900 zu einem Fremdenverkehrsboom. Garmisch und Partenkirchen entwickelten sich zum mondänen Ferienziel, wo u. a. Cosima Wagner, Richard Strauss, Lion Feuchtwanger und Heinrich Mann logierten. Auch heute finden Touristen ein umfangreiches Kultur- und Nightlifeangebot vor.

** Alte Pfarrkirche St. Martin In der Martinskirche sind umfangreiche Reste gotischer Fresken zu bewundern. Die neue Martinskirche dagegen ist ein Musterbeispiel für den Wessobrunner Barock.

** Historische Ludwigstraße Die Häuser entlang der Partenkirchener Hauptstraße wurden im 19. Jahrhundert mit Wandmalereien, Erkern etc. für den einsetzenden Fremdenverkehr schön herausgeputzt.

* Grainau

Ruhiger als in Garmisch-Partenkirchen geht es winters wie sommers im nahen Grainau zu,

Eibsee

Der Eibsee liegt auf 1000 Metern direkt unterhalb der Zugspitze. Er entstand, als sich der Loisachgletscher zurückzog. Die heutige Form bekam er durch einen gewaltigen Felssturz vor etwa 3000 Jahren. Noch heute sind Überreste dieses Sturzes als acht kleine Inseln im See zu sehen. Das Gewässer ist komplett von Wald umgeben und schimmert in einem satten Grünton. Bei der zweistündigen Wanderung um den See hat man herrliche Ausblicke auf die Zugspitze. Auf den Berg gibt es viele Aufstiegsmöglichkeiten. Die bequemste ist mit der Zugspitzbahn: Eine Zahnradbahn bringt die Gäste seit über 80 Jahren innerhalb von 45 Minuten zum Gipfel. Wer es schneller mag, kann die Seilbahn vom Eibsee nehmen. In nur zehn Minuten überwindet man knapp 2000 Meter Höhenunterschied.

Umgeben von schöner Natur und der Bergkulisse erscheint Grainau wie ein Bilderbuchdorf.

das sich an die Zugspitze schmiegt. Das Dorf ist umgeben von traumhafter Landschaft und ein guter Ausgangspunkt für Touren in die wildromantische Höllentalklamm.

*** Wettersteingebirge

Das Wettersteingebirge gehört zu den Nördlichen Kalkalpen und liegt zwischen Garmisch-Partenkirchen im Norden und Seefeld in Tirol im Süden. Der Gebirgsstock ist sehr kompakt und hat schroff abfallende Gipfel, die weit über 2500 Meter hinaufragen, darunter mit der Zugspitze (2962 Meter) den höchsten Gipfel Deutschlands. Das Gebirge ist durch mehrere Seilbahnen und eine Zahnradbahn sehr gut erschlossen. Viele Touristen verbringen in der Region ihren Urlaub, um bei Naturschönheiten wie der Partnachklamm, dem Höllental oder dem Eibsee den Alltag zu vergessen. Der Deutsche Alpenverein unterhält hier mehrere Hütten. Am bekanntesten sind das »Münchner Haus« auf der Zugspitze, die »Knorrhütte«, die »Meillerhütte«, die »Höllentalangerhütte« und die »Reintalangerhütte«, die alle zu Fuß erreichbar sind und als Stützpunkt für ausgedehnte Wanderungen dienen. Trotz der intensiven Almwirtschaft gibt es abseits des Touristenstroms bis heute Möglichkeiten, die Ruhe und Abgeschiedenheit der Berge zu genießen. Hier haben sich viele Tierarten ihren ursprünglichen Lebensraum bewahrt. So kann man Steinadler, Alpensalamander, Murmeltiere und Gämsen beobachten. Selbst ein seit Jahren ausgestorben geglaubter Schmetterling wurde kürzlich auf der Zugspitze wiederentdeckt.

Oben: Bei einem eindrucksvollen Sonnenaufgang mit bizarrem rötlichen Wolkenhimmel entfaltet sich das Panorama am Törlgatterl mit Törlspitze und Meilerhütte.

Oberbayern

*** Partnachklamm

Die Partnachklamm ist eines der beeindruckendsten Naturschauspiele im Werdenfelser Land. Über Millionen von Jahren hat sich die Partnach, die vom Schneeferner auf dem Zugspitzblatt gespeist wird, im Reintal tief in den harten Muschelkalk gegraben und eine faszinierende Landschaft geschaffen. An vielen Stellen sind die bis zu 80 Meter hohen Wände der Klamm nur wenige Meter voneinander getrennt. Vom 19. Jahrhundert bis weit in die 1960er-Jahre hinein wurde unter Einsatz von Leib und Leben Holz durch die Klamm getriftet. Schon im Jahr 1912 begann man auch mit der touristischen Nutzung der Schlucht. Der bestehende Triftsteig wurde ausgebaut und an vielen Stellen wurden Tunnel durch den Fels getrieben, um die Klamm auf voller Länge begehbar zu machen. Durch die Tunnelbauweise ist die Klamm weitgehend unverbaut und bietet immer wieder eine Vielzahl von atemberaubenden neuen Fotomotiven.

* Höllental

Auch das Höllental beherbergt eine beeindruckende Klamm. Sie wurde vor über 100 Jahren touristisch erschlossen und ist heute mit ihren bis zu 150 Meter tiefen Schluchten, Wasserfällen und verschlungenen Stegen ein unvergleichliches Naturerlebnis. Im Gegensatz zur Partnachklamm ist die Höllentalklamm allerdings nur im Sommer zu besichtigen. Eine beliebte Route ist, mit der Alpspitzbahn auf die Alpspitze hinaufzufahren und über das Höllental nach Grainau abzusteigen.

** Alpspitze

Die Alpspitze thront über dem Markt Garmisch-Partenkirchen und ist mit ihrer markanten Py-

Klammen

Was ein Canyon ist, weiß jeder. Viele haben schon eine weite Reise auf sich genommen, um einen zu besuchen. Eine Klamm dagegen ist für einen Friesen so exotisch wie eine Hallig für Bayern. Klammen sind enge Schluchten, häufig mit einem Wasserfall in der Nähe. Die steil aufragenden Felswände, teilweise mit bizarr überstehenden Vorsprüngen, sind hier und da von Moos bewachsen. Durch einige der scharfen Einschnitte führen gewundene Holzstege. Eine der spektakulärsten Klammen in den Bayerischen Alpen ist die 700 Meter lange Partnachklamm zu Füßen des Wettersteingebirges. Nicht weniger sehenswert ist die Breitachklamm bei Oberstdorf. 1904 wurde die tiefste Felsschlucht Mitteleuropas erschlossen, um den Menschen der Region eine Verdienstmöglichkeit zu geben.

Schnell rauscht die Partnach durch die gleichnamige Klamm.

ramidenform der inoffizielle Hausberg der Einwohner. Der Berg ist ein beliebtes Ausflugsziel, das durch die Alpspitzbahn erschlossen ist. Vor allem Klettersteigfans kommen hier auf ihre Kosten. Die Nordwand-Ferrata ist für Anfänger ein beliebter Einstieg in die Welt des Kletterns. Und wer unter der Woche früh genug aufsteigt, wird sogar mit dem Anblick von ein paar Gämsen belohnt.

*** Zugspitze

Deutschlands höchster Berg, die Zugspitze, dominiert die Bergkulisse des Wettersteins. Mit seiner markanten, nach Westen steil abfallenden Flanke ist er schon von Weitem erkennbar. Der Gipfel wurde im Jahr 1820 erstmals bestiegen. Heute ist der Berg einer der wichtigsten Touristenmagnete der Region, auf den zwei Aufstiegshilfen führen. So gelangen jährlich über 500 000 Menschen auf den Gipfel. Trotz dieser Zahl sind die zahlreichen Wege auf die Zugspitze selten überlaufen, da die Strecke und der Höhenunterschied sehr fordernd sind. An den Flanken des Berges befinden sich drei große Gletscher, so kann man auf dem Schneeferner etwa das halbe Jahr über Wintersport betreiben. Obwohl der Gipfel gut besucht wird, lohnt sich ein Aufstieg; die einmalige Fernsicht und die hochalpine Natur sind ein grandioses Erlebnis. Für alle, die den höchsten Berg Deutschlands zu Fuß erklimmen möchte, gibt es zwei Hauptrouten. Für ambitionierte Wanderer ist der Aufstieg durch das Reintal zu empfehlen. Die zweite Route führt durchs Höllental über einen Klettersteig direkt zum Gipfel.

Links oben: Weltberühmt ist das Panorama der Zugspitze mit dem Gipfelkreuz.

Oberbayern

*** Mittenwald

Fast 1000 Meter hoch gelegen vor der wildromantischen Kulisse des Karwendel, ist Mittenwald ein Eldorado für Bergsteiger, Kletterer und Skifahrer. Zu seiner Anziehungskraft trägt bei, dass die Bewohner ihr Brauchtum zu bewahren wussten. Die repräsentativen Häuser im Ortskern zeigen, dass auch Mittenwald von seiner Lage an der alten Handelsroute nach Italien zu profitieren wusste. Später schufen dann neue Gewerbe wie Borten- und Seidenstickerei und Geigenbau ein zusätzliches Einkommen zur Landwirtschaft. Nicht zu vergessen die Lüftlmalerei, denn nirgendwo in Oberbayern findet man so viele bunt bemalte Häuser wie hier. Große Tradition haben auch noch die »Maschkera«, die verschiedenen Arten von Unholden, die zu Fasching den Winter vertreiben sollen. Daneben findet man alle modernen Formen von Urlaubsinfrastruktur, auch für jene, die nicht auf sportliche Höchstleistungen in den Bergen aus sind: etwa interessante Themenwanderwege zu Geschichte, Flora und Fauna oder auf der Karwendelspitze ein Naturinformationszentrum mit Riesenfernrohr, das hilft, Adler, Gämsen und Murmeltiere aufzuspüren.

*** Lüftlmalerei

Mittenwald ist eine Hochburg der Fassadenmalerei, die eine Mischung aus barocken Elementen und traditioneller Bauernmalerei ist. Heiligendarstellungen gehören genauso dazu wie die Vortäuschung plastischen Fassadendekors.

** St. Peter und Paul

Die im 18. Jahrhundert errichtete Kirche ist nicht nur innen, sondern auch außen mit bunten Fresken geschmückt. Der Turm mit den beiden Kirchenpatronen gilt als Wahrzeichen der Stadt.

** Geigenbau- und Heimatmuseum

Mittenwald hat eine lange Tradition im Geigenbau. Darüber informiert ein Museum in der Ballenhausgasse.

*** Karwendelgebirge

Das Karwendel ist eine der ursprünglichsten Gebirgsgruppen in den nördlichen Kalkalpen. Begrenzt wird es vom Inntal im Süden, dem Achensee im Osten und der Isar mit dem Sylvensteinstausee im Norden. Nur ein kleiner Teil des Gebirges liegt in Bayern, der weitaus größere liegt im österreichischen Tirol. Das Karwendel umfasst vier große, von West nach Ost verlaufende Gebirgsketten, zwischen denen tief eingeschnittene Täler liegen. Die schroffen Berge erreichen an vielen Stellen Höhen von über 2000 Metern. Die meisten Gipfel sind sehr abgelegen. Um die Birkarspitze – mit 2749 Metern der höchste Berg des Karwendels – zu erreichen, muss man zu Fuß oder mit dem Mountainbike erst 18 Kilometer durch das Karwendeltal zurücklegen, um zum eigentlichen Berg zu kommen. Aufgrund der fehlenden touristischen Erschließung, die nur in den Randbereichen erfolgt ist, haben hier sehr viele Tiere und Pflanzen einen Rückzugsraum gefunden. Fast die gesamte Gebirgsgruppe steht unter Na-

Bergahorne

Man schrieb den 16. Mai 1424, als unter dem Schatten des ehrwürdigen Bergahorns von Trun der Schweizerische Graue Bund gegründet wurde. Jedes Jahr wurde hier die Bundesversammlung abgehalten, direkt vor dem Baum. Nachdem ihn ein Sturm 1870 umgeworfen hatte, wurde der Wurzelstock des über 500 Jahre alten Bergahorns feierlich im Ehrenhof des Ortes aufgestellt. Die Geschichte aus der Schweiz bezeugt die besondere Aura, die dem Bergahorn anhaftet. Er strebt mit seinen dicken Ästen gen Himmel und bildet eine gigantische Baumkrone. Auf den Ahornböden im Karwendelgebirge wurden Hunderte solcher Exemplare der Spezies *Acer pseudoplatanus* gepflanzt, die vor allem im Herbst, wenn sich das Laub in feuriges Rot und Orange färbt, viele Wanderer anziehen.

Demütig liegt Mittenwald zu Füßen des Bergmassivs des Karwendelgebirges.

turschutz und ist damit das größte Schutzgebiet Österreichs. In den Hochlagen der Berge kann man Steinadler, Steinböcke, Gämsen und Murmeltiere beobachten. Auch das Alpenschneehuhn ist hier zu Hause. Es ist die einzige heimische Vogelart, die ihr Federkleid im Winter wechselt.

*** Engtal und Ahornboden

Im Rißtal erwartet den Besucher einer der faszinierendsten Naturräume der Alpen. Über 2000 bis zu 600 Jahre alte, knorrige Ahornbäume wachsen verstreut auf dem weiten Talgrund. Der Kontrast zwischen den Almböden, dem lichten Wald und den Bergen, die ringsum das Tal überragen, bildet eine wunderschöne Kulisse.

Vor allem im Herbst, wenn sich die Blätter gelb färben, strömen viele Besucher in das kleine Tal, um die einmalige Farbenpracht zu bewundern. Die Entstehung dieses Ahornwalds ist nahezu unbekannt, da die Ahornschösslinge normalerweise in dem intensiv beweideten Tal keine Möglichkeit zum Wachsen gehabt hätten. Heute geht man davon aus, dass vor 300 Jahren Viehseuchen oder Krieg dazu geführt haben, dass für mehrere Jahre keine Tiere in das Tal zum Weiden geschickt wurden und sich der Baumbestand so entwickeln konnte.

Oben: Besonders im Herbst, wenn sich das Laub färbt, ist ein Besuch in der »Eng« mit ihrem Ahornboden ein farbenfrohes Erlebnis.

Lüftmalerei: der schöne Schein

Lüftlmalerei – so nennt man die die kunstvollen Fassadenmalereien an Wohnhäusern und Kirchen in Oberbayern und besonders im Werdenfelser Land. Meist handelt es sich dabei um Einrahmungen von Fenstern und Türen sowie um großflächige Darstellungen von Landschaften und Figuren. Vorherrschend sind biblische Motive, aber auch Szenen der Lokalgeschichte. Weit verbreitet war die Lüftlmalerei im 18. Jahrhundert. Besonders schön erhaltene Bilder finden sich in Oberammergau und in Mittenwald. Aus erstgenanntem Ort soll auch die Bezeichnung Lüftlmalerei stammen: »Zum Lüftl« hieß das Haus des Franz Seraph Zwinck. Er gehört zu den berühmtesten Malern dieser Kunstgattung; sein Meisterwerk ist das Pilatushaus in Oberammergau. Eine andere Erklärung leitet den Begriff von dem Umstand ab, dass die Maler bei ihrer Tätigkeit in luftiger

Höhe und an der frischen Luft tätig waren. In jedem Fall handelt es sich dabei um eine volkstümliche Variante des Trompe-l'œil – einer Darstellungsweise in der Malerei, bei der mithilfe perspektivischer Mittel ein Gegenstand so naturgetreu wiedergegeben wird, dass der Betrachter kaum zwischen Bild und der Realität unterscheiden kann. Den Charme des Genres macht aber nicht zuletzt dessen Volkstümlichkeit aus.

Oberbayern
Blaues Land

In den Abendstunden zeigt sich, warum die Region um den Staffelsee »Blaues Land« heißt.

*** Blaues Land

Unweit des Marktes Garmisch-Partenkirchen liegen Murnau, der Staffelsee und das Murnauer Moos – weit über die Landesgrenzen hinaus bekannt als »Blaues Land«, ein Ort der Sehnsucht im oberbayerischen Alpenvorland. Der Name wurde von den Expressionisten Franz Marc und Wassily Kandinsky geprägt, die sich von der Stimmung dieser Landschaft zu ihren Werken inspirieren ließen. Das leuchtende Blau der Seen, die dunklen Moore und das einzigartige Licht, das den Bergen abends ein blaues Leuchten verleiht, schaffen eine Bilderbuchkulisse. Die Region ist eine bodenständig gebliebene Kulturlandschaft, die es geschafft hat, trotz der intensiven landwirtschaftlichen Nutzung im Murnauer Moos ein Ökosystem zu bewahren, das Naturliebhaber anzieht, die seltene Tiere und Pflanzen beobachten oder die Ruhe genießen wollen.

** Staffelsee

Der Staffelsee ist der größte See im Blauen Land. Wie die meisten Seen der Gegend ist auch er in der Würmeiszeit entstanden. Eine Besonderheit sind die sieben Inseln, die sich im See verteilen. Diese entstanden erst, als sich der Wasserspiegel im Laufe der Zeit um mehr als zehn Meter absenkte. Der südliche Teil des Sees dient als Erholungsgebiet, wohingegen weite Bereiche des nördlichen Ufers Naturschutzgebiet sind, in dem man seltene Pflanzen und Wasservögel beobachten kann.

** Murnau

Obwohl Murnau bereits im 12. Jahrhundert gegründet wurde, wirkt die kleine Marktgemeinde architektonisch ziemlich jung, denn

Der Blaue Reiter

Die Periode, der die Gegend um Murnau die Bezeichnung »Blaues Land« verdankt, begann mit dem Zerfall einer avantgardistischen Malergruppe, die sich in Schwabing als »Neue Künstlervereinigung München« formiert hatte. Ein Teil davon traf sich in Murnau, wo Gabriele Münter, Mitbegründerin der Vereinigung, seit 1909 lebte. Ihr russischer Geliebter Wassily Kandinsky, dessen Landsmann Alexej Jawlensky sowie Franz Marc gehörten dazu – die Keimzelle, aus der später die Expressionistengruppe »Der Blaue Reiter« hervorging, war formiert. Bis 1914 existierte die Kreativ-WG. In Murnau sollte man sich auf keinen Fall das Wohnhaus von Münter und Kandinsky entgehen lassen, das das Künstlerpaar mit selbst bemalten Möbeln und volkstümlichen Objekten bestückte.

Im Murnauer Münter-Haus kann man nacherleben, wie das Künstlerpaar lebte.

im 18. und 19. Jahrhundert fielen viele historische Bauten Feuersbrünsten zum Opfer. Bis heute prägen die 1906 bis 1910 unter der Leitung Emanuel von Seidls errichteten Bürgerhäuser in der Marktstraße (Ober- und Untermarkt) das Bild. Bergtouristen frequentieren die Murnauer Gegend gern, um sich im Staffelsee abzukühlen.

*** Murnauer Moos Das Murnauer Moos ist mit einer Fläche von 32 Quadratkilometern das größte zusammenhängende Alpenrandmoor Mitteleuropas. In diesem Ökosystem findet man über 1000 Pflanzenarten, von denen 164 auf der Roten Liste stehen, zum Beispiel die Sibirische Schwertlilie oder das Wanzen-Knabenkraut. Das Moor gilt auch als eines der größten Brutgebiete in Europa. Verschiedene Wege laden zum Erkunden ein, oder man erlebt die Natur auf einer geführten Wanderung.

* Eichsee Dieser malerische kleine See liegt versteckt im Moorgebiet nördlich des Kochelsees und gewährt einen fantastischen Blick auf Benediktenwand, Jochberg, Herzogstand und Heimgarten. Da der Eichsee nur zu Fuß oder mit dem Rad zu erreichen ist, gilt er immer noch als echter Geheimtipp. Wer es bis hierher geschafft hat, kann sich in dem warmen Moorwasser entspannen und sich auf der kleinen Liegewiese am Südende eine Auszeit vom Alltag gönnen.

Oben: Das Murnauer Moos ist das größte Alpenrandmoor Mitteleuropas. Es entstand aus einem Ausläufer des Loisachgletschers.

Oberbayern

Freizeitparadies Walchensee

Der Walchensee ist ein beliebtes Ziel für Segler und Surfer. Der spezielle Walchenseewind ist in Fachkreisen sehr geschätzt und lockt viele Surfbegeisterte an. Der See ist auch ein beliebtes Tauchgebiet, in dem Freizeitsportler und Profis nach versunkenen Wracks tauchen. Der Walchensee ist vor allem bei Familien mit Kindern zum Ba-

*** Kochelsee und Kochelmoos

Der Kochelsee liegt 65 Kilometer südlich von München am Rande der Bayerischen Alpen. Das Gewässer entstand in der Würm-Eiszeit durch Ausschürfung des Isar-Loisach-Gletschers. Er ist etwa sechs Quadratkilometer groß und wird auf der Südseite von den Kochler Hausbergen Sonnenspitz, Jochberg, Herzogstand und Heimgarten, die alle um 1500 Meter hoch sind, umrahmt. Im Norden schließt an ihn das Loisach-Kochelsee-Moor an, das durch Verlandung von Teilen des Sees entstand. Die Region ist ein beliebtes Urlaubsgebiet und wird im Sommer von vielen Erholungsuchenden besucht, die zum Baden, Surfen und Wandern hierherkommen. Trotz der Vielzahl der Gäste hat sich die Natur weitgehend ihre Ursprünglichkeit bewahrt. Vor allem das Kochelmoor ist ein einmaliges Ökosystem und Lebensraum für viele seltene Pflanzenarten. Auch Wiesenbrüter finden in den einsamen Hochmooren, Bruchwaldresten und aufgelassenen Torfstichen ideale Nistbedingungen. Auf einer geführten Vogelbeobachtung kann man mit etwas Glück so scheue Tiere wie die Goldammer, den Gimpel oder sogar einen Eisvogel entdecken. Die Berge im Süden bieten viele interessante Ausflugsmöglichkeiten. So kann man die meisten auf gut beschilderten Wegen besteigen und dabei wunderschöne Almwiesen und Bergwälder entdecken.

Idyllisch liegen die Bootshäuser am Kochelsee.

Kochelseemoor mit Blick auf Jochberg, Herzogstand und Heimgarten.

In der Morgendämmerung ist der Walchensee eine Oase der Stille.

** Kloster Benediktbeuern

Karl der Große war hier, und 1000 Jahre später auch Goethe. »Benediktbeuern liegt köstlich«, schrieb Letzterer in sein Reisetagebuch. Eine imposantere Kulisse als die Benediktenwand hätten die Mönche für die Gründung des Klosters im 8. Jahrhundert nicht wählen können. In der Gestaltung der spätbarocken Klosterkirche haben sich Caspar Feichtmayr und Hans Georg Asam verewigt.

* Kochel am See

Im Zentrum des am Kochelsee gelegenen Luftkurorts steht das Denkmal des legendären Schmieds von Kochel, der den Bauernaufstand im Jahr 1705 gegen das Regime der Österreicher anführte und in der »Mordweihnacht« auf dem Sendlinger Friedhof in München starb. Dem hier bestatteten expressionistischen Maler ist das Franz-Marc-Museum gewidmet.

den sehr beliebt. Das Ufer des Sees ist weitgehend unverbaut, und durch das Verbot von Motorbooten ist das Wasser sehr sauber und klar. Viele Uferstellen sind flach und laden zum Spielen ein. Rund um den See bieten sich verschiedene Wandermöglichkeiten, die von einfachen Spaziergängen bis hin zu anspruchsvollen Gipfeltouren reichen. Auch Mountainbiker können rund um den See mehrere spannende Touren finden.

*** Walchensee und Herzogstand

70 Kilometer südlich von München, eingerahmt von den Bayerischen Alpen, liegt der Walchensee. Seine Ufer sind weitgehend unverbaut und kein Motorboot stört die Natur am See. Mit einer Tiefe von fast 190 Metern ist er einer der tiefsten Seen in den deutschen Alpen. Trotz der vielen Erholungsuchenden, die am Wochenende zum See strömen, hat sich vor allem im Süden und Osten des Sees eine einzigartige Naturlandschaft erhalten, in der so seltene Blumen vorkommen wie der Schwalbenwurzenzian, der Seidelbast, die Alpenanemone und der Bärlapp. Im See befindet sich die Insel Sassau, die nicht betreten werden darf. Hier hat sich eine Flora entwickelt, wie sie früher am Walchensee verbreitet war – es stehen hier einige Eiben, die älter als 500 Jahre sind. Der Herzogstand ist der Hausberg des Walchensees. Mit einer Seilbahn erreicht man bequem die Herzogstandhäuser, von denen es nur noch wenige Höhenmeter bis zum Gipfel sind. Schon der bayerische König Ludwig II. schätzte den unvergleichlichen Ausblick vom Herzogstand, der von München im Norden bis in den Karwendel im Süden reicht. Heute ist der Herzogstand ein beliebtes Ausflugsziel, der neben vielen Wandermöglichkeiten auch Informationen über Geologie, Flora und Fauna auf mehreren Infotafeln für den interessierten Wanderer bereithält.

Rechts: Die in den Jahren 1680 bis 1685 von Caspar Feichtmayr errichtete Klosterkirche St. Benedikt schmücken Fresken von Hans Georg Asam, dem Vater der noch berühmteren Brüder Asam.

Oberbayern
Isartal

Künstliche Idylle: Sylvensteinstausee.

Das Isartal bei Königsdorf.

*** Isartal

Die »Reißende«, was der Name Isar ursprünglich bedeutet, ist heute in weiten Teilen ein gezähmter Gebirgsfluss. Fast 300 Kilometer legt sie auf ihrem Weg aus dem Karwendel bis zur Donau zurück und durchfließt dabei die unterschiedlichsten Naturlandschaften, vor allem die bayerischen Voralpen und die Münchner Schotterebene. Über Jahrhunderte wurde auf dem Fluss Holz geflößt und viele Mühlen nutzten die Wasserkraft des kräftigen Stroms. Später wurden mehrere Wasserkraftwerke am Fluss errichtet. So verlor die Isar nach und nach ihren natürlichen Lauf. In den 1980er-Jahren fand eine Rückbesinnung statt und es wurde damit begonnen, dem Fluss wieder ein natürliches Bett zu ermöglichen. Vor allem die Stadt München hat viel Mühe in die Renaturierung der Isar investiert. So wurde der Fluss zwischen dem Wehr in Großhesselohe und dem Deutschen Museum aus seinem engen Bett befreit und Kiesbänke,

Spaß auf der Isar

Zwischen Wolfratshausen und München werden Fahrten auf dem Floß angeboten. Mit dem Flößerhandwerk haben diese Touren wenig zu tun, aber wer eine zünftige bayerische Gaudi mit Blaskapelle und Bier erleben will, ist hier genau richtig. Zwei Floßrutschen sorgen für spritzige Abkühlung auf dem Weg nach München. Auf der Teilstrecke von Lenggries nach Bad Tölz kann man die wilde Seite der Isar kennenlernen. Mit dem Schlauchboot meistert man auf der etwa drei bis vier Stunden dauernden Tour Stromschnellen und wilde Wasserwirbel. Mit dem Schlauchboot kann man die Isarauen bei Bad Tölz erkunden, unterwegs erklärt ein Vogelexperte seltene heimische Vogelarten und die Besonderheiten der Auenwälder. Das ruhig dahingleitende Boot stört die Vögel nicht.

Bei Geretsried beginnt ein besonders reizvoller Abschnitt der Isar.

Hallerangerhaus. Von hier aus ist die Isarquelle in wenigen Minuten erreichbar. Das Tal ist in seiner Ursprünglichkeit ein typisches Karwendeltal und bietet dem Wanderer oder Mountainbiker herrliche Ausblicke in die unverfälschte Natur.

** Sylvensteinstausee Im Jahr 1954 wurde südlich von Lenggries mit dem Bau eines Staudamms begonnen, um die flussabwärts liegenden Orte Lenggries, Bad Tölz und München vor den verheerenden Hochwassern der Isar zu schützen. Zu diesem Zweck wurde die Ortschaft Fall evakuiert und einige Meter höher neu errichtet. Heute ist der Speichersee ein beliebtes Ausflugsziel zum Baden, Kajakfahren und Tauchen. Die idyllische Kulisse des Sees mit der mächtigen Brücke im Vordergrund und den Bergen des Karwendels dahinter ist bis heute ein beliebtes Fotomotiv.

*** Pupplinger Au Die Pupplinger Au liegt nördlich von Wolfratshausen und ist ein Naturschutzgebiet an der Mündung der Loisach in die Isar. Sie ist einer der ursprünglichsten Abschnitte der Isar. Jedes Jahr verlagert sich hier durch Erosion und Sedimentation der Flusslauf. In dieser faszinierenden Auenlandschaft mit seiner zum Teil einmaligen und schützenswerten Vegetation findet man unter anderem bedrohte Orchideenarten wie zum Beispiel Händelwurz und Fliegenragwurz. Seltene Vögel wie Flussseeschwalbe und Flussregenpfeifer finden auf den Kiesinseln ideale Nistbedingungen.

Inseln und flache Uferzonen wurden geschaffen, die heute von Münchnern zum Flanieren, Baden und Grillen genutzt werden. Dabei schafft der Fluss sich nach und nach sein eigenes Flussbett, das sich von Jahr zu Jahr verändert. Heute haben viele Fische, die selten geworden sind, wieder eine Heimstatt in der Isar. So findet man in kleinen Beständen Huchen, Koppen und Welse.

*** Hinterautal und Vorderriß Die Isar entspringt nur wenige Kilometer hinter der österreichischen Grenze im Hinterautal in Tirol. Von Scharnitz aus erschließt ein Fahrweg das romantische Karwendeltal. Mit dem Mountainbike erreicht man nach einer leichten Tour mit wenigen Steigungen das

Oben: Das Werdenfelser Land im Oberen Isartal: Hier, wo die Landschaft langsam ins Gebirge übergeht, kann man noch etwas von der ursprünglichen Wildheit der Isar ahnen.

Oberbayern
Bad Tölz

Schlichte neugotische Pracht: Stadtpfarrkirche Mariä Himmelfahrt in Bad Tölz.

** Bad Tölz
Häuser mit schöner Lüftlmalerei gibt es in Bad Tölz in Hülle und Fülle. So bietet die Marktstraße eines der reizvollsten Straßenbilder Oberbayerns, bis auf das 18. Jahrhundert gehen die bunten Fassadenmalereien zurück. Ziel der berühmten Leonhardifahrt am ersten Novembersonntag ist die Wallfahrtskapelle (18. Jahrhundert) auf dem »Kalvarienberg« nördlich der Stadt.

** Kurviertel
Am linken Isarufer erstreckt sich das Kurviertel mit Kurhaus, Kurpark, Trink- und Wandelhalle sowie dem Alpamare Wellenbad. Nach Entdeckung der reichhaltigen Jodquelle am Sauersberg im Jahr 1846 wurde Bad Tölz 1899 als Heilbad staatlich anerkannt. Bis heute werden hier vor allem Herz- und Kreislauferkrankungen sowie Gelenkschädigungen behandelt.

** Franziskanerkloster
1624 bis 1626 entstand jenseits der Isar das Franziskanerkloster, das erst im Juli 2008 aufgelöst wurde. Doch der umliegende Franziskanergarten und die zugehörige Rosengartenanlage sind nach wie vor beliebte Ausflugs- und Spaziergangsziele. 1733 wurde die klösterliche Wandpfeilerkirche erheblich erweitert und umfassend barock erneuert.

*** Kalvarienberg
Man muss schon ein paar Höhenmeter überwinden, um den Kalvarienberg (709 Meter) im Norden von Bad Tölz zu erklimmen.

Leonhardiritt

Unwissenden mag dieser Zug vorkommen wie die Darstellung einer historischen Karawane – obwohl die Oberbayern keineswegs zu den Nomadenvölkern dieser Welt zählen. Die Leonhardifahrt ist ein Brauch, der auf den heiligen Leonhard von Limoges (6. Jahrhundert) zurückgeht. Vor allem die Bauern in Süddeutschland und Österreich verehren ihn, denn er ist der Schutzpatron der landwirtschaftlichen Nutztiere. Und so spannen sie einmal im Jahr, in der Regel am 6. November, ihre Pferde vor festlich geschmückte Wagen – die »Truhenwagen«. In denen sitzen Bäuerinnen, Mägde und Kinder in ihrer schönsten Tracht, während die Bauern und Knechte auf den Pferden reiten. Ihr Ziel ist eine Kirche, eine Kapelle oder eine Festwiese. Dort segnet ein Pfarrer die Tiere mit Weihwasser.

Belohnt wird man mit einer grandiosen Panoramaaussicht über die mittelalterliche Altstadt, die Isar und das Kurviertel. Die Kalvarienbergkirche mit ihrer Doppelturmfassade aus den Jahren 1726 bis 1735 ist jeweils am Karfreitag Ziel von Pilgern, die sich im zweiten Raum betend und kniend eine heilige Stiege hinab zu der Skulptur eines Schmerzensmannes mühen.

* **Leonhardikapelle** Die Leonhardikapelle ist jährlich am 6. November das Ziel der Tölzer Leonhardifahrt, des bekannten Umritts mit festlich herausgeputzten und geschmückten Rössern sowie zahlreichen Gespannen zu Ehren des heiligen Leonhard, des Schutzpatrons der Pferde und des Viehs.

** **Gries** Im Mittelalter siedelten sich hier im Überschwemmungsbereich der Isar Handwerker an, darunter Kistler, Schmiede, Stellmacher, aber auch Flößer und Fischer. Das in weiten Teilen original erhaltene einstige Handwerkerviertel wirkt romantisch und lädt mit engen Gassen und schönen Häusern zum Bummeln ein.

** **Marktstraße** Von der Isarbrücke führt die wohl schönste oberbayerische Prachtstraße stetig bergan. Von beiden Seiten grüßen Bürgerhäuser mit weit vorstehenden Giebeldächern, die Fassaden verziert mit farbenprächtigen Lüftlmalereien und Stuckarbeiten in handwerklicher Perfektion aus dem 18./19. Jahrhundert. Schöne Beispiele dieser ursprünglich Oberammergauer Malerei sind am Pflegerhaus (Nr. 59) und am Sporerhaus (Nr. 45) zu sehen. Das harmonische Bauensemble geht auf die Neuordnung der Marktstraße nach 1900 durch Baumeister Gabriel von Seidl zurück.

* **Mariä Himmelfahrt** Hinter den Häusern der Marktstraße und über dem Handwerkerviertel Gries thront die spätgotische, dreischiffige Stadtpfarrkirche. Das heutige Kirchenhaus wurde 1466 von dem Tölzer Michael Gugler erbaut, wobei der Turm erst 1877 seine neugotische Turmspitze erhielt. Im Inneren sind das Altarbild, die Himmelfahrtsmadonna von Bartholomäus Steinle und die Krippendarstellung im Hochaltar von Anton Fröhlich beachtenswert.

** **Tölzer Stadtmuseum** Das attraktive Tölzer Stadtmuseum residiert im sehenswerten Gebäude des erstmals 1602 erwähnten ehemaligen Heimat- und Bürgerhauses, das 1906 bis 1979 auch als Rathaus diente. Die auffällige Fassade besitzt zwei parallele Giebel, zwei Kastenerker, spätbarocke Portale sowie Freskenmalerei und Stuckatur. Unter dem weit vorkragenden rechten Dachgiebel zeigen eine Stunden- und eine Monduhr die Zeit an. Innen gibt das Stadtmuseum auf rund 1500 Quadratmeter Fläche einen Einblick in die Tölzer Geschichte und die Isarwinkler Heimatkunde. Schmuckstücke der Kistler, darunter Truhen, Wiegen, Schränke und Himmelbetten, demonstrieren die hohe Handwerkskunst.

* **Winzerer-Denkmal** Vor dem Stadtmuseum erinnert das von Oskar von Miller geschaffene Denkmal an Kaspar Winzerer, der um 1500 als Landsknecht und weithin bekannter Haudegen hier lebte.

* **Marionettentheater** Das Hobby des Apothekers Georg Pacher legte den Grundstein für das Tölzer Marionettentheater, das 2008 sein 100-jähriges Bestehen feierte. Mehr als 1000 Holzgliederpuppen enthält der Fundus des Puppentheaters, das 150 bis 200 Aufführungen pro Jahr verzeichnet.

Oben: Das Jodheilbad an der Isar vor der prächtigen Kulisse der Bayerischen Alpen ist nicht nur durch den Tölzer Knabenchor bekannt. Kistler, Kalkbrenner, Fischer und Isarflößer gründeten einst diese Kleinstadt.

Oberbayern

** Gebirgstal Jachenau

Eine noch ursprüngliche alpenländische Tallandschaft mit Weilern ist die Jachenau. Benannt ist sie nach dem Flüsschen Jachen, das vom Walchensee aus südlich der Benediktenwand Richtung Lenggries fließt und dort in die Isar einmündet.

*** Tegernsee, Tegernseer Tal und Wallberg

Das Tegernseer Tal gehört sicherlich zu den Bilderbuchlandschaften Bayerns. Ein sechs Kilometer langer und zwei Kilometer breiter, kristallklarer See liegt eingebettet in die Berge der Bayerischen Voralpen. Die Wasserqualität des Sees erreicht Trinkwasserqualität, da durch den Bau einer Ringkläranlage keine Abwässer mehr in den See gelangen. Das Tal wird seit über 1300 Jahren von Menschen für Ackerbau und Almwirtschaft genutzt. Diese intensive Nutzung hat nicht nur das Überleben der Menschen vor Ort gesichert, vielmehr wurden durch Rodungen neue Lebensräume für Fauna und Flora geschaffen. Die heutige Vielfalt an Blumen ist auch eine Folge der mit der Natur in Einklang stehenden Bewirtschaftung der Hänge des Tegernseer Tals. So findet der aufmerksame Wanderer hier noch sehr seltene Pflanzenarten wie zum Beispiel den Frauenschuh und den Stängellosen Enzian. Auf der Südseite des Sees thront der Wallberg. Der mächtige Bergstock ist entweder leicht mit der Seilbahn oder etwas beschwerlicher zu Fuß zu erklimmen. Mit seinen 1722 Metern bietet er eine unvergleichliche Fernsicht von der Zugspitze bis nach München, sogar der Wilde Kaiser und der Großglockner sind an guten Tagen zu entdecken. Für alle, die nicht nur die Aussicht genießen

Wiese am Gipfel der Bodenschneid mit dem Tegernsee im Hintergrund.

Steinadler

Von Mai bis Oktober werden im Wallberggebiet von Experten durchgeführte Wanderungen in das Revier des Steinadlers angeboten. Dabei erfährt man viele Hintergrundinformationen zu diesem majestätischen Greifvogel, und mit etwas Glück kann man ihn sogar bei der Jagd beobachten. Bei Alfred Brehm wird der Steinadler als »Held der Fabel und das Urbild des Wappentieres, das Sinnbild der Kraft und Stärke« gepriesen, gleichzeitig verweist der berühmte Zoologe aber auch auf seine Gefährlichkeit und seinen ausgeprägten Jagdsinn, der sogar vor Steinböcken nicht Halt macht. Die mächtigen Greifvögel, deren Flügel eine Spannweite von bis zu 2,30 Metern erreichen können, platzieren ihre Horste nur im Hochgebirge und unternehmen für ihre Beutezüge kilometerweite Flüge.

Über einen Wasserfall rinnt ein Flüsschen in den Tegernsee.

wollen, gibt es einen Alpen-Lehrpfad, der auf 31 Schautafeln die Flora und Fauna und die geologische Entstehung der Region erläutert.

* **Gmund am Tegernsee** In Gmund am Tegernsee ist die Büttenpapierfabrik Gmund ansässig. Jeden ersten und dritten Donnerstag im Monat werden hier Führungen angeboten; dabei wird der gesamte Entstehungsprozess vom Rohstoff Holz bis zum fertigen Büttenpapier erläutert. Das Highlight des Rundgangs ist die älteste Papiermaschine Europas, die seit 1883 ununterbrochen an diesem Ort Büttenpapier herstellt.

Oben: Vom Holzsteg am Tegernsee eröffnet sich der Panoramablick auf den Wallberg, den Setzberg und den Fockenstein.

Oberbayern

* Weyarn
Ihren hohen künstlerischen Rang erhält die von Johann Baptist Zimmermann mit elegantem Schmuck und Fresken ausgestattete Barockkirche durch Schnitzwerke (1755–1764) des Rokokobildhauers Ignaz Günther.

** Schliersee und Spitzingsee
Der Schliersee ist ein oberbayerischer See in der Nähe von Miesbach. Der 2,5 Kilometer lange und 1,5 Kilometer breite See ist eine Perle der bayerischen Voralpen. An seinem Ostufer liegen die Gemeinde Schliersee und die Teilorte Neuhaus und Fischhaus, die Westseite des Sees ist bis auf die Bahnlinie nach Bayrischzell nahezu unverbaut. Der See kann

Blick auf den Schliersee mit der gleichnamigen Gemeinde im Vordergrund.

auf einem sieben Kilometer langen Rundweg gemütlich umwandert werden. Trotz Ringkanalisation war das Wasser lange Jahre von Algen schwer belastet. Heute lockt dank einer Druckluftleitung, die den See regelmäßig umwälzt, das kristallklare Wasser wieder Badegäste zum Sprung ins kühle Nass. Nur wenige Kilometer südlich des Schliersees erreicht man über den Spitzingsattel das Hochtal des Spitzingsees. Der kleine See liegt inmitten einer traumhaften Landschaft mit dunklen Wäldern, sanften Almwiesen und den Bergen der Vor-

Markus Wasmeier Freilichtmuseum

In dem liebevoll gestalteten Museum des in Schliersee geborenen Olympiasiegers Markus Wasmeier kann man neben historischen Bauernhäusern und Handwerksbetrieben Bauerngärten besichtigen. Hier werden vergessene Nutzpflanzen wie Flachs und Hanf angebaut und deren Verwendung erklärt. Auch werden regelmäßige Kräuterführungen angeboten. Ein Schmied zeigt sein Kunsthandwerk, ein Restaurant sorgt für leibliches Wohl. In einer sehr sehenswerten Sonderausstellung wird die Geschichte der Haushaltsgeräte anschaulich gemacht. Man spaziert hier durch Küchen und Wohnstuben der vergangenen Jahrzehnte. Im Winter findet ein romantischer Weihnachtsmarkt mit traditionellen Ständen statt.

Die Josefsthaler Wasserfälle sind auf einem Spaziergang vom Spitzingsee aus zu erreichen.

alpen. Klare Luft und Freizeitmöglichkeiten locken Touristen an den See. Trotzdem gibt es immer noch versteckte Wege, auf denen man die Einsamkeit der Natur auf sich wirken lassen kann. Die Natur im wahrsten Sinne des Wortes kann man auf vielen Hütten des Deutschen Alpenvereins genießen, die unter dem Motto »So schmecken die Berge« regionale Spezialitäten anbieten und den Wanderer zum Verweilen einladen.

* Bayrischzell

Das alpenländische Bilderbuchdorf liegt im Tal zwischen Wendelstein und Großem Traithen. Den Mittelpunkt des Ortes bildet der spätgotische, spitz zulaufende Kirchturm der Pfarrkirche St. Margaretha. Um dieses Kernstück herum platzieren sich authentische alte Häuser. Der Wendelstein lässt sich bequem vom benachbarten Osterhofen aus mit der Seilbahn (und von Brannenburg aus per Zahnradbahn) erreichen. Auf vielen Wanderwegen kann man die Schönheit der Bergwelt genießen.

Oben: Trotz des Besucherandrangs an beiden Seen (hier der Schliersee) gibt es immer noch versteckte Wege, auf denen man die Einsamkeit der Natur spüren kann.

Oberbayern

Murmeltiere

Vor allem in den westlichen Alpen sind Murmeltiere verbreitet. Um eine Existenzgrundlage zu haben, brauchen die großen Nagetiere tiefgründigen Boden, in dem sie graben und ihre Baue anlegen können. Die Hauptröhre endet in einigen Metern Tiefe in einem geräumigen Kessel. Der Bau liegt meist unter einem Felsbrocken und wird von einem Familienverband bewohnt. Vor Winterbeginn tragen sie Unmengen Heu in die Baue: als Schlafpolster und Trockenfutter zugleich. Von Oktober bis April halten die Alpenmurmeltiere ihren Winterschlaf. Zuvor verstopfen sie die Eingänge von innen mit Erde und einem dicken Grasbüschel. Zwei Wochen nach dem Erwachen paaren sich die erwachsenen Tiere. Kurz nach dem Winterschlaf wirft das Weibchen meist drei bis fünf Junge.

Das kleine Wendelsteinkircherl liegt unweit des Wendelsteinhauses.

*** Mangfallgebirge und Mangfalltal

Südlich von München zwischen Isar und Inn liegt das Mangfallgebirge. Seine Gipfel erreichen Höhen bis zu 1884 Meter. Viele der Berge sind beliebte Ausflugsziele und zählen zu den »Münchner Hausbergen«. Besonders bekannt sind – um nur einige zu nennen – die Rotwand, der Wendelstein, der Wallberg und der Hirschberg. Die Region ist durch viele Seen, Almwiesen und dunkle Wälder charakterisiert. Die malerische Landschaft wirkt oft, als wäre sie einem Bilderbuch entsprungen. Die Mangfall, ein Nebenfluss des Inns, hat dem Gebiet seinen Namen gegeben. Ihr idyllisches Flusstal ist fernab vom Massentourismus ein beschauliches Rückzugsgebiet für Vögel und Amphibien. Obwohl das Mangfallgebirge selbst touristisch sehr stark genutzt wird und jedes Wochenende Tausende von Menschen in die Berge zur Erholung strömen, hat sich hier eine große Artenvielfalt bewahrt, die der aufmerksame Wanderer auf seinen Touren entdecken kann. So gedeihen hier immer noch viele Orchideenarten wie Fliegen-Ragwurz und Frauenschuh. Auch viele Enzianarten sind hier heimisch. Am seltensten sind die Vorkommen von Kreuzenzian, der in enger Symbiose mit dem Kreuzenzian-Ameisenbläuling lebt. Dieser Falter legt seine Eier ausschließlich auf dieser Enzianart ab. Auch scheues Großwild – wie die Gämse, Rotwild und sogar der Steinbock – ist in der Region heimisch und kann am frühen Morgen beobachtet werden.

** Bodenschneid Die Bodenschneid ist ein 1669 Meter hoher Berg zwischen Tegernsee und Spitzingsee im Mangfallgebirge. Ein langer, grasiger Bergrücken führt von Süden zum höchsten Punkt mit einem großen Kreuz und Ausblick auf den Tegernsee. Die Nordseite fällt steil in Richtung Spitzingsee ab. Die Bodenschneid kann von mehreren Seiten problemlos bestiegen werden, die beliebtesten Aufstiege sind von Neuhaus am Schliersee und vom Enterrotach in der Nähe des Tegernsees.

** Wendelstein Der Wendelstein ist der höchste Berg des Mangfallgebirges. Mit seiner markanten Form und der Antennenanlage des Bayerischen Rundfunks auf seinem Gipfel ist er einer der auffälligsten Berge in den Bayerischen Voralpen. Der Gipfel gehört zu den am besten ausgebauten Berggipfeln in den Alpen. Hier drängen sich die Bergstation einer Seilbahn, der Bahnhof der Zahnradbahn, ein Observatorium, eine Kirche und eine Ausflugsgaststätte auf engem Raum. Trotz des Trubels ist die Aussicht traumhaft, und wer den mühsameren Weg zu Fuß auf den Berg wählt, kann auf einer der drei Hauptrouten noch unverfälschte Natur und Bergeinsamkeit erleben. Besonders interessant sind die vier Lehrpfade des Geo-Park Wendelstein.

** Mangfalltal Das Mangfalltal schließt sich nördlich an den Tegernsee an. Die Mangfall hat sich hier als einziger Abfluss des Sees ein tiefes Bett zwischen Isar und Inn gegraben. Nördlich der kleinen Ortschaft Valley ändert der Fluss seine Richtung um fast 180 Grad und fließt in südöstlicher Richtung dem Inn zu. Aufgrund des Reichtums an Grundwasser bezieht die Stadt München seit über 100 Jahren den größten Teil ihres Trinkwassers aus dem Tal.

Links: Wer kurz vor dem Gipfel des 1838 Meter hohen Wendelsteins noch eine kleine Kletterpartie in Kauf nimmt, wählt den Blaubergkamm als Ziel.

Oberbayern
Wasserburg am Inn

*** Wasserburg am Inn

Man muss Wasserburg gar nicht betreten, um von dieser Stadt begeistert zu sein. Schon aus der Ferne bietet die mittelalterliche Schönheit und einstige Salzmetropole einen überwältigenden Anblick. Der Inn umschlingt den Stadtkern so eng, dass man glaubt, Wasserburg throne auf einer Insel. Als uneinnehmbar galt die Burg, die der Hallgraf Engelbert im 12. Jahrhundert hier errichtete. Reste der Anlage sowie der alten Stadtmauer, die parallel zur belebten Ledererzeile verläuft, blieben bis heute erhalten. Sehenswert sind das massive Brucktor, das Rathaus, der Rote Turm und die Pfarrkirche St. Jakob, die Hans von Burghausen im 15. Jahrhundert erbaute. Noch heute gilt Wasserburg als Künstlerstadt. Typisch für die Innstadt sind ihre

Schmale Gassen prägen das Bild in der Altstadt von Wasserburg.

saalartigen Plätze mit gewölbten Laubengängen sowie die mit Erkern geschmückten, bemalten Fassaden.

*** Kernhaus
Das eigentlich aus zwei nebeneinanderliegenden Gebäuden bestehende Kernhaus entstand 1738, als

Altes Rathaus und Frauenkirche

Am Marienplatz steht das 1457 bis 1459 im spätgotischen Stil errichtete Rathaus mit dem markanten zweifachen Treppengiebel und den Wappenmalereien. Das Gebäude diente früher auch als Kornschranne, Stadtwaage und Polizei-Diener-Haus. Sehenswert sind im Inneren der freskengeschmückte Große Rathaussaal, der wegen seiner ehemalige Funktion auch Tanzsaal genannt wird, sowie der 1564 vollständig ausgemalte Kleine Rathaussaal mit teilgeschnitzter Holzbalkendecke. Der älteste Sakralbau Wasserburgs wird 1342 erstmals als Marktkirche urkundlich erwähnt. 1753 wurde sie innen im Stil des Rokoko umgestaltet. Zur sehenswürdigen Ausstattung gehört ein gotisches Gnadenbild (um 1420), das in den barocken Hochaltar integriert ist.

der Stuckateur Johann Baptist Zimmermann die beiden Patrizierhäuser der Familie Kern mit einer einheitlichen Stuckfront verband. Sie zählt zu den schönsten Rokokofassaden Süddeutschlands. Heute teilen sich ein Gericht und ein Hotel das auffällige Gebäude.

** Burg und Burgkapelle Schon im Jahr 1085 wird an der höchsten und schmalsten Stelle der Landzunge erstmals eine »Wazzerburch« schriftlich erwähnt. Ihre heutige Gestalt erhielt die Burg, als sie Herzog Wilhelm IV. 1531 bis 1537 zu einem Schloss umbauen ließ. Dabei blieb die Burgkapelle St. Ägidien aus der zweiten Hälfte des 15. Jahrhunderts erhalten.

*** Pfarrkirche St. Jakob Das Stadtbild dominiert die zwischen 1410 und 1478 erbaute Pfarrkirche mit ihrem gedrungenen Viereckturm. Bemerkenswert sind die Malereien auf der äußeren Chorwand, die auf volkstümliche Weise die Heilsgeschichte abbilden. Zu den Sehenswürdigkeiten im Kircheninneren gehört die reich geschnitzte Kanzel der Brüder Zürn aus dem Jahr 1634, einziger erhaltener Überrest der einst so prächtigen Renaissance-Ausstattung des Gotteshauses.

* Brucktor Das Tor vor der einzigen Innbrücke ist auch das einzige Eingangstor zur Wasserburger Altstadt. Der seit dem 14. Jahrhundert bestehende Torbau wurde mehrfach umgebaut, zeigt aber außen wie innen noch historische Wandmalereien. Die Inneren stammen von 1568 und zeigen zwei geharnischte Männer, die das Wasserburger und das bayerische Banner halten.

** Städtisches Museum In einem schönen spätgotischen Bürgerhaus in der Herrengasse ist dieses Museum untergebracht, das mit einer sehenswerten kunst- und kulturgeschichtlichen Sammlung beeindruckt. Exponate zur Volkskunst sowie zur Wohn- und Handwerkskultur geben einen Einblick in das Leben und den Alltag der Menschen früherer Zeiten. Beachtenswert ist auch die Sammlung sakraler Skulpturen.

* Heiliggeist-Spital und Spitalkirche Das Spitalgebäude und seine Kirche stammen aus dem 14. Jahrhundert. Im Hochaltar der Spitalkirche befindet sich ein kostbares Kunstwerk, ein um das Jahr 1500 in Holz geschnitztes Altarbild, das das Pfingstwunder darstellt.

* Roter Turm Als letzter verbliebener Torturm der alten Stadtmauer steht er an der Stelle, an der sich einst eine Zwerchmauer in Richtung Inn zog. Sie wurde gebaut, um auch bei Niedrigwasser Angreifer vom anderen Flussufer abwehren zu können.

** Innbrücke Bereits im Mittelalter fand eine erste Innbrücke Erwähnung. Sie wurde an der engsten Stelle des Flusses erbaut, um einen sicheren und vor allem ganzjährigen Zugang nach Wasserburg zu gewähren. Mehrfach jedoch wurde dieser Übergang durch Eisschollen zerstört und anschließend wiederaufgebaut. Die heutige »Rote Brücke« stammt von 1925 und wurde zu Beginn der 1980er-Jahre renoviert.

*** Schöne Aussicht Seinen Namen trägt der Aussichtspunkt auf dem Kellerberg am südlichen, rechten Innufer völlig zu Recht. Denn von hier aus genießt man einen herrlichen Blick auf die von einer Innschleife umgebene intakte spätgotische Altstadt von Wasserburg.

Oben: Die Stadt am Inn wird auch das »Bayerische Venedig« genannt, denn der Fluss macht hier eine Schleife. Einem Gesamtkunstwerk gleich, bezaubert das Stadtbild durch einen bemalten Brückentorbau.

Oberbayern

Vom Ufer der Salzach aus offenbaren sich die gewaltigen Dimensionen der Burghausener Burg.

*** Altötting

Seit dem frühen 16. Jahrhundert ist Altötting einer der sechs bedeutendsten Marienwallfahrtsorte Europas. Die vermutlich um das Jahr 700 entstandene Gnadenkapelle gehört zu den ältesten Zentralbauten Deutschlands. Nachdem im Jahr 1489 der Legende nach ein dreijähriges Kind, das zuvor in den Bach gefallen war, auf dem Altar gerettet wurde, steht das Gnadenbild der »Schwarzen Madonna« im Zentrum der Verehrung. Am südlichen Rand des Kapellplatzes, in unmittelbarer Nähe zur Gnadenkapelle, entstand von 1499 bis 1511 die Stiftskirche. Der Neubau war notwendig geworden, weil seit Beginn der Wallfahrt 1489 die Flut der Pilger in Altötting stetig zunahm. Und schließlich ist die Basilika St. Anna mit ihren Maßen von 83 Meter Länge, 28 Meter Breite und 24 Meter Höhe die größte im 20. Jahrhundert erbaute Kirche im deutschen Raum.

*** Burghausen

Der Superlativ, mit dem die Stadt an der Salzach aufwarten

Altöttinger Wallfahrt

Ungebrochen ist die Pilgerflut, die es jährlich zur Gnadenkapelle nach Altötting zieht. Anziehungspunkt und Hoffnungssymbol der Heilsuchenden ist die Schwarze Madonna – eine kleine, aber prachtvolle, von Ruß und Silberoxidation schon schwarz gewordene Figur der Muttergottes aus dem 14. Jahrhundert. Auch die Wittelsbacher Landesherren pilgerten regelmäßig nach Altötting. Ihre Herzen sind sogar in silbernen Schauurnen in der Kapelle beigesetzt. Ein Wunder ganz anderer Art ereignete sich am 19. April 2005 in Rom, als der in Marktl im Landkreis Altötting geborene Joseph Ratzinger zum Papst gewählt wurde: Als Benedikt XVI. stand er im Jahr darauf erneut in der Gnadenkapelle von Altötting, und für den »bayerischen Papst« schloss sich damit ein Kreis.

kann, ist weithin sichtbar: Auf einem nach drei Seiten steil abfallenden Bergrücken über der Altstadt erstreckt sich die mit über einem Kilometer Ausdehnung längste Burg der Welt. Die Stadt, die die meiste Zeit ihrer Geschichte im Besitz der Herzöge von Bayern war, diente diesen dazu, den Zoll auf die Salzlieferungen aus Hallein einzukassieren. Seine Glanzzeit, die das Stadtbild bis heute prägt, erlebte Burghausen im 15. Jahrhundert. Dem folgte jedoch 1594 ein jäher Absturz, als die bayerischen Herzöge ein staatliches Salzmonopol errichteten und der Stadt alle diesbezüglichen Einnahmen entzogen. Kriege und Grenzstreitigkeiten taten ein Übriges, Burghausen in die Bedeutungslosigkeit versinken zu lassen. Aus dieser wurde es erst zu Beginn des 20. Jahrhunderts durch den Anschluss an die Eisenbahn und Ansiedlung großer Industrien, darunter die Wacker Chemie AG, erlöst. Da sich die neue Entwicklung aber außerhalb der Altstadt abspielte, blieb die schöne Bausubstanz bewahrt und wurde wieder neu belebt.

*** **Burg zu Burghausen** Die nie eroberte Burg kann frei oder im Rahmen von Führungen besichtigt werden und bietet mit ihren sechs Höfen ein schönes Anschauungsbeispiel für die Aufteilung zwischen Repräsentativ-, Wirtschafts- und Verteidigungsbauten auf einer spätmittelalterlichen Festung. Daneben lohnen auch die vielen integrierten Gärten.

*** **Altstadt** Größtenteils gotische Häuser mit prächtigen, farbenfrohen Fassaden bestimmen das Bild der Altstadt zwischen Burgberg und Salzach. Besonders sehenswert sind der Marktplatz und die Fußgängerzone »In der Grueben« mit ihren kleinen Läden.

** **Hammerschmiede** Seit dem Jahr 1465 ist die historische Schmiede im Westen der Altstadt in Betrieb und ist damit die älteste noch arbeitende Hammerschmiede Europas. Für Gruppen werden auf Anfrage Führungen angeboten.

* **Burgmuseum** Im alten Palas der Burg sind die damaligen Herzogsgemächer mit einer rekonstruierten Ausstattung aus dem 16. Jahrhundert zu besichtigen. Angegliedert ist eine Gemäldegalerie, in der Werke aus derselben Epoche gezeigt werden.

Oben links: Stiftspfarrkirche von Altötting; oben rechts: Hochaltar der Basilika St. Anna in Altötting, deren Innenraum 8000 Plätze bietet.

Oberbayern

Kloster Seeon

Jahrhundertelang lebten in diesem 994 von Pfalzgraf Aribo I. gegründeten Kloster auf einer Insel im Seeoner Klostersee Benediktinermönche. Im Mittelalter schätzte man sie wegen ihrer prunkvollen Handschriften. Später beehrte sie ein berühmter Gast: Mozart, der in Seeon zwischen 1767 und 1769 logierte und komponierte. Nach der Vertreibung der Mönche wäh-

Einzig erhaltenes Stadttor der mittelalterlichen Befestigung von Rosenheim ist das Mittertor.

* Rott am Inn
Die ehemalige Benediktiner-Klosterkirche gilt als letztes großes Werk des bayerischen Rokoko. Hier vereinen sich lichte Raumwirkung und kostbare Ausstattung zum heiter-festlichen Gesamtkunstwerk.

* Rosenheim
Die historische Salzstadt, wirtschaftliche und kulturelle Metropole Südostbayerns, ist für ihre Fachschulen bekannt, darunter die Ingenieurschule für Holz- und Kunststofftechnik. Das Herz der Stadt bildet der Max-Joseph-Platz mit dem Mittertor (14. Jahrhundert). Einen guten Überblick über die Stadtgeschichte bietet das Heimatmuseum. Wechselnde kulturgeschichtliche Ausstellungen finden im Lokschuppen des Alten Bahnhofs statt.

** Urschalling
Die kleine Jakobuskirche des Orts gehört zu den kunsthistorisch interessantesten Sehenswürdigkeiten des Chiemgaus. Der schlichte spätromanische Bau birgt kostbare mittelalterliche Fresken in einzigartiger Fülle.

*** Chiemgau
Das Chiemgau ist eine alte Natur- und Kulturlandschaft im südöstlichen Bayern. Begrenzt wird das Chiemgau durch den Inn im Westen, die Chiemgauer Alpen im Süden und den Rupertiwinkel sowie das Berchtesgadener Land im Osten. Das Chiemgau wird vor allem durch seine Seen und Moore geprägt, wie zum Beispiel das Kendlmühlfilzen im Süden des Chiemgaus, eines der größten Hochmoore Süddeutschlands. Typisch ist die Landschaft rund um die Seenplatte von Seeon und Eggstätt und natürlich auch das »Bayerische Meer« – der Chiemsee. Er bildet das Herz der Region. An seinem Ostufer liegt Chieming, das der gesamten Region den Namen gab. Der Mensch hat über Jahrtausende diese urzeitliche Landschaft durch Ackerbau und Siedlungsbau zu einer einmaligen Kulturlandschaft geformt. Die Klöster in Seeon und auf der Traueninsel sowie die großen, aus Stein gebauten bäuerlichen Anwesen, im Volksmund »Itakerhöfe« genannt, sind Zeugnis für die reichhaltige Kultur der Region. Auch König Ludwig II. war von der Schönheit der Landschaft so beeindruckt, dass er »sein Versailles« auf einer Insel im Chiemsee errichten wollte. Heute ist das Chiemgau eine bodenständige, von Landwirtschaft und Tourismus geprägte Region, die für viele Besucher mit ihren weiten Feldern, sanften Hügeln und den typischen Zwiebeltürmen das Idealbild Bayerns darstellt.

** Seeoner Seen
Das Naturschutzgebiet Seeoner Seen ist eine Eiszerfallslandschaft mit lichten Auenwäldern, Nieder- und Hochmooren nördlich des Chiemsees. Sieben größere Einzelseen, die keine Oberflächenzuflüsse haben, sondern nur von Grund- und Regenwasser gespeist werden, bieten einer Vielzahl von Insekten, Amphibien und Vögeln einen unberührten Lebensraum. Bei einer Wanderung durch die Seenplatte sollte man einen Abstecher zum Kloster Seeon, das die Geschichte hier geprägt hat, unbedingt mit einplanen.

* Eggstätter-Hemhofer Seenplatte
Bereits seit 1939 ist die Landschaft nördlich des Chiemsees Naturschutzgebiet. Das Landschaftsbild wird von Moränenhügeln, Toteislöchern, Auen, Mooren und den Seen geprägt. In der urzeitlichen Landschaft finden sich viele seltene Insektenarten wie zum Beispiel der Hochmoor-Perlmuttfalter und die Libellenart Zierliche Moosjungfer. Am besten erkundet man die Seen auf einem der Rundwege, die durch die harmonische Landschaft führen.

Rechts oben: See im renaturierten Hochmoor Kendlmühlfilzn; rechts unten: Kloster Seeon im Seeoner See.

rend der Säkularisation diente die Anlage profanen Zwecken – als Brauerei, Möbelfabrik und Kaserne. Seit 1993 beherbergen die Gemäuer das Kultur- und Bildungszentrum des Bezirks Oberbayern. Besucher sollten sich die – ursprünglich romanische, dann im Stil der Spätgotik umgestaltete – Klosterkirche St. Lambert ansehen, aus der die »Seeoner Madonna« (1433) stammt. Im Hochaltar findet sich allerdings nur eine Kopie.

Oberbayern

*** Chiemsee

Mit 80 Quadratkilometern ist der Chiemsee der größte bayerische See, er ist Anziehungspunkt für Wassersportler, Erholungsuchende und Kulturbegeisterte. Auf dem See selbst gibt es einen regelmäßigen Schiffsverkehr, der zwischen den größeren Orten sowie zu der Herren- und der Fraueninsel verkehrt. Die 14 Boote der Chiemsee-Schiffahrt ermöglichen einen bequemen Transport und traumhafte Blicke in die Chiemgauer Alpen. Der See ist eines der bekanntesten Urlaubsziele in Bayern, und in den Sommermonaten sind Erholungsuchende aus aller Welt zu Gast. Trotzdem gibt es geschützte Bereiche – vor allem in der Hirschauer Bucht, die der Flora und Fauna Rückzugsorte bieten und Heimstatt vieler Pflanzen, Insekten und Vögel sind.

Aus der Luft zeigen sich erst die Ausmaße des unberührten Deltas der Tiroler Ache.

** Tiroler-Achen-Delta

Die Tiroler Ache ist der bedeutendste Zufluss des Chiemsees. Das Mündungsdelta ist Naturschutzgebiet, das nicht betreten werden darf. Der Fluss spült große Mengen an Sand und Geröll in den See, sodass das Delta jedes Jahr um etwa 10 000 Quadratmeter wächst. Die Auenwälder, Kiesbänke und Wasserflächen dienen seltenen Vögeln wie dem Schwarzhalstaucher, dem Kormoran, der Schellente, dem Gänsesäger, dem Wespenbussard, dem Schwarzmilan, der Rohrweihe, der Tüpfelralle, dem Wachtelkönig und der Bekassine als Brutplatz.

** Weißache

Die Weißache mündete früher in die Tiroler Ache. Um die Verlandung des Chiemsees durch die Tiroler Ache zu verlangsamen, wurde Anfang des 20. Jahrhunderts der Rothgraben angelegt, der nun die Weißache parallel zur Tiroler Ache in den Chiemsee führt. In dem Moorbach, der

Fraueninsel

Die nur rund 700 Meter lange und etwa 200 Meter breite Fraueninsel (auch »Frauenchiemsee« genannt) ist wesentlich kleiner als das benachbarte Herrenchiemsee, aber seit langer Zeit besiedelt. Neben einigen Fischerfamilien leben hier Benediktinernonnen in dem im 8. Jahrhundert gegründeten Kloster Frauenwörth. Besichtigen kann man die Klosterkirche mit dem weißen, frei stehenden Glockenturm – dem Wahrzeichen des Chiemgaus – und die aus karolingischer Zeit erhaltene Torhalle gegenüber dem Friedhof. Als Souvenir empfehlen sich die Marzipanprodukte, die die Nonnen neben Likören und Lebkuchen herstellen. Auch einige Gasthäuser gibt es auf der Insel; die charmanteste Brotzeit-Alternative haben aber die Fischer anzubieten, die in ihren Gärten geräucherte Renken reichen.

Am Ostufer des Chiemsees liegt Gstadt, von hier hat man einen tollen Blick auf die Fraueninsel.

durch eine urwüchsige Landschaft führt, leben heute zahlreiche Fischarten wie Döbel, Rutte, Aal und Hecht. An seinen Ufern findet man die Kreuzotter, und auch zahlreiche Amphibien sind hier heimisch. Ein Erlebnisweg mit 20 interaktiven Stationen lädt dazu ein, die Flora und Fauna kennenzulernen.

*** **Kendlmühlfilzn** Südlich des Chiemsees liegt das Naturschutzgebiet Kendlmühlfilzn. Das Hochmoor entstand durch die Verlandung des Ur-Chiemsees. Bis weit in die 1980er-Jahre hinein wurde in dem Moor Torf abgebaut. Erst durch den entschiedenen Einsatz von Anwohnern und Naturschützern wurde das Moor im Jahr 1992 geschützt und ein Programm zur Renaturierung aufgelegt. Heute findet man hier wieder Kiebitze, Moorfrösche und Auerhühner. Im Frühjahr blühen das Wollgras und der Sonnentau, und auch das Haarmützenmoos ist hier wieder heimisch.

* Aschau im Chiemgau

Seit einigen Jahren ist der schöne alte Ort im Priental auch für seine Haute Cuisine bekannt: Hier kocht Sterne-Koch Heinz Winkler in seiner noblen »Residenz«. Hoch über dem Ort erhebt sich Schloss Hohenaschau, ein mächtiger Renaissancebau mit mittelalterlichem Bergfried und barocken Prunksälen.

* Traunstein

Hier kreuzen sich Inn- und Traun-Alz-Radweg sowie Salinen-, Achental- und Chiemgauweg. Im Mittelalter verlief hier die »Güldene Salzstraße«. Die Wohn- und Betriebsgebäude der einstigen Saline können im Stadtteil Au besichtigt werden.

Oben: Für manche ist der Chiemsee das »Bayerische Meer«. Daher heißt der Hauptanlegeplatz Übersee.

Herrenchiemsee

Die Leute kommen natürlich alle nur wegen ihm, dem Märchenkönig: ungeachtet dessen, dass sich auf Herrenchiemsee – einer der beiden Inselattraktionen im Chiemsee, die man per Schiff von Prien aus erreicht – ein »Altes Schloss« besichtigen lässt. Darin wurde im Jahr 1948 immerhin das Grundgesetz der Bundesrepublik vorbereitet. Aber was ist das schon gegen das »Neue Schloss«, mit dem König Ludwig II. seinen letzten Traum verwirklichen wollte: (s)ein bayerisches Versailles? 1878 ließ er den Grundstein für den Bau legen, dessen Gartenfassade zumindest mit dem französischen Original fast

identisch ist. Aus finanziellen Gründen wurde das Projekt jedoch nicht vollendet. Lediglich 20 der geplanten 70 Räume konnten fertiggestellt werden: eine Art »Best-of-Versailles-Konzept«, darunter Ludwigs Lieblingsräume wie das Paradeschlafzimmer und der 98 Meter lange Spiegelsaal, der die Maße des Originals übertrifft. Ganze neun Tage lang wohnte Ludwig II. in seinem unvollendeten Traumschloss.

Oberbayern

Mountainbiker finden am Samerberg waghalsige Strecken.

Herrlich urprünglich ist das Tal des Wildbachs Prien.

*** Chiemgauer Alpen

Die Chiemgauer Alpen bilden den südlichen Abschluss des Chiemgaus. Im Westen ist der Inn, im Osten die Traun und die Berchtesgadener Alpen die Grenze dieser Gebirgsgruppe in den nördlichen Kalkalpen. Obwohl die Berge mit 1500–1900 Metern nur eine bescheidene Höhe erreichen, gewähren sie viele wunderschöne Ausblicke über die bayerischen Voralpen, den Chiemgau mit dem bayerischen Meer und teilweise bis in die Zentralalpen. Der höchste Berg ist mit 1961 Metern das Sonntagshorn südlich von Ruhpolding, das im Winter ein beliebtes Ziel von Skitourengehern ist. Die meisten Berge sind eher sanfte Erhebungen, die von mehreren Seiten relativ einfach bestiegen werden können. Die Nähe zu München, die leichte Erreichbarkeit, das reiche Angebot an Hütten und Almen sowie die Aufstiegshilfen am Hochfelln, an der Kampenwand und am Hochries haben dazu geführt, dass die Chiemgauer Alpen eine beliebte Ausflugsregion geworden sind. Trotz des Ansturms hat sich die Landschaft ihren natürlichen Charakter bewahrt und viele Tier- und Pflanzenarten haben hier Rückzugsgebiete gefunden. So kann man selbst am helllichten Tag nur einige Höhenmeter unterhalb der Bergstation der Hochfelln-Bahn Murmeltiere pfeifen hören und

Gämsen

Ob Gämse, Gams oder – nach alter Rechtschreibung – Gemse: Alle drei Begriffe bezeichnen dieselbe Art *Rupicapra rupicapra*. Die zu den Ziegenarten zählende Gämse lebt vorwiegend in den Hochgebirgslagen des Alpenraums. Sie findet zwar auch oberhalb der Baumgrenze genügend Lebensraum und Nahrung, die vor allem aus jungen Trieben besteht, bevorzugt allerdings hohe Berge mit dichten Wäldern, in die sie sich zurückziehen kann. In Deutschland hat sie eigentlich keine natürlichen Feinde, Angriffe von Luchsen sind äußerst selten. Am meisten macht der Gämse der Mensch zu schaffen: Tausende werden jedes Jahr allein in Deutschland bejagt. Dies geht allerdings mit einer stabilen Population einher, die Gämse gilt derzeit nicht als in ihrem Bestand gefährdet.

sie mit etwas Glück auch in den grasigen Abhängen vor ihrem Bau sitzen sehen.

** Heuberg und Heutal Der Heuberg ist eine Ansammlung von vier Berggipfeln (Wasserwand, Kitzstein, Heuberg, Kindlwand) über dem Inntal und bildet den Abschluss der Chiemgauer Alpen nach Westen. Der Heuberg selbst ist mit 500 Höhenmetern Aufstieg eine leichte Familienwanderung. Die Wasserwand, die rechts vom Heuberggipfel liegt, ist dagegen eine anspruchsvolle Tour, die an einigen Stellen mit Drahtseilen gesichert ist. Auf dem Rückweg lohnt ein Abstecher zu den Wasserfällen in der Nähe des Berggasthofs »Duftbräu«.

** Samerberg Das Hochplateau Samerberg liegt 200 Höhenmeter über dem Inntal am Fuß der Hochries. Hier findet man zahlreiche Almen und Hütten, die die Region – neben der Schönheit der Natur – zu einem beliebten Wandergebiet machen. Vor allem abseits der Wege haben sich einige Quellmoose erhalten, die eine reiche Artenvielfalt bieten. Schöne Alpenpflanzen, die man hier entdecken kann, sind Mehlprimel, Alpenfettkraut und Ragwurz.

*** Priental Die Prien, ein 32 Kilometer langer Wildbach, hat ein wunderschönes Tal im Herzen der Chiemgauer Alpen geschaffen. Westlich wird es vom Zellerhorn und Spitzstein und östlich von der Kampenwand und dem Geigelstein überragt. Hauptort des Tals ist Aschau, das Ausgangspunkt für viele Aktivitäten ist. Die Prien mündet in den Chiemsee und sorgt mit ihrer Fracht aus Sedimentgestein für die Verlandung der Schafwaschener Bucht.

*** Kampenwand Die Kampenwand ist nicht der höchste Berg der Chiemgauer Alpen,

Krokusse begrüßen den Frühling am Heuberg.

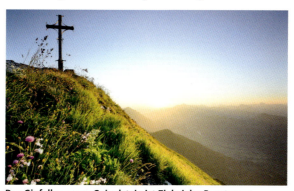
Das Gipfelkreuz am Geigelstein ist Ziel vieler Bergtouren.

aber einer der bekanntesten und markantesten. Ihr 12 Meter hohes Kreuz, das größte in den bayerischen Alpen, ist schon von Weitem gut erkennbar. Auch der Gipfel mit seinem felsigen Kamm sticht aus den umliegenden Bergen deutlich hervor. Der Aufstieg von Aschau über die Steinlingalm bis zum Gipfel dauert knapp drei Stunden. Bis zur Steinlingalm führt auch eine Seilbahn. Die letzten gut 200 Höhenmeter erfordern Trittsicherheit und Schwindelfreiheit, da man für den Endspurt bis zum Gipfel den Einsatz der Hände benötigt. Kurz vor dem Gipfel führt der Weg durch die Kaisersäle – eine kleine Schlucht – und schließlich über eine Eisenbrücke zum höchsten Punkt. Vom Gipfel bietet sich ein eindrucksvoller Ausblick über das bayerische Meer, den Chiemgau, das Mangfallgebirge und die Berchtesgadener Alpen.

** Geigelstein Der Geigelstein ist seit 1991 Naturschutzgebiet. Eine Bürgerinitiative hat sich hier erfolgreich gegen den Bau eines Skigebiets zur Wehr gesetzt und den Erhalt des einzigartigen Naturraums ermöglicht. Rund um den 1813 Meter hohen Berg findet man über 720 Farn- und Blütenpflanzen, von denen mehr als 100 streng geschützt sind. Dieser einzigartige Blumenberg kann im Sommer auch von Ungeübten bestiegen werden. Sogar im Winter gibt es zwei Routen für Skitourengeher, wobei der Aufstieg von Westen die einfachere Variante ist.

*** Weißbachklamm Die Weißbachschlucht liegt zwischen Weißbach und Schneizlreuth an der deutschen Alpenstraße. Der Weißbach hat sich hier eine tiefe, enge Schlucht gegraben, die auf einem fünf Kilometer langen Wanderweg erkundet werden kann. Vor allem für Kinder ist schon der Weg zur Schlucht ein Erlebnis, da sie hier einen idealen Wasserspielplatz vorfinden, mit Kiesbänken zum Planschen und erfrischenden Gumpen, die zum Baden einladen.

* Streichenkapelle bei Schleching
In die majestätische Bergwelt der Chiemgauer Alpen eingebettet, liegt dieses mit Schindeln gedeckte Kirchlein. Die Wallfahrtskapelle auf dem Streichen ist eine wahre Schatzkammer spätgotischer Sakralkunst, mit Freskenzyklen, figurenreichem Hochaltar und exquisiten Holzplastiken. Aber man muss sie sich »ergehen«!

* Reit im Winkl
Der in einem Tal des südlichen Chiemgaus liegende Höhenluftkurort ist ein alpenländisches Dorf wie aus dem Bilderbuch – mit Lüftlmalerei und zwiebelförmigem Kirchturmaufsatz. Aufgrund seiner relativ schneesicheren Lage ist er besonders bei Wintersportlern geschätzt.

** Ruhpolding
In Ruhpolding bietet sich ein Besuch des Hammerschmiede-Museums an. Hier wurden mehrere Hundert Jahre lang Eisenwaren und vor allem Kuhglocken geschmiedet. Eine beeindruckende Sammlung von Kuhglocken ist im Museumsladen zu besichtigen. Die Mühle wurde mit einem Wasserrad betrieben, das bis heute im Einsatz ist.

Linke Seite oben: Kletterer finden ausgezeichnete Bedingungen an den Felsen der Kampenwand vor.

Oberbayern

In einem hübschen Tal lugt die Kirchturmspitze von Kloster Höglwörth aus den Nebelschwaden hervor.

Berchtesgadener Land

Deutschlands südöstlichster Winkel ist eine Landschaft wie aus dem Bilderbuch: schroffe Berge mit kühler, klarer Luft, darunter liebliche Täler mit stillen Seen. Nicht umsonst haben seit der Romantik zahllose Maler immer wieder versucht, diese Symphonie von Farben und Licht in ihren Werken einzufangen. Ergänzt wird dieses Bild von den vielen Sagen und Legenden, die sich hier auf die Natur beziehen, allen voran das Watzmannmassiv in den Berchtesgadener Alpen. Dort befindet sich auch Deutschlands einziger alpiner Nationalpark rund um den Königssee mit einer Vielzahl an abwechslungsreichen Wander- und Klettertouren. Wer nur rasch den Ausblick genießen will, nimmt die Bergbahnen. Im Winter locken sechs Skigebiete und die beiden Thermen in Bad Reichenhall und Berchtesgaden.

* Inzell
Der im geschützten Talkessel der Roten Traun gelegene Ort wurde als Eisschnelllaufzentrum weltberühmt. Die 400-Meter-Bahn im Kunsteisstadion wird im Sommer als Rollschuhbahn genutzt. Auf einem der vielen Wanderwege gelangt man zum eiszeitlichen Gletschergarten und vom historischen Salinenweg zum Solehochbehälter Nagling. Sehenswert sind die Pfarrkirche St. Michael von 1727 und die romanisch-gotische St.-Nikolaus-Kirche mit ihren spätgotischen Gemälden.

* Anger
Für König Ludwig I. war Anger das schönste Dorf Bayerns. Und wer dieses ländliche »Gesamtkunstwerk« aus hügeliger Landschaft, historischen Bauernhäusern, dem grünen Anger und einer stattlichen Dorfkirche einmal gesehen hat, wird ihm auch über 150 Jahre später noch zustimmen.

* Höglwörth
Wie eine Wasserburg erhebt sich auf einer Halbinsel im Höglwörther See das ehemalige Augustinerchorherrenstift. Im 11. Jahrhundert gegründet, erlebte es nach einer Zeit des Verfalls im 17./18. Jahrhundert eine neue Blüte. Ein spätbarockes Meisterwerk ist der Kirchenraum (1689), der üppig mit filigranen Wessobrunner Stuckaturen dekoriert wurde.

** Bad Reichenhall
Das Salz hat die Stadt einst bedeutend gemacht. Seit keltischer Zeit werden die reichen Salzlager (»Hall« bedeutet Salz) aus dem Berg herausgewaschen – so noch in der Alten Saline mit dem Salzmuseum zu sehen. Seit dem 19. Jahrhundert kommt man zur Kur nach Reichenhall, worauf noble Bauten der Gründerzeit hinweisen. Sehenswert ist St. Zeno, Bayerns größte romanische Kirche.

* Schellenberger Eishöhle
Die einzige erschlossene Eishöhle Deutschlands, eine bizarre Welt aus Wasser, Eis und Fels, liegt im Berchtesgadener Land in Untersberg auf 1570 Meter Meereshöhe.

* Obersalzberg
Auf dem Areal von Hitlers einstigem Feriendomizil »Berghof«, das nach 1933 zum zweiten Machtzentrum neben Berlin ausgebaut wurde, ist heute ein Dokumentationszentrum des Instituts für Zeitgeschichte München-Berlin mit der Ausstellung »Dokumentation Obersalzberg« eingerichtet.

** Maria Gern
Die bäuerlich barocke Wallfahrtskirche vor der Kneifelspitze, daneben ein Wirtshaus – bayerischer geht's nicht! Die vielen Votivtafeln, Ausdruck von Volksfrömmigkeit und Volkskunst, geben Kunde von Freud und Leid der Pilger.

Oben: Bayerische Postkartenidylle pur: Über saftigen Almwiesen ragt die kleine Wallfahrtskirche Maria Gern empor, im Hintergrund zeigt sich der fotogene Watzmann im Morgenrot.

Oberbayern
Berchtesgaden

Pittoresker Marktplatz von Berchtesgaden mit Stiftskirche.

** Berchtesgaden
Vor überwältigender Bergkulisse duckt sich Berchtesgaden in einen Talkessel. Heute zählt der Besuch des Schaubergwerks zu den beliebtesten Touristenattraktionen. Weitere Sehenswürdigkeiten des seit dem 12. Jahrhundert bestehenden Orts sind das prächtige »Hirschenhaus« mit Lüftlmalerei am Marktplatz, das Königliche Schloss und die Stiftskirche.

** Marktplatz
Den zentralen Platz säumen mittelalterliche Bürgerhäuser, die einst wohlhabenden Holzwaren- und Spielzeugherstellern gehörten. Blickfang ist in ihrer Mitte der schöne Marktbrunnen aus dem Jahr 1558. Seine Fassung ist allerdings jünger und stammt aus den Jahren 1677 und 1860.

*** Hirschenhaus
Das vom Ende des 16. Jahrhunderts stammende, ehemalige Gasthaus »Zum Hirschen« beeindruckt mit wunderbarer Lüftlmalerei an der Fassade. Diese Fresken entstanden im Jahr 1610 und zeigen Affen, die menschliche Untugenden nachahmen. Der seitliche Rundturm wurde dem Hirschenhaus erst 1894 angefügt.

* Franziskanerkirche
In den Jahren 1488 bis 1519 entstand das seit 1695 den Franziskanern gehörende Gotteshaus als Klosterkirche der Augustiner-Chorfrauen. In der zweischiffigen spätgotischen Hallenkirche sind besonders die Reliefs an der Emporenbrüstung (16. Jahrhundert), die spätgotischen Netz- und Sterngewölbe sowie die Marienkapelle (17. Jahrhundert) mit der um 1450 geschnitzten Ährenmadonna sehenswert.

* Pfarrkirche St. Andreas
Die einschiffige romanische Saalkirche wurde im späten 15. Jahrhundert erbaut, aber 1698 bis 1700 erweitert und innen barockisiert. Den Hochaltar schufen einheimische Künstler um das Jahr 1705, die Seitenaltäre entstanden dagegen bereits in der ersten Hälfte des 17. Jahrhunderts.

** Königliches Schloss Berchtesgaden
Im Mittelalter war der Bau ein Kloster der Augustiner-Chorherren, wovon immer noch der spätromanische Kreuzgang und das Dormitorium zeugen. Doch nach der Säkularisation bauten die Wittelsbacher von 1810 bis 1918 das Anwesen zu ihrem Sommersitz aus. Heute zeigt in den historischen Mauern das Schlossmuseum neben einer Kunst- auch die Jagdsammlung von Kronprinz Rupprecht von Bayern, der 1922–1933 hier im Schloss lebte.

*** Stiftskirche St. Peter und St. Johannes
Die Stiftskirche des Augustiner-Chorherrenstifts ist im Kern ein dreischiffiges gotisches Langhaus, ihre Doppelturmfassade stammt jedoch aus romanischer Zeit. Die üppige Innenausstattung aus Marmor zeugt vom Reichtum und der Macht der Fürstpröbste. Sehenswert ist besonders der frühgotische Chor, der 1283 bis 1303 erbaut wurde. Die Türme mussten nach einem Blitzschlag 1866 neu errichtet werden.

** Alter Berchtesgadener Friedhof
Der im Jahr 1685 angelegte Friedhof steht heute unter Denkmalschutz. Neben einigen schönen Grabmälern verdienen auch die alten, in die Friedhofsmauer eingelassenen Grabsteine genauere Betrachtung. Auf dem Friedhof ruht auch Berchtesgadens ältester Bürger, Anton Adner (1707 bis

Salz und Salzstraßen

Immer schon hatte das Salz für Oberbayern eine große Bedeutung. Das Berchtesgadener Land wurde durch die Gewinnung und den Transport von Salz wohlhabend. Salz war nicht nur ein begehrtes Gewürz, es diente auch zur Konservierung von Speisen und wurde beim Gerben verwendet. Seit dem Mittelalter war das »Weiße Gold« eine wichtige Geldquelle, um die sich die Salzburger Bischöfe und Berchtesgadener Augustinerkloster stritten. In Berchtesgaden wurde das Salz bergmännisch gewonnen, in Reichenhall durch Erhitzen der Sole. Auf Schiffen wurde das Salz bis ins 19. Jahrhundert die Salzach und den Inn hinab nach Passau transportiert. Dem Salz verdanken München und Landsberg ihre Bedeutung, denn ab 1158 verlief die Salzstraße zum Bodensee über diese Orte.

1822), der noch bis ins hohe Alter die »Berchtesgadener War'«, wie man hier die vor Ort hergestellten Holzwaren wie beispielsweise das Spielzeug nennt, im Umland vertrieb.

** Mundkochhaus Westlich der Pfarrkirche St. Andreas steht das aus dem Jahr 1643 stammende Mundkochhaus. Seinen Giebel schmückt ein prächtiges Wandgemälde, auf dem der heilige Rupertus dargestellt ist. Die Fensterlaibungen sind aus Ramsauer Nagelfluh gearbeitet, einem klastischen Sedimentgestein aus Kalksteingeröllen mit Sandstein.

*** Nationalpark-Haus Das Nationalpark-Haus befindet sich in einem Klostergebäude, das auch heute noch von Franziskanern genutzt wird. In diesem Gebäude befindet sich die ausgezeichnete zentrale Informationsstelle für den Nationalpark Berchtesgaden. In den Ausstellungen, bei Filmvorführungen und in der hauseigenen Bibliothek erfährt der Besucher viel Wissenswertes über den 210 Quadratkilometer großen Nationalpark um Königssee und Watzmann im Süden von Berchtesgaden. Der Nationalpark-Shop bietet Wanderern und Naturfreunden sowohl Karten, Broschüren und Informationsmaterial als auch Souvenirs.

* Luitpolddenkmal Prinzregent Luitpold (1821–1912) regierte das Königreich Bayern von 1886 bis 1912. Seine Untertanen liebten und verehrten ihn wegen seiner volkstümlichen und väterlichen Art. 1893 errichtete die Berchtesgadener Bevölkerung ihm zu Ehren im Luitpoldpark ein Denkmal.

Oben: Berchtesgaden wird vom Watzmann überragt.

Oberbayern

Oberbayrische Perchten

Gehörnte Fratzen, zottelige Tierfelle, dazu schnelle, linkische Bewegungen und archaisches Gebrüll: Nein, einem Perchtenläufer möchte man nicht allein nachts auf der Straße begegnen. Dabei wollen sie doch nur böse Geister darstellen. Und wer den Winter vertreiben will, muss schon ein bisschen Lärm machen. Seinen Ursprung hat das wilde Treiben der Perchten vermutlich in vorchristlicher Zeit. Der Begriff leitet sich von »Percha« ab, einem hexenartigen Fabelwesen, das dem alten Volksglauben zufolge in den Raunächten mit ihren finsteren Gesellen ihr Unwesen treibt. Bis heute kümmern sich in Berchtesgaden, wo sich die Perchten »Buttmandl« nennen, und umliegenden Orten spezielle Vereine um den Fortbestand der Tradition.

Schnell rauscht das Wasser durch die Wimbachklamm, die gut mit Holzstegen erschlossen ist.

*** Nationalpark Berchtesgaden

1978 wurde der Nationalpark als erster und einziger hochalpiner Nationalpark in Deutschland mit dem Ziel gegründet, einen Rückzugsraum für die Natur in diesem einsamen Flecken im Südosten Bayerns zu schaffen. Das Herzstück des Parks ist der Königssee mit den umliegenden Bergen des Hagengebirges, des Watzmannstocks, des Hochkalters und der Reiteralpe. Obwohl der Park von über 230 Kilometern Wanderwegen erschlossen wird, ist das gesamte Gebiet bis auf die touristischen Hotspots am Königssee, St. Bartholomä und dem Jenner eher einsam. So kann man hier ungestört majestätische Adler, Rotwild, Gämsen, Steinböcke und Murmeltiere beobachten. Auch viele Insekten, Reptilien und Amphibien leben im Nationalpark – stellvertretend sei hier die Schwarze Kreuzotter genannt. Seltene Pflanzen wie der Frauenschuh, das Edelweiß und die Zwergprimel kann man hier ebenfalls entdecken. Aber nicht nur Flora und Fauna machen die Besonderheit des Nationalparks aus, sondern vor allem die vielen interessanten geologischen Phänomene wie der Funtensee, das Wimbachtal oder der Blaueisgletscher. Um seinen Aufenthalt in diesem idyllischen Flecken zu planen, sollte man mit einem Besuch im Nationalparkzentrum in Schönau beginnen.

*** Hintersee und Hintertal

Der Hintersee ist ein kleiner, malerischer See am Fuße des Hochkalters. Entstanden ist der See durch einen Bergsturz aus dem Blaueistal vor etwa 4000 Jahren. Der See ist im Winter bei Wintersportlern zum Eislaufen und Eisstockschießen sehr beliebt. Im Sommer zieht der Zauberwald am Ostufer viele Besucher in seinen Bann. Aus Teilen des Bergsturzes hat sich eine wildromantische Schlucht gebildet, mit großen Felsblöcken, die zum Teil von Pflanzen überwuchert sind. Durch diese Märchenwelt bahnt sich ein Wildbach seinen Weg.

** Hochkalter

Westlich des Watzmannmassivs oberhalb des Wimbachgries liegt die Hochkaltergruppe. Keiner der Gipfel hier ist über einen Wanderweg erschlossen, weshalb die Gegend vor allem bei Kletterern sehr beliebt ist. Wanderer kommen herauf, um von der Blaueishütte aus, die Kletterern als Stützpunkt dient, einen Blick auf das Blaueis zu werfen – den nördlichsten Gletscher der Alpen, der in den letzten Jahren viel an Fläche verloren hat.

*** Wimbachtal und Wimbachklamm

Das zwölf Kilometer lange Hochtal liegt zwischen den Gebirgsmassiven des Watzmanns und des Hochkalters. Am Eingang des Tals befindet sich die romantische Wimbachklamm. Über Jahrmillionen hat sich der Wildbach hier einen Weg durch das Gestein gebahnt und eine einmalige Naturschönheit mit unzähligen Wasserfällen geschaffen. Der hintere Teil des Tals bis zu den Palfelhörnern wird von einem bis zu 300 Meter mächtigen Schuttstrom geprägt, der wie eine Mondlandschaft wirkt.

Hintersee (links oben) und Barmsteine (links unten) sind nur zwei der landschaftlichen Highlights des Nationalparks.

Oberbayern

Nebel hat sich über dem Funtensee gebildet und gibt der Landschaft ein mystisches Gepräge.

*** Königssee und Obersee

Der Königssee ist einer der schönsten Seen der bayerischen Alpen. Mit seinem tiefen, smaragdgrünen Wasser liegt er wie in einem Fjord eingebettet zwischen den Bergen von Watzmann und Jenner. An der Nordseite befindet sich Schönau, der Hauptort des Sees. Auf dem Gewässer sind nur Elektroboote erlaubt, sodass über dem See eine unvergleichliche Stille liegt, die den Besucher die Hektik des Alltags vergessen lässt. Boote bringen die Gäste das ganze Jahr nach St. Bartholomä mit seiner eindrucksvollen Wallfahrtskapelle und zum Obersee. Der Obersee

Alpensteinböcke

In den Alpen leben wieder große Rudel von Steinböcken. Sie waren Mitte des 19. Jahrhunderts gänzlich verschwunden, wurden aber erneut angesiedelt. Alpensteinböcke wechseln jahreszeitlich kaum in tiefere Lagen. Im Winter suchen sie Südhänge nahe der Baumgrenze auf. Die Steingeiß ist nur wenige Tage brünstig, sie wird dann von einem starken Bock aufgesucht. Anfang Juni kommt ein Kitz zur Welt. Alpensteinböcke sind geschickte Kletterer, die sogar in Felskaminen von einer Wand zur anderen springen. Im Schnee hingegen zeigen sie sich unbeholfen und suchen lieber das nackte Gestein auf, wo sie Flechten äsen. Tagsüber ruhen Steinböcke gern wiederkäuend unter geschützten Felsüberhängen, in den Nachmittagsstunden ziehen sie grasend talwärts.

liegt, von einem Moränenwall getrennt, einen knappen Kilometer südlich des Königssees und ist über einen Wildbach mit ihm verbunden. Bedingt durch die Tiefe des Sees von über 190 Metern, friert er im Winter in der Regel nicht zu. Nur etwa alle zehn Jahre ist es möglich, zu Fuß von Schönau nach St. Bartholomä zu laufen – das letzte Mal war der See ganze 29 Tage im Jahr 2006 zugefroren. Ein Spektakel bietet der Almabtrieb am Königssee, da hier die Kühe mit dem Boot über das Gewässer gebracht werden müssen. Am Westufer werden sie dann für eine Parade geschmückt.

*** **Watzmann** Der Watzmann ist unbestritten der König der Berchtesgadener Alpen. Mit einer Höhe von 2713 Metern und seiner markanten Form thront er über dem Berchtesgadener Land. Die Überschreitung der drei Hauptgipfel – Hocheck, Mittelspitze und Südspitze – gilt als eine der anspruchsvollsten Bergtouren im bayerischen Alpenraum: insgesamt 2100 Höhenmeter müssen dazu überwunden werden, und mehrere Stellen verlangen Klettergeschick. Die Ostwand, mit 1800 Metern die höchste durchgehende Felswand der Ostalpen, ist der Traum und gleichzeitig auch oft der Alptraum für viele Alpinisten. Die Durchsteigung dieser Wand ist technisch nicht sehr kompliziert, aber die Länge der Tour und die schwierige Orientierung machen den Berg zum Schicksalsberg von über 100 Bergsteigern, die seit der Erstbesteigung hier den Tod fanden. Eine artenreiche Flora und Fauna zeichnet das Massiv ebenfalls aus, seltene alpine Pflanzen, wie das Wilde Alpenveilchen, die sonst in den bayerischen Alpen nicht mehr vorkommen, gedeihen hier.

** **Funtensee** Der Funtensee oberhalb des Königssees gilt mit –40 °C als Kältepol des Landes, da sich die Kaltluft im Winter in der Senke sammelt und wegen der fehlenden Sonneneinstrahlung nicht mehr entweichen kann. Diese klimatische Besonderheit führt zu einer doppelten Waldgrenze, nicht nur nach oben, sondern auch nach unten hört der Waldbewuchs etwa 60 Meter oberhalb des Sees auf, da die im Winter konstant unter null liegenden Temperaturen einen Baumbestand unmöglich machen.

Oben: Als Berchtesgaden 1810 zu Bayern kam, wurde St. Bartholomä einer der beliebtesten Aufenthaltsorte der bayerischen Könige.

Watzmann

Auf seine Weise ein »König« unter den bayerischen Bergen ist der Watzmann. Um den Schicksalsberg ranken sich viele Geschichten.

Der kleine Taubensee liegt auf einer Höhe von 873 Metern und gibt den Blick auf den Watzmann frei.

München

München ist eine Stadt, die alle Sinne anspricht: Das Leben genießt man in den Straßencafés, in den idyllischen Biergärten oder direkt an der Isar und im Englischen Garten. In das kulturelle München taucht man beim Opern- oder Theaterbesuch ein oder bei der Besichtigung der bekannten Museen. Auch die modernen architektonischen Höhepunkte sind längst zu Wahrzeichen der Stadt geworden, etwa die BMW Welt, die Allianz Arena oder das Olympiastadion mit seiner weltbekannten Zeltdachkonstruktion.

Die Skyline von München mit Neuem Rathaus, Frauen- und Theatinerkirche.

München

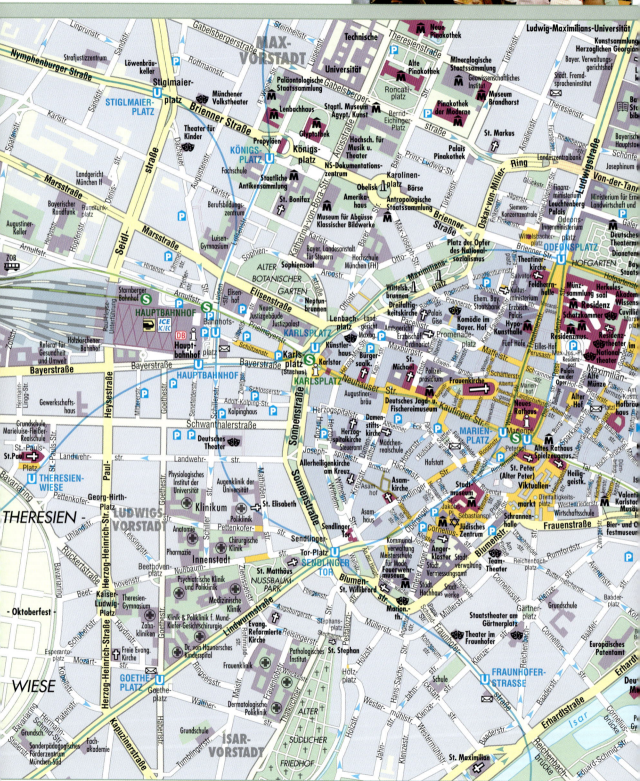

Biergärten

Biergärten sind eine Münchner Spezialität, um die die Stadt von der ganzen Welt beneidet wird. Hier zeigt sich die unverfälschte Münchner Lebensart. Dabei entstanden die Biergärten aus der puren Notwendigkeit, das Bier kühl zu lagern. Dazu legten die Münchner Brauereien große Keller an, auf die Schatten spendende Kastanien gepflanzt wurden. Unten kühlte das Bier auf Natureis, das im Winter an Seen und Weihern geholt wurde. Und oben saßen die Menschen unter den Kastanien und hatten Durst. Da genehmigte König Ludwig I. im 19. Jahrhundert den Bierausschank im Freien. Die Brauereien durften keine Speisen verkaufen, also brachten sich die Münchner ihr Essen zur frischen Mass aus dem Keller selbst mit. Dieser Brauch hat sich bis heute gehalten. Über 50 dieser Oasen hat München.

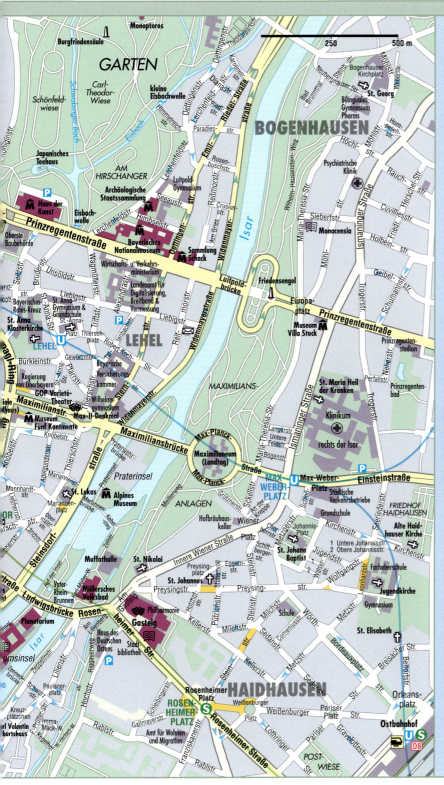

*** MÜNCHEN

Der gern gebrauchte Slogan »Laptop und Lederhose« passt nirgends in Bayern so gut wie in der Landeshauptstadt. Ein Großteil ihres Reizes beruht darauf, dass München einerseits moderne Weltstadt ist, andererseits ihre bayerische Tradition bewahrt hat.

München sei ein Dorf, heißt es manchmal, doch wer sich im Zentrum mit all seinen Kulturschätzen, Attraktionen und Shoppingmöglichkeiten inmitten von Menschenmassen aus aller Welt bewegt, wird das kaum so empfinden. Doch stärker als in anderen Großstädten ist in München das typisch Städtische auf ebendieses Zentrum konzentriert. Wer sich über den Mittleren Ring hinauswagt, der kann gemütliche Vororte finden, die tatsächlich

Die Bayerische Staatsoper gilt als eines der schönsten und besten Opernhäuser der Welt.

noch dörflichen Charme haben und bei denen etwa das Kirchweihfest mit Tracht und Blaskapelle, Festgottesdienst und Frühschoppen nicht anders gefeiert wird als im ländlichen Oberbayern. Doch um bayerische Gemütlichkeit zu finden, braucht man gar nicht weit zu gehen. Idyllische Innenstadtviertel wie das Lehel, die Au oder die Isarvorstadt befinden sich nur wenige Minuten abseits der »Touristenmeilen«.

237

München

Stachus

Der Karlsplatz oder Stachus, wie die Münchner ihn nennen, verdankt seinen Namen einem Wirt, der seit 1755 auf dem Gelände des heutigen Kaufhofs ein Gasthaus betrieb. Der Mann hieß Eustachius Föderl – »Stachus«. Wer aus dem Zwielicht der unterirdischen Einkaufsebene an die Oberfläche geflüchtet ist, blickt auf Zinnen, die zwischen den Geschäftsfassaden

*** Frauenkirche

Ihre Türme mit den welschen Hauben sind das Wahrzeichen Münchens. Der Südturm heißt »Stasi«, der Nordturm »Blasi«. Unbestritten haben beide Türme eine unterschiedliche Höhe, nur die genaue Differenz und den Grund dafür kennt man nicht. Die Stadt achtet jedenfalls darauf, dass kein anderes Gebäude des Stadtzentrums höher als 100 Meter werden darf. »Aus, Äpfel, Amen«, wie der Münchner sagt. Die Frauenkirche ist sein liebstes Gotteshaus. Wenn man das mächtige Geläut des Doms »Zu Unserer Lieben Frau« hört, kann man das verstehen. Majestätisch klingen die zehn Glocken, von denen die dickste, die Salveglocke Susanna von 1490, acht Tonnen wiegt. Der gotische Backsteinbau wurde bis 1494 in nur 20 Jahren fertiggestellt, weil der Papst allen Sündern, die nach München pilgerten und einen Wochenlohn spendeten, Ablass gewährte.

St. Michael: ein mächtiges Langhaus mit einem tiefen Chorraum.

*** Marienplatz

Hier ist Münchens urbane Mitte, und das schon seitdem die Stadt 1158 gegründet wurde. Ein Platz über unterirdischen S- und U-Bahnhöfen, eingerahmt von Kaufhausfronten, dem neugotischen Neuen Rathaus (1867–1909) sowie dem

hervortreten: das Karlstor (aus dem 14. Jahrhundert), einsames Relikt des mittelalterlichen Münchens. Die Verbindung zum Marienplatz ist die Neuhauser Straße, die nahtlos in die Kaufinger Straße übergeht – eine

Fußgängerzone mit zahllosen Geschäften und Straßenrestaurants. Nach 20 Uhr verliert sich der Menschenfluss und die Bauten kommen wieder zur Geltung, wie die Michaelskirche oder das Jagdmuseum.

Der Marienplatz bietet einen uneinheitlichen Mix der Baustile.

Die Touristen lieben den Anblick des Neuen Rathauses.

Alten Rathaus (1470–1480). Touristen treffen sich hier und betrachten den Schäfflertanz am Glockenspiel im Rathausturm. Unter einem riesigen Christbaum wird während der Adventszeit ein glühweinschwangerer Christkindmarkt abgehalten. Als Ludwig der Bayer im Jahr 1315 München die Marktfreiheit verlieh, tat er das mit der Auflage, dass der Marktplatz »auf ewige Zeiten« unbebaut bleiben sollte. 1638 ließ Kurfürst Maximilian I. die Mariensäule errichten – zum Dank für die Schonung der Stadt während der schwedischen Besatzung im Dreißigjährigen Krieg. Seit 1854 heißt das Zentrum Münchens nach der Madonna auf der Säule Marienplatz.

** Altes und Neues Rathaus

München hat zwei Rathäuser, das Neue und das Alte. Das Neue Rathaus hat eine neogotische prächtige »Zuckerbäckerfassade« mit Balkonen, Türmchen und Türmen, wie sie japanische Touristen gern fotografieren. Die stehen dann mittags zu Hunderten auf dem Marienplatz und schauen auf das malerische Gebäude, das erst von 1867 bis 1908 nach Entwürfen von Georg Hauberrisser errichtet wurde. In seinem 80 Meter hohen Turm ist ein Glockenspiel mit tanzenden Schäfflerfiguren installiert – die Fotoattraktion der Stadt. Ansonsten wird im Neuen Rathaus regiert und gefeiert, etwa die deutschen Meisterschaften des FC Bayern, der sich vom Rathausbalkon bejubeln lässt. Nur 100 Meter weiter steht das Alte, das historische Rathaus, ein 500 Jahre altes Bauwerk mit einer bronzenen Julia an der Südseite. Verliebte schmücken sie oft mit einer Rose.

** St. Michael

Ob es stimmt, weiß man nicht so genau, jedenfalls ist die Geschichte hübsch: Kurz nach der Grundsteinlegung stürzte anno 1590 der Turm der St.-Michael-Jesuitenkirche ein und zerstörte den Chor. Die Finanzbeamten des Herzogs hielten dies angesichts leerer Kassen für ein Zeichen des Himmels und schlugen vor, auf den Chorraum ganz zu verzichten. Wilhelm V. der Fromme entgegnete, dass der zerstörte Chorraum für einen bedeutenden Engel wie den heiligen Michael viel zu klein gewesen sei; so entstand ein überproportional langer Chorraum, eines der Merkmale von St. Michael. Es ist ein auffälliges Gotteshaus, das eher einem historischen Rathaus ähnelt als einer Kirche. Die Fassade zeigt den Übergang von Renaissance zu Barock. St. Michael wurde als weitere Grablege der Wittelsbacher konzipiert. Der berühmteste Tote in der Gruft ist König Ludwig II., der geliebte »Kini«.

Links oben: Der Dom »Zu Unserer Lieben Frau« ist seit 200 Jahren die Kathedrale der Erzbischöfe von München.

München

** Max-Joseph-Platz und Nationaltheater

Der Max-Joseph-Platz ist umrahmt von der Münchner Residenz, dem klassizistischen Nationaltheater, und in der Mitte befindet sich das Denkmal von König Maximilian I. Joseph von Bayern (1756–1825). Dieses Ensemble ließ sein Sohn König Ludwig I. (1786–1868) errichten. Das auffälligste Gebäude ist das Nationaltheater, Spielort der Bayerischen Staatsoper. Ein erstes Opernhaus wurde 1657 am Salvatorplatz gebaut. Seit 1811 entstand das Königliche Hof- und Nationaltheater, das nach zwei Bränden 1825 fertiggestellt war. Die heutige Form ist einem griechischen Tempel nachempfunden, ein Musentempel mit einer der größten und vielleicht einer der besten Bühnen der Welt. Im Zweiten Weltkrieg zerstört und nach alten Plänen wiederaufgebaut, wurde der heutige Bau 1963 mit Richard Strauss' »Frau ohne Schatten« wiedereröffnet.

Panorama vom Dianatempel im Hofgarten mit Residenz und Theatinerkirche.

*** Residenz

Der Renaissancebau ist das größte innerstädtische Schloss Deutschlands. Es entstand aus der kleinen gotischen Wasserburg Neuveste von 1385, in die sich die Bayernherzöge, die zuvor am Alten Hof residierten, nach Aufständen der Münchner Bürgerschaft zurückgezogen hatten. Bis 1918 war die Residenz Wohn- und Regierungssitz der über Bayern herrschenden Wittelsbacher. Herzöge, Kurfürsten und Könige hatten hier ihr Domizil. Der Gebäudekomplex, eine über die Jahrhunderte gewachsene Mischung aus Renaissance, Barock, Rokoko und Klassizismus, umfasst zehn Höfe. Heute ist die Residenz eines der bedeutendsten Raumkunstmuseen Europas mit 130 Zimmern. Auch die bayerische Staatsregierung nutzt das Schloss zu repräsentativen Zwecken, wenn der Ministerpräsident nach Neujahr das Corps Consulaire in alter Pracht und Herrlichkeit empfängt.

*** Hofgarten

Der Hofgarten ist eine anmutige und verführerische Oase im Herzen von München, die in

Cuvilliés-Theater

Das bedeutendste Rokokotheater Deutschlands ist nach seinem Erbauer François de Cuvilliés d. Ä. benannt. Es wurde 1751–1753 im Auftrag des bayerischen Kurfürsten Max III. Joseph als Neues Opernhaus in Nachbarschaft zur Residenz errichtet. Das Theater, das ursprünglich nur den adligen Mitgliedern der Gesellschaft vorbehalten war, entwickelte sich rasch zu einem kulturellen Mittelpunkt Süddeutschlands, 1781 fand dort die Uraufführung der Mozart-Oper »Idomeneo« statt. Nach den Bombenangriffen des Zweiten Weltkriegs wurde an seiner Stelle das Neue Residenztheater gebaut. Nur die bunten, kunstvoll in Holz geschnitzten originalen Rangeinbauten blieben übrig und kamen in das Apothekenstockwerk der Residenz. Heute glänzt das Cuvilliés-Theater wieder in alter Pracht.

Der Saal des Antiquariums in der Residenz wurde im 16. Jahrhundert von Wilhelm Egkl gestaltet.

der Morgendämmerung ein traumhaftes Bild bietet und in keinem Film, der die schönen Seiten der Stadt beschreibt, fehlen darf. Der Renaissancegarten ist eingerahmt von Arkadengängen mit über 100 Bögen, der Staatskanzlei mit der imposanten Kuppel des ehemaligen Armeemuseums und der Residenz. Dahinter sieht man die Konturen der Theatinerkirche. In der Mitte des zwischen 1613 und 1617 unter Kurfürst Maximilian angelegten Hofgartens erhebt sich der Diana-Tempel mit Muschelbrunnen (1615), der von Heinrich Schön d. Ä. entworfen wurde. Der Hofgarten ist keine museale Sehenswürdigkeit, sondern ein äußerst lebendiges Stück München. In und vor den Arkaden sitzen die Gäste verschiedener Bars und Cafés, tanzen bisweilen abends argentinischen Tango oder spielen Boule.

* Theatinerstraße

Die Theatinerstraße wurde nach dem Kloster der regulierten Chorherren von Theatra neben der Theatinerkirche benannt. Früher hieß sie »Hintere Schwabinger Gasse«, heute ist sie, ähnlich wie die Maximilianstraße, ein weitläufiger Shoppingboulevard, der Gäste aus ganz Europa lockt. Hier geht es ruhig und gemütlich zu, denn die Theatinerstraße ist verkehrsfrei; eine elegante Flaniermeile mit Restaurants, Cafés und einigen urbanen Sehenswürdigkeiten. Sie verbindet den Odeonsplatz über ihre Verlängerung, die Weinstraße, mit dem Marienplatz. Aufgrund der Flächenknappheit auf der Maximilianstraße sind viele Luxuslabels an die Theatinerstraße gezogen, beispielsweise die Modehäuser Armani, Strenesse, Dolce & Gabbana, Marc O'Polo, Patrizia Pepe, Virmani, Max Mara und viele andere mehr. In der Vorweihnachtszeit ist die Straße stimmungsvoll beleuchtet.

Oben: Der Max-Joseph-Platz liegt zwischen dem Nationaltheater und den Säulenarkaden der früheren Hauptpost. Außerdem markiert er den Beginn der Maximilianstraße.

München

*** Theatinerkirche

Wenn man so will, ist St. Kajetan ein italienisches Gotteshaus. Zwar wurde die Kirche von der bayerischen Kurfürstin Henriette Adelheid von Savoyen aus Dankbarkeit über die Geburt ihres Sohnes, des späteren Kurfürsten Max Emanuel, in Auftrag gegeben, doch Italiener entwarfen und bauten sie – nach italienischem Vorbild: Sant'Andrea della Valle in Rom stand Pate, als Agostino Barelli aus Bologna mit den Arbeiten begann. Er hatte nicht lange Freude daran, denn er überwarf sich mit seinem Landsmann, dem Theatinermönch Antonio Spinelli. 1674 war gerade mal der Rohbau fertig, als Enrico Zuccalli die Leitung übernahm, der auch die eigenwilligen Türme entwickelte. Doch erst 100 Jahre nach der Weihe im Jahr 1675 vollendeten François de Cuvilliés d. Ä. und sein Sohn François de Cuvilliés d. J. die Rokokofassade von St. Kajetan.

Das Siegestor wird von der Quadriga gekrönt, einer Bavaria mit vier Löwen.

*** Odeonsplatz

Eingefasst ist der italienisch anmutende Odeonsplatz von der Residenz, der Feldherrnhalle und der Theatinerkirche. Der Odeonsplatz verdankt seinen Namen dem Odeon, einem Konzertsaal, den König Ludwig I. 1827 bauen ließ und der im Zweiten Weltkrieg zerstört wurde. Die Feldherrnhalle ist eines der bekanntesten Bauwerke Münchens. Sie verkörpert gleichermaßen Glanz und

Die Wittelsbacher

Das Haus Wittelsbach, aus dem über Jahrhunderte die bayerischen Herrscher hervorgingen, ist eines der ältesten Adelsgeschlechter Deutschlands. Angeblich geht es sogar auf Karl den Großen zurück, doch das ist nicht sicher. Wahrscheinlicher ist, dass die Wittelsbacher vom Grafen Otto I. von Scheyern (um 1000) abstammen. Sie legten sich im 13. Jahrhundert das weiß-blaue Rautenwappen zu und teilten sich in mehrere Linien auf, deren eine die Könige von Bayern stellte. Zu ihnen zählen so legendäre Figuren wie Maximilian I., der Bayern die erste Verfassung gab, Ludwig I., Bauherr der Ludwigstraße, Maximilian II., Schöpfer der Maximilianstraße, Ludwig II., der noch immer geliebte »Kini«. Keine andere Familie hat München so nachhaltig geprägt wie die Wittelsbacher.

Elend dieser Stadt. König Ludwig I. hatte sie als Verherrlichung des bayerischen Heeres bauen lassen, mit Denkmälern für den Feldherrn Johann t'Serclaes Graf von Tilly, dem Heerführer der katholischen Liga während des Dreißigjährigen Krieges (1618–48), und den bayerischen Generalfeldmarschall Carl Philipp Joseph Fürst von Wrede (1767–1838), der mal mit, mal gegen Napoleon gekämpft hatte. Die unrühmliche Seite ist: Die Nazis hielten hier ab 1933 pompöse Gedenkfeiern und Ehrenwachen ab.

** Ludwigstraße und Siegestor

Beinahe wäre sie gar nicht entstanden, Deutschlands schönste Renaissancemeile, die so sehr an die Städtebaukunst südlich der Alpen erinnert. Der Magistrat der königlichen Residenzstadt München war nicht von König Ludwigs I. ehrgeizigem Projekt begeistert. Man wollte die geplante Prachtstraße verkürzen. Erst als Ludwig damit drohte, die Residenz nach Ingolstadt oder Regensburg zu verlegen, willigten die Stadtväter ein. So entstand die Ludwigstraße, die den Namen ihres Mentors trägt. Sie reicht von der Feldherrnhalle bis zum Siegestor. Dieses Baudenkmal sollte dem bayerischen Heer für seine Verdienste in den Befreiungskriegen gegen Napoleon von 1813–15 gewidmet werden. 1840 gab König Ludwig I. von Bayern seinem Architekten Friedrich von Gärtner den Auftrag, einen Triumphbogen nach dem Vorbild des römischen Konstantinbogens zu bauen. Zwei Jahre später war er fertig.

** Schwabing

Mythos Schwabing – das lässt auf Bohème und Verruchtheit schließen. Warum eigentlich? Der Begriff geht eher auf das Gegenteil zurück, denn als Schwabing 782 erstmals als »Svabinga« erwähnt wurde, hatte sich dort vermutlich ein braver Schwabe niedergelassen und ihm seinen Namen gegeben. Der Nachfolger verkaufte den verschuldeten Besitz an das Kloster Schäftlarn gegen die Zusicherung, dass ihm seine Sünden vergeben und das Fegefeuer erspart bleibe. Erst 1890 hat München seinen farbigsten Stadtteil eingemeindet. Da war Schwabing schon ein quirliges Künstlerviertel mit Maler- und Schriftstellerkommunen, mit Dichtern, Anarchisten, Säufern und anderen Genies. »Wahnmoching« hatte die Gräfin Franziska von Reventlow ihr Revier genannt. Heute ist der Mythos vielleicht verblasst, aber lebendig, bunt und abwechslungsreich ist es hier immer noch.

Den Hochaltar der Theatinerkirche (oben rechts; oben links Außenfassade mit einem steinernen Löwen der Feldherrnhalle) ziert ein Gemälde von Gaspar de Crayer.

München

** Hofbräuhaus

Das berühmteste Wirtshaus der Welt steht am Platzl und ist ein Ort internationaler Verbrüderung: Amerikaner stoßen mit Russen an, Japaner mit Chinesen, Italiener mit Franzosen. Und das Lied »In München steht ein Hofbräuhaus, oans, zwoa, gsuffa« wurde vom Berliner Wiga Gabriel nach einem Text des Allgäuers Klaus Siegfried Richter komponiert. Es hatte 1936 auf dem Dürkheimer Wurstmarkt, dem weltgrößten Weinfest, seine Premiere, bevor sich der Bier-Hit in München als Faschingsschlager durchsetzte. Dennoch: Das Hofbräuhaus ist eine urbayerische Institution. Über 100 Münchner Stammtische tagen hier. Da fällt es schwer, zu glauben, dass die Bierqualität aus dem niedersächsischen Einbeck 1592 den Ausschlag für die Gründung gegeben hat. Das heutige Hofbräuhaus geht auf das Jahr 1828 zurück; im Krieg zerstört, wurde es 1958 wiedereröffnet.

Das Hofbräuhaus: eine Bierburg von magischer Anziehungskraft für Touristen aus aller Welt.

*** Viktualienmarkt

Genussmenschen bezeichnen ihn als den schönsten Garten Münchens, obwohl er gar keiner ist, sondern eher ein Paradies der Sinne, sittsam umrahmt von den Türmen St. Peters und der Heilig-Geist-Kirche. Der München-Fan Umberto Eco meint, man könne allem widerstehen, nur nicht der Versuchung. Möglicherweise ist ihm das auf dem Viktualienmarkt eingefallen. Nirgendwo sonst werden lukullische Genüsse so hübsch und apart feilgeboten. Obwohl die Preise als überirdisch gelten, ist für jeden Geschmack etwas dabei: bretonischer Hummer, Austern und Gelbflossen-Thunfisch für die einen, Leberkässemmeln und die Essiggurke für die anderen. Alles von bester Qualität. Der Viktualienmarkt, 1807 durch eine Verfügung von König Max Joseph I. vom Marienplatz weg-

Das Kircheninnere von St. Peter wurde im 18. Jahrhundert im Rokokostil umgestaltet.

verlegt, hat sich zum Delikatessenparadies gemausert. Ein sinnlicher Garten Eden für alle Genießer.

** Alter Peter

Offiziell heißt die Kirche Sankt Peter, doch die Münchner sagen zu ihr nur »Alter Peter«, wie zu einem besonders netten Großvater. Einmal im Jahr (oder im Leben) steigen sie auf den 91 Meter hohen Turm und schauen sich ihre Stadt von oben an. Er ist ja auch eine Art Urahn, hier liegen höchstwahrscheinlich die Wurzeln Münchens. Am Petersbergl gab es oberhalb einer alten Wegekreuzung bereits im 8. Jahrhundert eine Niederlassung von Mönchen, die München den Namen gaben. Ob es nun ein Außenposten des Klosters Tegernsee war oder der Abtei Schäftlarn, darüber diskutieren die Historiker noch. Jedenfalls wurde St. Peter anno 1294 als Nachfolgerbau mehrerer zerstörter Gotteshäuser geweiht. Keine andere Kirche lieben die Münchner so wie ihren »Alten Peter«, dem sogar ein Volkslied gewidmet ist, das der Bayerische Rundfunk als Pausenzeichen in alle Welt ausstrahlt.

*** Asamkirche

Die Gebrüder Cosmas Damian (1686–1739) und Egid Quirin Asam (1692–1750) zählen zu den bedeutendsten Künstlern des deutschen Spätbarock. Die Söhne des Klostermalers Hans Georg Asam gingen bei ihrem Vater in Benediktbeuern in die Lehre, bevor sie in Süddeutschland, Italien, Tirol und der

Oktoberfest

Ach ja, war das früher unkompliziert auf dem Oktoberfest. Man ging in ein Bierzelt, machte die Bedienung auf sich aufmerksam, bestellte gegen Sofortkasse ein Bier, später vielleicht noch eins und noch eins. »Sitzen, winken, zahlen, trinken«, so brachte es ein Münchner Reporter auf den Nenner. Heutzutage ist der Münchner Ausnahmezustand nicht nur das größte Volksfest der Welt mit dem größten Bierausstoß (sechs bis sieben Millionen Liter in 16 Tagen) und dem größten Menschenandrang (um die sechs Millionen), sondern das absolute Mega-Event der Wiesn-Society. Das Schönste am Oktoberfest ist vielleicht seine Vielseitigkeit, Gegensätzliches wird hier vereint. Hier treffen sich Alt und Jung, Einheimische und Besucher, Traditionsverbundene und Freaks.

Schweiz wirkten. Die Brüder ergänzten sich auf kongeniale Weise: Cosmas Damian arbeitete gern als Maler und Bildhauer, sein Bruder meist als Baumeister und Stuckateur. Der Bau und die Gestaltung der Klosterkirche von Weltenburg machten die beiden schlagartig berühmt. Ab 1727 waren sie in München ansässig, wo sie an der Klosterkirche St. Anna, an der Heilig-Geist-Kirche sowie an der Damenstiftkirche wirkten. Ihr berühmtestes Bauwerk ist die Kirche St. Johann Nepomuk, die sie ohne Auftrag für ihr persönliches Seelenheil als Privatkirche neben ihrem Wohnhaus bauten.

** St.-Jakobs-Platz und Jüdisches Zentrum

In der 850-jährigen Geschichte Münchens spielt auch das jüdische Leben in der Stadt eine wichtige Rolle. 1999 wurde beschlossen, dass die jüdische Gemeinde diesen Platz für eine Synagoge, ein Museum und für verschiedene weitere Räume nutzen konnte. So entstanden nach der Grundsteinlegung im Jahr 2004 auf der Brache des Jakobsplatzes die markante neue Hauptsynagoge, das Jüdische Museum sowie das jüdische Gemeindehaus mit Rabbinat, Verwaltung, Versammlungsräumen, Kindergarten, Ganztagesschule, Jugend- und Kulturzentrum sowie einem Restaurant. Am 9. November 2006 wurde die Synagoge feierlich eröffnet, Museum und Gemeindehaus dann im Frühjahr 2007. Über 100 Münchner Persönlichkeiten aus Kirche, Politik, Wirtschaft, Kultur, Kunst und Wissenschaft setzten sich für den Bau dieses in Deutschland einmaligen Zentrums ein.

Rechts: Die Asamkirche entstand auf einer Fläche von nur 22 mal 8 Metern und protzt mit üppigem Dekor.

München

*** Deutsches Museum

Das berühmteste Museum des Landes ist ein Publikumsmagnet. 1,4 Millionen Touristen aus der ganzen Welt besuchen jährlich den weitläufigen Bau auf einer Isarinsel. Die 1903 von Oskar von Miller gegründete Sammlung ist mit über 28 000 Exponaten eines der größten naturwissenschaftlich-technischen Museen der Welt. Dazu gehören das Verkehrszentrum auf der Theresienhöhe, die Flugwerft in Oberschleißheim und das Deutsche Museum in Bonn als Dependancen. Auch für Leute, die sich nicht so sehr für die Welt der Technik interessieren, lohnt der Besuch der Mammutshow. Das nachgebaute Bergwerk im Untergeschoss, die Luft- und Schifffahrtshallen und das Planetarium haben noch jeden Besucher begeistert. Noch ein Tipp: Gewitzte Einheimische gehen nur bei schönstem Wetter ins Deutsche Museum. Dann ist es etwas weniger überfüllt.

** Isarauen und Müller'sches Volksbad

Die grüne Isar ist Münchens schönste natürliche Lebensader. An einer Furt des Flusses mit dem keltischen Namen »die Reißende« entwickelte sich eine Siedlung. München weiß also, was es der Isar zu verdanken hat, und liebt seinen Fluss, der aus den Alpen kommt und nach 295 Kilometern bei Deggendorf in die Donau mündet. Die Münchner baden und angeln im Fluss, grillen an seinen Ufern und surfen auf seinen Nebenarmen. In der Stadtmitte zwischen Isar und Auer Mühlbach gelegen, befindet sich eines der schönsten Hallenbäder Europas, das Müller'sche Volksbad. Im großen Bad schwimmt man unter einer Jugendstilgalerie mit Stuckdeckengewölbe. Als die Badeanstalt 1901 eröffnet wurde, war sie mit ihrem 12 mal 30 Meter langen Becken das größte und teuerste Schwimmbad der Welt. Der Erbauer Karl Müller wurde dafür vom Prinzregenten geadelt.

*** Englischer Garten

Er ist so viel mehr als nur die grüne Lunge Münchens: Der Englische Garten verkörpert das Lebensgefühl der Stadt. Eine fünf Kilometer lange und einen Kilometer breite Oase für Naturgenießer, Pferdefreunde, Ballspieler, Biertrinker, Hundehalter, Schicki-Micki-Menschen, Romantiker, Verliebte, Flirtsuchende, Verlassene, Exhibitionisten, Voyeure, Underground-Freaks, Musiker und ganz einfach nur Spaziergänger. Wenn man so will, flaniert man auf einer riesigen Bühne mitten in der Stadt. Sir Benjamin Thompson Graf von Rumford, ein Amerikaner in bayerischen Diensten, gilt als Vater dieses Landschaftsparks, der ab 1789 unter Kurfürst Karl Theodor angelegt wurde und mit dem Rundtempel Monopteros, dem Seehaus am Kleinhesseloher See sowie den Biergärten am Chinesischen Turm und dem alten Jägerwirtshaus Aumeister im Norden markante Treffpunkte bietet.

** Haus der Kunst

Es ist eines der bedeutendsten Ausstellungshäuser Deutschlands, doch man kann es drehen und wenden, wie man mag: An der Vergangenheit des Gebäudes als erstem Monumentalbau des nationalsozialistischen Regimes führt kein Weg vorbei. Das zeigt auch die

Karl Valentin

»Alle lachen. Manche schreien. Woraus besteht er? Aus drei Dingen: aus Körperspaß, aus geistigem Spaß und aus glanzvoller Geistlosigkeit. Der Komiker Karl Valentin ist ein bayerischer Nestroy.« Diese Sätze schrieb in den 1920er-Jahren Alfred Kerr über den Münchner »Wortzerklauberer«. Er war eher ein Münchner Dadaist. Ein Sprachanarchist. Eine dürre Gestalt mit Hut über den großen, melancholischen Augen, einer Nase wie aus einer Karikatur. Dazu eine knarzende Stimme, die Stegreifsatire am laufenden Band von sich gab. Der gelernte Schreiner aus der Au (1882 bis 1948) verkörperte als Humorist, Stückeschreiber, Kaberettist, Filmproduzent und Darsteller eine traurige, pessimistische Figur, die mit tragischer Komik gegen Behörden und Mitmenschen ankämpft.

Sonnenbaden an den strömungsarmen Flussmündungen: die Kiesbänke der Isar sind beliebt.

Fassade. Hitler persönlich mischte sich bei der Planung ein, bestimmte den Standort an der Prinzregentenstraße und den Architekten Paul Ludwig Trost. Das Haus der Kunst wurde 1937 eröffnet, fast zeitgleich fand (im heutigen Theatermuseum) die berüchtigte Ausstellung »Entartete Kunst« statt. Bis 1939 wurde jährlich der »Tag der Deutschen Kunst« gefeiert, bei dem Hitler stets als Hauptredner auftrat. Nach dem Krieg diente die Ehrenhalle zunächst als Kasino für US-Offiziere. 1949 eröffnete das Haus der Kunst wieder mit der Schau »Der Blaue Reiter«; heute zeigt es Sonderausstellungen, die weltweit Beachtung finden. Dazu gehörten in den letzten Jahren Schauen von Ai Weiwei und Georg Baselitz.

** Haidhausen

Der Stadtteil oberhalb des rechten Isarufers wird gern Franzosenviertel genannt. Paris, Metz, Orléans, Belfort, Weißenburg – die Straßen tragen die Namen französischer Städte, um die die bayerischen Truppen im Deutsch-Französischen Krieg 1870/71 siegreich gekämpft hatten. Dabei hat das Viertel überhaupt nichts Martialisches. Im Gegenteil: Hier blüht und gedeiht die Lebensqualität. Haidhausen ist eine Domäne von Künstlern und Lebenskünstlern. 808 wurde »Haidhusir« erstmals urkundlich erwähnt. Von München erreichte man den Ort über den »gaachen Steig« (sehr steiler Weg), übrigens ein Teil der alten Salzstraße. Daraus ist das Wort »Gasteig« entstanden, der Name eines kulturellen Magneten der Stadt. Das andere Zentrum ist das Maximilianeum. Hier wird bayerische Politik gemacht. Dazwischen liegen Restaurants, Kneipen, Biergärten – das Herz Haidhausens.

Der Monopteros im Englischen Garten wurde von Leo von Klenze errichtet (oben rechts). Eine andere Attraktion sind die Eisbachsurfer (oben links).

München

Schöner Rahmen für schöne Kunst: Lenbachhaus und Anbau.

Die Figur des Laomedon empfängt Besucher der Glyptothek.

** Königsplatz

Die klaren Linien dieses Platzes und seine ausgewogene Ästhetik nehmen den meisten Besuchern beim ersten Anblick den Atem. Mitten in der bayerischen Landeshauptstadt stehen sie auf einmal in einem Ensemble der griechischen Antike – eine wundervolle Kulisse. Hier hat sich München zum »Isar-Athen« gewandelt, wobei der Bezug zu Griechenland durchaus authentisch ist. Im Jahr 1832 hatte Otto I., der zweite Sohn von König Ludwig I., den Thron des neu geschaffenen griechischen Königreiches bestiegen. Ludwigs Hellenophilie war auf dem Höhepunkt: Sein Baumeister Karl von Fischer konzipierte den Platz mit den dorischen Propyläen, der ionischen Glyptothek sowie der korinthischen Staatlichen Antikensammlung. Als er 1862 fertiggestellt wurde, hatten die Griechen kurz zuvor ihren bayerischen König Otto schon wieder vertrieben. Doch der griechische Traum bleibt ...

** Glyptothek und Antikensammlung

München als Stadt der Musen ist natürlich auch eine Stadt der Museen, und ganz gewiss stellt die Glyptothek am Königsplatz einen weiteren strahlenden Stern am Kunsthimmel der bayerischen Landeshauptstadt dar. König Ludwig I. ließ den pseudoantiken Bau im Stile eines ionischen Tempels von seinem Baumeister Leo von Klenze bis 1830 errichten – ein angemessener Rahmen ist dieses klassizistische Meisterwerk für die berühmte königliche Antikensammlung, bestückt mit herausragenden Beispielen der griechischen und römischen Bildhauerei des Zeitraums von 560 v. Chr. bis 400 n. Chr. Zwischen all den Büsten, Statuen, Reliefs und Porträts rekelt sich lasziv und lebensgroß der berühmte »Barberinische Faun« aus dem 3. Jahrhundert v. Chr., der vielen Besucherinnen auch nach einem Abstecher in das beliebte Café im Innenhof nicht mehr aus dem Kopf gehen will.

*** Alte Pinakothek

Der Gedanke, der zur Gründung eines der weltbesten Museen führte, war volksnah: König Ludwig I. fühlte sich als Regent von Bayern verpflichtet, die Kunstsammlungen, die auf verschiedene Schlösser verteilt waren, dem Volk zugänglich zu machen. So beauftragte er Leo von Klenze mit dem Bau eines Museumsgebäudes am nördlichen Stadtrand. 1826 wurde der Grundstein gelegt, 1836 war der gewaltige Bau fertig, damals das größte Museum der Welt. Der König selbst ließ Kunstwerke aufkaufen, mit Vorliebe altdeutsche Bilder und Werke der italienischen Renaissance. Heute stellt die Alte Pinakothek Gemälde von Malern des Mittelalters bis zur Mitte des 18. Jahrhunderts aus, u. a. sind Bilder von weltbekannten Künstlern wie Albrecht Dürer, Lucas Cranach d. Ä., Botticelli, Frans Hals, Peter Paul Rubens, Rembrandt, Canaletto und El Greco zu bewundern. Auch kaum einer der großen Meister der italienischen Renaissance fehlt in den zwei Sälen, die der italienischen Malerei des 15. und 16. Jahrhunderts gewidmet sind, darunter auch Leonardo da Vinci und Raffael.

Museum Brandhorst

Allein das Gebäude des Museums ist ein Kunstwerk. Es gehört zum Münchner Kunstareal und wurde auf dem Gelände der ehemaligen Türkenkaserne gebaut. Nach den Plänen des Berliner Architekturbüros Sauerbruch/Hutton entstand 2009 der zweigeschossige Bau. Anette Brandhorst, die 1999 verstorben ist, war eine vermögende Henkel-Erbin. Mit ihrem Mann Udo Brandhorst trug sie eine Sammlung von zeitgenössischer Kunst zusammen. Sie umfasst über 700 Kunstwerke, die im Museum Brandhorst verwahrt werden. Gezeigt werden Arbeiten von Künstlern, die vor allem seit 1945 die Kunstszene weltweit entscheidend beeinflusst haben: Cy Twombly, Andy Warhol, Joseph Beuys, Sigmar Polke, Damien Hirst, John Chamberlain, Bruce Neuman und Eric Fischl.

Die Alte Pinakothek ist eine Galerie von besonderen Ausmaßen.

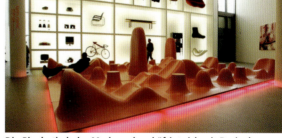

Die Pinakothek der Moderne beschäftigt sich mit Designkunst.

*** Neue Pinakothek

Der Pate der Neuen Pinakothek ist wieder einmal Ludwig I. Nachdem er bereits den Bau der Alten Pinakothek initiiert hatte, gründete er die neue Galerie. Dabei spielte auch seine Vorliebe für Maler der berühmten Münchner Schule und der deutschen Romantik eine Rolle. Nach dem Tod des abgedankten Herrschers kamen weitere bedeutende Werke hinzu. Einen entscheidenden Schub für die Neue Pinakothek gab die sogenannte Tschudi-Spende. Hugo von Tschudi, Generaldirektor der Münchner Staatsgemäldesammlungen, verdankt das Museum seine eindrucksvolle Impressionistensammlung. 1944 wurde das Gebäude durch Brandbomben so zerstört, dass man sich nach dem Krieg für den Abriss entschied; die Bilder kamen ins Haus der Kunst. Erst 1981 fand die Neue Pinakothek in einem postmodernen Komplex von Alexander von Branca wieder ein Domizil.

*** Pinakothek der Moderne

Die Pinakothek der Moderne – das sind vier unabhängige Museen unter einem Dach. Als da wären: die Sammlung Moderne Kunst, die Neue Sammlung (International Design Museum), das Architekturmuseum der Technischen Universität München und die Staatliche Graphische Sammlung. Dieses Konzentrat von Ausstellungen ist einmalig und ein Publikumsmagnet. Nach der Eröffnung am 16. September 2002 strömten in weniger als zwei Jahren über zwei Millionen Besucher in den Bau, dessen Architektur allseits gelobt wird. Der Münchner Architekt Stephan Braunfels, Urenkel des Bildhauers Adolf von Hildebrand, Enkel des Komponisten Walter Braunfels und Sohn des Kunsthistorikers Wolfgang Braunfels, hat ihn entworfen. Ein ästhetischer Rahmen für Exponate, die vom Expressionismus bis zur Werbegrafik, vom Autodesign bis zur Videokunst reichen.

** Lenbachhaus

Der 1882 geadelte Künstler Franz Seraph von Lenbach (1836–1904) zählt neben Franz von Stuck und Friedrich August von Kaulbach zu den Münchner Malerfürsten, nicht zuletzt weil er auch fürstlich residierte: Er war als begehrter Porträtist der gehobenen Gesellschaft reich geworden und hatte sich vom Architekten Gabriel von Seidl eine Villa im Stil der italienischen Renaissance bauen lassen – ein Zentrum der Münchner Society des Fin de Siècle. In diesem pompösen Stadtschlösschen ist heute die Städtische Galerie im Lenbachhaus untergebracht, ein Museum von internationaler Bedeutung. Es zeigt die berühmten Bilder des »Blauen Reiters« mit Werken von Franz Marc, Gabriele Münter, Paul Klee und Alexej von Jawlensky. Ein weiterer Schwerpunkt ist das Werk von Wassily Kandinsky. Seit dem Sommer 2013 ist das Gebäude saniert und um einen Neubau erweitert.

Oben: Athen an der Isar, sagt der Volksmund: Der Königsplatz erstrahlt in der Pracht der griechischen Antike.

Schloss Nymphenburg

Als Kurfürstin Henriette Adelaide ihrem Gemahl Kurfürst Ferdinand Maria von Bayern anno 1662 den lang ersehnten Thronfolger Max Emanuel gebar, schenkte der Herrscher seiner Frau ein Schloss. Die Fertigstellung 1757 hat sie freilich nicht mehr miterleben können. Die barocke Front von Schloss Nymphenburg misst 700 Meter und bietet einen majestätischen Anblick. Dahinter erstreckt sich ein wundervoller, drei Quadratkilometer großer Schlosspark. Die Sommerresidenz des Hofes der Wittelsbacher beherbergt neben zahlreichen Prachtsälen die galante Schönheitengalerie, eine weltberühmte Ausstellung von Nymphenburger Porzellan sowie das Marstallmuseum, die bedeutendste Sammlung königlicher und kurfürstlicher Kutschen, Wagen, Schlitten und Geschirren. Der Schlosspark von Nymphenburg ist nach dem Englischen Garten der zweite

große Landschaftsgarten in München. Mit seinem alten Baumbestand, den zahlreichen Wasserläufen, dem Botanischen Garten und den versteckten Parkburgen lädt diese teilsweise bewaldete grüne Oase zu einer Entdeckungstour ein. An der Westseite des Schlosses enstand ein Gartenbereich, der noch heute von schnurgeraden Wegen durchzogen wird, die sich alle am westlichen Fluchtpunkt, der Götterkaskade, treffen.

München

Schlösser Schleißheim und Lustheim

Eine der bedeutendsten barocken Schlossanlagen Deutschlands steht in Oberschleißheim im Landkreis München. In einem großen Park befinden sich das Alte Schloss Schleißheim, das Neue Schloss Schleißheim sowie Schloss Lustheim – eine weitläufige Anlage als Sommerresidenz der bayerischen Herrscher. Herzog Maximilian I. ließ das Alte Schloss 1616–23 in »italienischer Manier« bauen, die Wand- und Deckengemälde stammen von Peter Candid. Das Neue Schloss entstand im Auftrag von Kurfürst Max Emanuel 1701–26 nach Plänen des Italieners Enrico Zuccalli. Das Treppenhaus, der Weiße Saal sowie die Paradezimmer des Kurfürstenpaares sind die Prunkstücke der Anlage. Schloss Lustheim entstand ab 1685 als Jagdschloss der Kurfürsten.

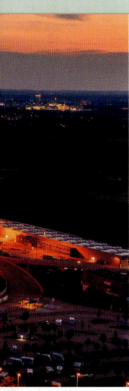

Die großartige Konstruktion des Zeltdachs überwölbt einen Teil des Olympiastadions.

*** Olympiapark

Die markante Zeltdachkonstruktion ist das wohl schönste Beispiel deutscher Nachkriegsarchitektur. Für die Olympischen Spiele 1972 in München vollbrachte das Architekturbüro Behnisch und Partner ein zeitgenössisches Gesamtkunstwerk unter dem Olympiaturm mit Stadion, Mehrzweck-, Eissport- und Schwimmhalle sowie einem Hügelpark mit künstlicher Seenlandschaft und Theatron. Dieses einzigartige Ensemble liegt an einem begrünten Schuttberg, der aus den Trümmern des Zweiten Weltkriegs aufgetürmt wurde. Nachdem der FC Bayern und der TSV 1860 München aus dem Olympiastadion ausgezogen sind, dient das Gelände der Unterhaltung: Pop- und Klassikkonzerte, Feste jeglicher Art sowie das Sea Life Center, eine Unterwasser-Ausstellung mit heimischen und mediterranen Fischen, haben das Olympiagelände zur größten Bühne Münchens gemacht.

** BMW Welt

»Schwebendes Wolkenfeld« nennt Architekt Wolf D. Prix vom Wiener Architektenbüro Coop Himmelb(l)au den gewaltigen Bau, den er gegenüber dem Olympiagelände entworfen und geplant hat: die BMW Welt. Sie ist ein spektakuläres Bauwerk in Form eines Doppelkegels aus Glas und Stahl; das Dach überspannt eine siebenstöckige Halle, die 180 Meter lang und 130 Meter breit ist. Trotz der Dimensionen wirkt das futuristische Gebäude nicht erdrückend, sondern setzt einen neuen, glanzvollen städtebaulichen Akzent. »Glücklich die Stadt, die solche Bauherren hat«, meinte Münchens damaliger Oberbürgermeister Christian Ude bei der Eröffnung. Die BMW Welt ist als Allroundhalle konzipiert. Hier holen BMW-Käufer ihre neuen Autos ab, es gibt eintrittsfreie Ausstellungen, Restaurants und Cafés. Ein Eventtempel, der bislang von über fünf Millionen Menschen besucht wurde.

** Allianz Arena

Wer sich mit dem Auto von Norden der Stadt nähert, bekommt an der Stadtgrenze einen bleibenden Eindruck von den Superlativen des modernen München. Die Allianz Arena, Heimstatt der Fußballclubs FC Bayern München und TSV 1860 München, liegt direkt neben der Autobahn: ein riesiges, sanft gerundetes Stadion ohne Ecken und Kanten, einem Schlauchboot nicht unähnlich. Futuristisch wird es nach Einbruch der Dunkelheit. Dann leuchtet die Arena wie ein Ufo: in Rot (bei Spielen des FC Bayern), Blau (im TSV 1860) oder Weiß (wenn die Nationalmannschaft spielt). Das Stadion, entworfen vom Architekturbüro Herzog & de Meuron und gebaut in der Rekordzeit von zweieinhalb Jahren, fasst über 71 000 Zuschauer, hat über 100 exklusive Logen und eine umfangreiche Gastronomie. Zum Gelände gehören ein U-Bahn-Anschluss, ein Vereinsmuseum und mit 10 500 Stellplätzen das größte Parkhaus Europas.

Links: Farbspiele am Abend: die ausgeleuchtete Allianz Arena (oben) und die illuminierte BMW Welt (unten).

Register

A
Abensberg 95
Ahornboden 195
Aldersbach, Kloster 114
Allgäuer Alpen 142 ff.
   - Naturschutzgebiet Allgäuer Hochalpen 146
   - Nebelhorn 142
Almabtrieb s. Viehscheid
Alpensteinböcke 231
Alpspitze 192 f.
Altmühltal, Naturpark 42 f.
Altomünster 168
Altötting 214
Amberg 78 f.
Ammergauer Alpen 188 f.
Ammersee 172
Amorbach 15
Andechs, Kloster 174 f.
Anger 225
Ansbach 36 f.
Asam, Brüder 94 f.
Aschaffenburg 12 f.
Aschau 219
Augsburg 128 ff.
Augsburg-Westliche Wälder, Naturpark 127

B
Bad Brückenau 9
Bad Hindelang 141
Bad Kissingen 11
Bad Neustadt an der Saale 9
Bad Reichenhall 225
Bad Tölz 204 f.
Bad Wörishofen 134 f.
Bamberg 64 ff.
   - Altes Rathaus 66
Banz, Kloster 47
Bayerische Rhön, Naturpark 8
Bayerischer Spessart, Naturpark 12
Bayerischer Wald, Nationalpark 106 ff.
Bayerischer Wald, Naturpark 100 ff.
Bayreuth 54 ff.
   - Festspiele 58 f.
   - Markgräfliches Opernhaus 56 f.
Bayrischzell 209
Benediktbeuern, Kloster 200
Berching 79
Berchtesgaden 226 f.
Berchtesgaden, Nationalpark 229 ff.
Berchtesgadener Land 225 ff.
Bergahorne 195
Bergstraße-Odenwald, Geo-Naturpark 15
Bernried 177
Biber 37
Blasmusik 178 f.
Blauer Reiter 199
Blaues Land 198 f.
Bodensee 150 f.
Breitachklamm 143
Burgau 127
Burghausen 214 f.
Burglengenfeld 85
Buxheim, Kloster 136

C
Chiemgau 216
Chiemgauer Alpen 222 f.
Chiemsee 218
Coburg 46 f.
Cranach, Lucas d. Ä. 48 f.

D
Dachau 168 f.
Deggendorf 104
Dettelbach 22
Dießen 172
Dietramszell, Kloster 178
Dillingen 124 f.
Dingolfing 115
Dinkelsbühl 40 f.
Donau-Ries 120 f.
Donaudurchbruch 95
Donauwörth 123
Dürer, Albrecht 28 f.

E
Ebrach, Kloster 70
Egloffstein, Burg 71
Eibsee 191
Eichstätt 162 f.
Engtal 195
Erlangen 26
Ettal, Kloster 186 f.

F
Feldafing 177
Feuchtwangen 40
Fichtelgebirge, Naturpark 50
Finsterau 104 f.
Fladungen 8
Flossenbürg 75
Forchheim 71
Forggensee 154
Frankenhöhe, Naturpark 37
Frankenwald, Naturpark 48 f.
Frankenwein 11, 23
Fränkische Schweiz 60 ff.
Freising 166
Fünfseenland 177 ff.
Fürstenfeld, Klosterkirche 169
Fürstenzell 114
Fürth 27
Furth im Wald 81
Füssen 158 f.

G
Gämsen 223
Garmisch-Partenkirchen 190
Gößweinstein 70
Grainau 190 f.
Günzburg 127

H
Hammelburg 11
Harburg 123
Haßfurt 11
Heilsbronn 36
Herrenchiemsee 220 f.
Hersbrucker Schweiz 26 f.
Hilpoltstein 26 f.
Hirschwald, Naturpark 79
Hoffmann, E.T.A. 69
Höglwörth 225
Hohenschwangau, Schloss 154
Höllental 192
Hopfensee 154

I/J
Iffeldorf 178
Illertal 140 f.
Ingolstadt 164 f.
Inzell 225
Iphofen 22
Isartal 202 f.
Jachenau 206

K
Kaisheim 123
Kaltenberg, Ritterturnier 171
Kampenwand 223
Kappl 74
Karlstadt 16
Karwendelgebirge 194 f.
Käse, Allgäu 135
Kaufbeuren 152
Kelheim 94
Kempten 137
Kepler, Johannes 88 f.
Kitzingen 22
Klingenberg 14
Knödel 104 f.
Kochel am See 200
Kochelsee 200
Königssee 230 f.
Kößlarn 114
Kreuzottern 77
Kronach 48
Kulmbach 50

L
Lamer Winkel 75
Landsberg am Lech 170 f.
Landshut 116 f.
Leitheim 123
Lindau 148 f.
Linderhof, Schloss 187
Loisachtal 180 f.

Ludwig II. 158 f.
Lüftlmalerei 196 f.

M

Mangfallgebirge 211
Maria Birnbaum 127
Maria Brünnlein 122 f.
Maria Gern 225
Maria Steinbach 137
Memmingen 135
Mespelbrunn, Schloss 14
Metten, Kloster 104
Miltenberg 14 f.
Mindelheim 135
Mittelfranken 25 ff.
Mittenwald 194
Mödingen, Kloster 124
Moosburg 165
München 234 ff.
  - Allianz Arena 253
  - Alter Peter 244
  - Asamkirche 244 f.
  - BMW Welt 253
  - Englischer Garten 246
  - Frauenkirche 238
  - Haidhausen 247
  - Hofbräuhaus 244
  - Isar 203
  - Königsplatz 248
  - Ludwigstraße 243
  - Marienplatz 238 f.
  - Museen 248 f.
  - Nationaltheater 240
  - Odeonsplatz 242 f.
  - Oktoberfest 245
  - Olympiapark 253
  - Residenz 240
  - Schloss Nymphenburg 250 f.
  - Schlösser Schleißheim und Lustheim 253
  - Schwabing 243
  - St.-Jakobs-Platz 245
  - St. Michael 239
  - Theatinerkirche 242
  - Theatinerstraße 241
  - Viktualienmarkt 244
  - Wittelsbacher 243
Murmeltiere 211
Murnau 198 f.

N

Nesselwang 152 f.
Neuburg an der Donau 163
Neukirchen 79
Neumann, Balthasar 46 f.
Neuschwanstein, Schloss 156 f.
Niederaltaich 104
Niederbayern 93 ff.
Nonnenhorn 148 f.
Nördlicher Oberpfälzer Wald, Naturpark 77
Nördlingen 120 f.

Nürnberg 28 ff.
  - Reichsparteitage 35

O

Oberammergau 186
  - Passionsspiele 187
Oberbayern 161 ff.
Oberer Bayerischer Wald, Naturpark 80 f.
Oberfranken 45 ff.
Oberpfalz 73 ff.
Obersalzberg 225
Oberschönenfeld, Kloster 134
Oberstdorf 141
Ochsenfurt 22
Oettingen 121
Osterhofen-Altenmarkt 104
Osterseen 178
Ostheim vor der Rhön 8
Ottobeuren, Kloster 136 f.

P

Partnachklamm 192
Passau 110 ff.
  - St. Stephan 112
Perchten 229
Pfaffenwinkel 172 ff.
Pfarrkirchen 114
Pfronten 153
Pilsensee 177
Polling 182
Prichsenstadt 17

R

Regensburg 84 ff.
Reit im Winkel 223
Riemenschneider, Tilman 41
Rohr 95
Rosenheim 216
Rothenburg ob der Tauber 38 f.
Rott am Inn 216
Ruhpolding 223

S

Schäftlarn, Kloster 178
Schliersee 208 f.
Schongau 182
Schwabach 27
Schwaben 119 ff.
Schweinfurt 11
Seeg 152
Seeoner Seen 216
Seeshaupt 176
Solnhofen 43
Sonthofen 140
Spitzingsee 208 f.
St. Coloman, Schwangau 155
Staffelsee 198
Starnberg 176
Starnberger See 176

Steigerwald, Naturpark 17
Steinadler 207
Steingaden 182
Straubing 98 f.
Sylvensteinstausee 203

T

Tegernsee 206 f.
Tiroler Ache 218 f.
Tirschenreuther Teichpfanne 74 f.
Traunstein 219
Tutzing 176

U

Unterfranken 7 ff.
Ursberg, Kloster 127
Urschalling 216

V

Valentin, Karl 247
Velburg 79
Viehscheid 138 f.
Volkach 17

W

Wagner, Richard 52 f.
Walchensee 200 f.
Waldsassen, Kloster 74
Walhalla 90 f.
Wasserburg am Inn 212 f.
Watzmann 231 f.
Weiden 78
Weilheim 182
Weißenburg 42
Weißensee 154
Weißenstein, Schloss 70
Weltenburg, Kloster 94 f.
Wemding 121
Werdenfelser Land 189
Werneck, Schloss 16 f.
Wessobrunn 182
Wessobrunner Schule 182 f.
Wettersteingebirge 191
Weyarn 208
Wieskirche 182
Wilhelmine von Bayreuth 54 f.
Wörthsee 178
Würmtal 178
Würzburg 18 ff.

Z

Ziemetshausen 127
Zugspitze 193

Bildnachweis/Impressum

A = Alamy
C = Corbis
G = Getty
M = Mauritius Images

S. 2–3 Look/Andreas Strauss, S. 4–5 C/Luca da Ros, S. 6–7 G/Heinz Wohner, S. 8 M/Martin Siepmann, S. 8 M/ImageBroker, S. 9 Look/Heinz Wohner, S. 9 M/Martin Siepmann, S. 9 M/ImageBroker, S. 10–11 M/Martin Siepmann, S. 10 M/Siepmann, S. 11 M/Siepmann, S. 12–13 M/Michael Mucha, S. 12 C/Raimund Linke, S. 12 Look/Heinz Wohner, S. 13 M/Alamy, S. 13 M/Bernd Zoller, S. 14 Look/Thomas Stankiewicz, S. 14 Look/Heinz Wohner, S. 14 G/Raimund Linke, S. 15 M/Ch.L.Bages, S. 16–17 Look/Heinz Wohner, S. 16 C/Hans P. Szyszka, S. 16 G/Heinz Wohner, S. 18 M/Alamy, S. 18 Look/Heinz Wohner, S. 19 Look/Andreas Strauss, S. 20 H. & D. Zielske, S. 21 C/Adam Woolfitt, S. 21 Look/Don Fuchs, S. 22 C/Hans P. Szyszka, S. 22 Look/Heinz Wohner, S. 22–23 G/Heinz Wohner, S. 24–25 C/Martin Siepmann, S. 26 Look/Thomas Stankiewicz, S. 27 M/Helmut Meyer zur Capellen, S. 27 M/Martin Siepmann, S. 27 M/Helmut Meyer zur Capellen, S. 28 Everett Collection/Shutterstock.com, S. 29 C/Maria Breuer, S. 30 Look/Thomas Stankiewicz, S. 30–31 M/Norbert Probst, S. 31 M/Martin Siepmann, S. 32–33 G/Habub3, S. 33 C/Thomas Haupt, S. 34 C/Holger Leue, S. 34 M/Alamy, S. 34 C/Allan Baxter, S. 34–35 M/Alamy, S. 35 M/Helmut Meyer zur Capellen, S. 35 M/Alamy, S. 36 M/Alamy, S. 36 Look/TerraVista, S. 36 M/Martin Moxter, S. 37 M/Helmut Meyer zur Capellen, S. 38 C/Hans P. Szyszka, S. 38 G/Panoramic Images, S. 38–39 H. & D. Zielske, S. 39 C/Martin Siepmann, S. 39 Look/age, S. 40 H. & D. Zielske, S. 40–41 G/Heinz Wohner, S. 42 Look/Heinz Wohner, S. 42 C/Martin Siepmann, S. 42 G/John Cancalosi, S. 42 C/Ingo Arndt, S. 43 M/Martin Siepmann, S. 43 Look/Heinz Wohner, S. 44–45 M/Martin Siepmann, S. 46 M/United Archives, S. 46–47 M/Jacek Kaminski, S. 47 Look/Franz Marc Frei, S. 47 M/Bridgeman, S. 48 Look/Thomas Stankiewicz, S. 48 M/ImageBroker, S. 48–49 Look/age, S. 49 Adam Jan Figel/Shutterstock.com, S. 49 Everett Collection/Shutterstock.com, S. 50 Look/Holger Leue, S. 51 Look/age, S. 51 M/Siepmann, S. 51 C/Jochen Schlenker, S. 52 C/Stefano Bianchetti, S. 52–53 Look/H. & D. Zielske, S. 53 G/A. Dagli Orti, S. 53 G/A. Dagli Orti, S. 54 M/Helmut Meyer zur Capellen, S. 54 M/Siepmann, S. 55 C/Adam Woolfitt, S. 55 M/Martin Siepmann, S. 56–57 H. & D. Zielske, S. 57 H. & D. Zielske, S. 58 C/Adoc-photos, S. 58–59 G/DEA PICTURE LIBRARY, S. 59 G/Matthias Nareyek, S. 60 M/Christian Bäck, S. 60 Look/Heinz Wohner, S. 60–61 M/Martin Siepmann, S. 61 M/Martin Siepmann, S. 62–63 M/Martin Siepmann, S. 63 M/Robert Knöll, S. 63 Look/age, S. 64 H. & D. Zielske, S. 64 M/Raimund Linke, S. 64–65 H. & D. Zielske, S. 65 M/Siepmann, S. 66 M/Christian Bäck, S. 66–67 Look/Franz Marc Frei, S. 67 M/Helmut Meyer zur Capellen, S. 68 M/Alamy, S. 68 M/Peter Eberts, S. 68–69 M/Bahnmueller, S. 70 M/Christian Bäck, S. 70 G/Heinz Wohner, S. 70–71 H. & D. Zielske, S. 71 Look/TerraVista, S. 72–73 C/Martin Apelt, S. 74 C/Alexander Schnurer, S. 74–75 H. & D. Zielske, S. 75 M/Westend61, S. 75 M/Alamy, S. 76 Look/age, S. 76 M/Westend61, S. 76 M/Westend61, S. 77 M/Westend61, S. 77 M/Westend61, S. 78 M/Siepmann, S. 78 M/Alamy, S. 78–79 C/Harald Nachtmann, S. 79 C/Harald Nachtmann, S. 80 Look/Ernst Wrba, S. 80 C/Jochen Schlenker, S. 80 M/Alamy, S. 80 M/Bob Gibbons, S. 81 G/Wolf-Gallery, S. 82–83 M/ImageBroker, S. 83 M/Siepmann, S. 84 M/Siepmann, S. 84 C/Harald Nachtmann, S. 84 M/Siepmann, S. 85 Look/Thomas Peter Widmann, S. 86–87 H. & D. Zielske, S. 87 C/Harald Nachtmann, S. 88 M/Stefan Kiefer, S. 88–89 C/Martin Siepmann, S. 89 G/Nastasic, S. 90–91 C/Massimo Listri, S. 91 M/Thomas Heymann, S. 91 M/Thomas Heymann, S. 91 M/Thomas Heymann, S. 91 M/Thomas Heymann, S. 92–93 G/Manuel Sulzer, S. 94 C/Michael Runkel, S. 94 Look/Heinz Wohner, S. 95 Look/Thomas Peter Widmann, S. 95 H. & D. Zielske, S. 96–97 H. & D. Zielske, S. 97 Look/Heinz Wohner, S. 98 M/Egon Bömsch, S. 98–99 M/Martin Siepmann, S. 99 M/Ernst Wrba, S. 100 Look/age, S. 100–101 G/Frank Rothe, S. 102–103 G/Fotofeeling, S. 103 G/S-eyerkaufer, S. 104 M/Alamy, S. 104–105 Look/Thomas Stankiewicz, S. 105 Look/Peter von Felbert, S. 105 M/Franz Christoph Robiller, S. 106 M/Marcus Siebert, S. 106–107 imageBROKER.com/Shutterstock.com, S. 107 G/Norbert Rosing, S. 108–109 C/Christina Krutz, S. 109 G/Michael Breuer, S. 109 G/David & Micha Sheldon, S. 109 G/Jim Kruger, S. 109 G/Ronald Wittek, S. 110 Look/Thomas Stankiewicz, S. 110–111 C/Grand Tour Collection, S. 112–113 M/Egon Bömsch, S. 113 M/Egon Bömsch, S. 114 M/Alamy, S. 114 M/Helmut Peters, S. 114–115 M/Manfred Mehlig, S. 116 Look/Andreas Strauss, S. 116 M/P. Widmann, S. 116 Look/Konrad Wothe, S. 117 M/Raimund Kutter, S. 118–119 Look/Ingolf Pompe, S. 120 Look/Andreas Strauss, S. 120 M/Bahnmueller, S. 121 M/Alamy, S. 121 M/Alamy, S. 122 M/Bahnmueller, S. 122 Look/Don Fuchs, S. 122–123 Look/Don Fuchs, S. 123 SALEX/Shutterstock.com, S. 124 M/Martin Siepmann, S. 124 M/Martin Siepmann, S. 125 M/Martin Siepmann, S. 126 M/Stefan Hefele, S. 126 M/Stefan Hefele, S. 126 M/Dr. Wilfried Bahnmüller, S. 127 M/Martin Moxter, S. 128 Look/Don Fuchs, S. 128 cad_wizard/Shutterstock.com, S. 129 H. & D. Zielske, S. 130–131 H. & D. Zielske, S. 131 Ricky Of The World/Shutterstock.com, S. 131 Ricky Of The World/Shutterstock.com, S. 132 H. & D. Zielske, S. 132 M/Cash, S. 132 Look/Thomas Stankiewicz, S. 133 M/Edwin Stranner, S. 133 M/Martin Siepmann, S. 134 M/Martin Siepmann, S. 134 G/Altrendo images, S. 134–135 M/Martin Siepmann, S. 136 M/Katja Kreder, S. 136 M/Martin Moxter, S. 136–137 C/Markus Lange, S. 137 H. & D. Zielske, S. 137 M/Katja Kreder, S. 138 G/Miguel Villagran, S. 138 G/Miguel Villagran, S. 138–139 M/Martin Siepmann, S. 139 M/Martin Siepmann, S. 140 Look/Franz Marc Frei, S. 140 Look/Andreas Strauss, S. 140–141 M/Wolfgang Filser, S. 141 Look/Andreas Strauss, S. 142 G/Hans-Peter Merten, S. 142–143 Look/Andreas Strauss, S. 144–145 G/wingmar, S. 145 Look/TerraVista, S. 146 M/Alamy, S. 146–147 M/Winfried Schäfer, S. 147 M/Alamy, S. 148 M/Photononstop, S. 148 DMZ001/Shutterstock.com, S. 148–149 M/Markus Keller, S. 149 C/Markus Keller, S. 150–151 M/Westend61, S. 151 M/Alamy, S. 152 M/Katja Kreder, S. 152 H-AB Photography/Shutterstock.com, S. 152–153 G/Wilfried Krecichwost, S. 153 footageclips/Shutterstock.com, S. 154 Look/Heinz Wohner, S. 154 G/Panoramic Images, S. 154–155 M/Stefan Arendt, S. 154–155 Look/Andreas Strauss, S. 156–157 G/David Collier, S. 157 C/Adam Woolfitt, S. 157 C/Gregor M. Schmid, S. 158 M/Alamy, S. 158–159 C/Martin Siepmann, S. 159 Dafinchi/Shutterstock.com, S. 160–161 Look/Andreas Strauss, S. 162 M/Udo Siebig, S. 162 M/Manfred Bail, S. 163 G/Helmut Reichelt, S. 163 M/Martin Moxter, S. 164 M/Christian Bäck, S. 164–165 M/Martin Siepmann, S. 165 M/Bernd Römmelt, S. 165 M/Uta und Horst Kolley, S. 166 M/Rolf Hicker, S. 166 G/Jorg Greuel, S. 166 M/Alamy, S. 167 M/Alamy, S. 168 G/Lasting Images, S. 168–169 M/Udo Siebig, S. 169 M/Udo Siebig, S. 170 C/Martin Moxter, S. 170 ihorga/Shutterstock.com, S. 170–171 Look/Don Fuchs, S. 171 M/Martin Moxter, S. 172 M/Martin Moxter, S. 172–173 M/Stefan Hefele, S. 173 M/Helmut Meyer zur Capellen, S. 174–175 M/Alamy, S. 175 M/Maria Breuer, S. 176 G/Altrendo travel, S. 176 M/Stefan Hefele, S. 176–177 M/Stefan Hefele, S. 177 Look/Jan Greue, S. 178 M/Manfred Bail, S. 178–179 Look/Florian Werner, S. 179 M/Peter Lehner, S. 179 Look/Konrad Wothe, S. 179 Look/Florian Werner, S. 180–181 Look/Florian Werner, S. 181 Look/Konrad Wothe, S. 182 M/Martin Siepmann, S. 182–183 H. & D. Zielske, S. 183 M/BAO, S. 184–185 H. & D. Zielske, S. 185 G/Vichie81, S. 186 M/Westend61, S. 186 H. & D. Zielske, S. 186 M/Manfred Bail, S. 186 M/Kurt Amthor, S. 187 M/United Archives, S. 187 M/United Archives, S. 187 Look/Rainer Martini, S. 188 Look/Andreas Strauss, S. 188–189 Look/Andreas Strauss, S. 189 Look/Rainer Mirau, S. 189 Look/Florian Werner, S. 190 M/John Warburton-Lee, S. 190 G/Wilfried Krecichwost, S. 190–191 M/Michael Rucker, S. 191 Look/Florian Werner, S. 192 Look/Thomas Stankiewicz, S. 192–193 G/Florian Werner, S. 193 Look/Andreas Strauss, S. 194 M/ImageBroker, S. 194–195 C/Michael Rucker, S. 195 Look/Florian Werner, S. 196–197 C/Wilfried Krecichwost, S. 197 Look/age, S. 198
Look/Florian Werner, S. 198 M/Alamy, S. 198–199
G/Florian Werner, S. 199 M/Udo Siebig, S. 200 Look
Florian Werner, S. 200 Look/Florian Werner, S. 200
M/Andreas Vitting, S. 201 M/Peter Lehner, S. 201 H
& D. Zielske, S. 202 Look/Konrad Wothe, S. 202
Look/Thomas Stankiewicz, S. 202 Look/Konrad Wo-
the, S. 202–203 M/Christian Bäck, S. 203 Look/Flo-
rian Werner, S. 204 M/Martin Moxter, S. 204 C/Mi-
chael Dalder, S. 204–205 Look/Jan Greune, S. 206
Look/Helmuth Rier, S. 206 Look/Andreas Strauss
S. 206–207 Look/Andreas Strauss, S. 207 Look/An-
dreas Strauss, S. 208 M/Bernd Römmelt, S. 208 M
Martin Siepmann, S. 208–209 G/Mos-Photography
S. 209 M/ImageBroker, S. 210 Look/age, S. 210–211
Look/Andreas Strauss, S. 211 Look/Wolfgang Ehn
S. 212 M/Raimund Kutter, S. 212 M/Christian Bäck
S. 212–213 G/Helmut Reichelt, S. 214 C/Michae
Dalder, S. 214 Look/Andreas Strauss, S. 214–215
M/P. Widmann, S. 215 C/Michael Snell, S. 216 M/Dr
Wilfried Bahnmüller, S. 216–217 M/Günter Lange
S. 216–217 Look/Florian Werner, S. 217 Look/An
dreas Strauss, S. 218 Look/Florian Werner, S. 218
Look/Andreas Strauss, S. 218–219 Look/Floriar
Werner, S. 219 Look/Florian Werner, S. 220 C/Frédé
ric Soltan, S. 220–221 H. & D. Zielske, S. 221 Look
Ulli Seer, S. 222 Look/Andreas Strauss, S. 222 C
Robert Niedring, S. 222 Look/Andreas Strauss
S. 222 M/Alamy, S. 223 Look/Andreas Strauss
S. 223 Look/Andreas Strauss, S. 224 M/Fürman
Hans, S. 224 G/Rainer Mirau, S. 224–225 Look
Heinz Wohner, S. 226 M/Alamy, S. 226 M/Morit
Wolf, S. 226–227 Look/Andreas Strauss, S. 228 M
Bernd Römmelt, S. 228–229 G/F Pritz, S. 228–22
C/Martin Ruegner, S. 229 Look/Thomas Stankie
wicz, S. 230 Look/Andreas Strauss, S. 230 C/Rein
hard Hölzl, S. 230–231 Look/Jan Greune, S. 232-
233 G/Andreas Strauss, S. 233 Look/Heinz Wohne
S. 234–235 S-F/Shutterstock.com, S. 236 M/Art
partner, S. 237 H. & D. Zielske, S. 238 M/Uta un
Horst Kolley, S. 238–239 M/Westend61, S. 239 M
Rainer Waldkirch, S. 239 G/Murat Taner, S. 239 M
Uta und Horst Kolley, S. 240 M/Udo Siebig, S. 240 H
& D. Zielske, S. 240–241 M/Alamy, S. 241 A/Cepha
Picture Library, S. 242 M/Westend61, S. 242 G/Mu
rat Taner, S. 242–243 C/RelaXimages, S. 243 M
Hans Lippert, S. 244 Winds/Shutterstock.com
S. 244 Look/age, S. 244 G/Kathrin Ziegler, S. 245 H
& D. Zielske, S. 246 M/Bildagentur München, S. 24
Look/age, S. 246 Andie_Alpion/Shutterstock.com
S. 246–247 M/, S. 247 Look/Franz Marc Frei, S. 24
M/Manfred Bail, S. 248 Look/Wilfried Feder, S. 24
M/P. Widmann, S. 248–249 M/Alamy, S. 249 M
Manfred Bail, S. 249 Look/Rainer Martini, S. 250-
251 H. & D. Zielske, S. 251 M/Westend61, S. 252 M
Markus Lange, S. 252–253 H. & D. Zielske, S. 252-
253 taranchic/Shutterstock.com, S. 253 Bjoern Al
berts/Shutterstock.com

Genehmigte Sonderausgabe für Weltbild GmbH & Co. KG
Werner-von-Siemens-Str. 1, 86159 Augsburg
Copyright © 2021 Kunth Verlag, München
– MAIRDUMONT GMBH & Co. KG, Ostfildern
b2b@kunth-verlag.de

Umschlaggestaltung: Atelier Seidel, Teising
Umschlagmotive: istockphoto / Dieter Meyrl; sebastian-julian; taranchic; serts; Nikada

Printed in Italy

ISBN 978-3-8289-5179-2

Besuchen Sie uns im Internet:
www.weltbild.de

FSC
www.fsc.org
MIX
Papier aus verantwortungsvollen Quellen
FSC® C015829

Text: Norbert Lewandowski, Dr. Patrick Brauns, Robert Fischer, Gabriele Gaßmann, Wieland Höhne, Dr. Johann Schrenk, Eckhard Schuster, Stephan Sep

Alle Rechte vorbehalten. Reproduktionen, Speicherung in Datenverarbeitungs-anlagen, Wiedergabe auf elektronischen, fotomechanischen oder ähnlichen We-gen nur mit der ausdrücklichen Genehmigung des Copyrightinhabers.

Alle Fakten wurden nach bestem Wissen und Gewissen mit der größtmögliche Sorgfalt recherchiert. Redaktion und Verlag können jedoch für die absolute Rich-tigkeit und Vollständigkeit der Angaben keine Gewähr leisten. Der Verlag ist fü alle Hinweise und Verbesserungsvorschläge jederzeit dankbar.